本書出版得到安徽省重點學科阜陽師範學院古代文學學科資助。

正德潁州志校箋

（明）劉節 編纂
張明華 劉洪芹 校箋

中國社會科學出版社

圖書在版編目（CIP）數據

正德潁州志校箋／（明）劉節編纂．張明華，劉洪芹校箋．—北京：中國社會科學出版社，2018.1
ISBN 978－7－5203－1106－9

Ⅰ.①正…　Ⅱ.①劉…②張…③劉…　Ⅲ.①區（城市）—地方誌—阜陽　Ⅳ.①K295.44

中國版本圖書館CIP數據核字（2017）第238475號

出　版　人　趙劍英
責任編輯　郭曉鴻
特約編輯　席建海
責任校對　韓海超
責任印製　戴　寬

出　　版　中國社會科學出版社
社　　址　北京鼓樓西大街甲158號
郵　　編　100720
網　　址　http://www.csspw.cn
發 行 部　010－84083685
門 市 部　010－84029450
經　　銷　新華書店及其他書店
印　　刷　北京君昇印刷有限公司
版　　次　2018年1月第1版
印　　次　2018年1月第1次印刷
開　　本　710×1000　1/16
印　　張　21.5
插　　頁　2
字　　數　246千字
定　　價　96.00元

前言

《正德潁州志》（以下簡稱《正德志》）是現存以潁州（今安徽阜陽）爲對象的第一部方志，記載了明中期及之前各代潁州的政治、經濟、風俗、文化等方面的歷史資料，是後代編纂潁州方志的重要參考文獻。

《正德志》的編定和保存

《正德志》署名：「鄉進士潁州同知廬陵劉節編輯，賜進士第河南道監察御史儲珊校正繡梓。」據此可知，《正德志》是由劉節、儲珊二人共同完成的。

（一）編者。

劉節，廬陵（今江西吉安）人。成化九年（1473），劉節由舉人出任潁州同知，至十七年（1481）止，共歷九年。《正德志·名宦》載：「劉節，由舉人，同知潁州。政聲大著，士民悦服。」該書《版圖》又載：「成化癸巳（1473），劉節同知州事，至辛丑（1481），蓋歷九年。」

《乾隆阜陽縣志·秩官·明（同知）》載：「劉節，成化十三年（1477）任。有傳。」該書《宦蹟》載：

劉節，廬陵人，成化十三年（1477）由貢生同知潁州事。修清白陂、椒陂等堤，伐石築東關水口，百廢具舉，百姓賴之。條上撫按兩臺，於谷家莊增置縣治，業得請矣。會節卒，事寢。

儲珊，字朝珍，潁州（今安徽阜陽）人。弘治己未（1499）進士，曾任江西清江縣令、新鄉縣令、山東監察御史、南京兵部主事、浙江按察司僉事等。《正德志·人物》載：

儲珊，字朝珍，自少力學不怠。弘治中登進士，初授江西清江令。甫逾歲，政通人和。未幾，丁外艱。服闋，改新鄉令。廉明公恕，有古循良風，且能鋤强以安寡弱。興學校，勸農桑，招流移，廣儲蓄，凡一切廢墜，殫力修舉。三載之間，境内晏然。故當道屢加禮獎，交章薦揚。及報政，考治功第一。擢監察御史，巡按山東，有冰蘖聲。

該書《科貢》又載：

儲珊，中弘治己酉（1489）應天府鄉試，登弘治己未（1499）倫文敘榜進士。初授知縣，擢監察御史。改南京兵部主事，尋陞浙江按察司僉事。

此外，《順治潁州志·人物》对儲珊也有更为詳細的記載：

儲珊，字朝珍，號潁濱。自幼以豪傑自許，薄章句，留心經濟。弘治己酉（1489）舉於鄉，己未（1499）舉進士，授清江知縣。丁外艱，補新鄉知縣，授御史，巡按山東。抗疏奏劉瑾不法狀，謫嵩嵐州判。瑾誅，起南京兵部車駕司主事，擢浙江僉事。劇賊王浩八等亂桃源，勢甚猖，提兵出奇，累戰克捷。偶與當道左，即拂衣歸。黎給事敘公功，武廟嘉之，賜彩幣銀牌。家居，閉户讀書。爲文雄渾，詩大有唐風。所著有《奏疏》八卷、《心遠堂詩草》四卷、《雜記》七卷、《鉤玄集》十卷，今皆散逸，不可考云。

又《雍正河南通志·職官五·彰德府屬知縣（新鄉縣）》：「儲珊，江南潁州人，弘治十八年（1505）任（知縣）。」《乾隆山東通志·職官志·明（巡按監察御史）》：「儲珊，南直潁州人。」《乾隆浙江通志·職官八·明（提刑按察司僉事）》：「儲珊，潁州人。」

（二）編纂過程。

潁州方志的編定最遲可以追述到明永樂間，《正德志·凡例》曰：「州志，前代無考。永樂中詔郡縣纂録，潁州遺大而識小，詳近而畧遠，無所建明，不足傳示。景泰中又嘗採録，既不能傳述舊聞，無所記載，反詢私謬。」雖然儲珊對永樂、景泰間所編志書評價很低，但至少表明之前曾經編纂過潁州方志，並且有一部分資料流傳至當時。劉節的《正德志》就是在這樣的背景下修纂的。《正德志序》曰：「成化丁酉年（1477），二守劉公節奉命來守是邦……越明年（1478），政通人和，百廢具舉。公餘徧閲載籍，稽諸遺老，參以舊聞，重加修輯……蓋一郡之全書，近世以來未之有也。」據此可知，《正德志》的編纂始於成化十四年（1478）。

劉節在潁九年，卒於任。從第二年即成化十四年算起，則其編纂《正德志》持續了八年時間，而且生前書稿已大體編成。可是在劉節病卒後，《潁州志》無人關心，已幾近湮没了。

劉節在任時，儲珊尚是少年，已爲劉所知，因此在劉去世後，將其書稿視爲珍寶。其《重修潁州志序》云：「余少辱知於公，得而寶之，不啻拱璧，深欲壽諸梓以與州人共之，顧其時力未能爲也。」其後儲珊先後舉人、進士及第，並出任清江知縣、新鄉知縣、山東巡按御史、南京兵部車駕司主事等職，直至浙江提刑按察司僉事。在浙江僉事任上，儲珊纔得以完成夙願，對劉節之書稿加以補充和校讎。上引其自序後又云：「幸忝第甲科，拜憲職，遷浙臬，始得節俸以成其美。」劉節之序有明確的時間——「正德六年歲在辛未八月吉日」。不過，正德六年（1511）並不是這一工作的完成時間。該書《科貢·制貢》的最後兩條是：「周節，應正德十二年（1517）制貢。」「鍾士賢，應正德十二年制貢。」因此，正德十二年應該就是該志的最終完成時間。

據以上考察可知，劉節編纂《潁州志》雖然在成化年間，但當時僅成書稿，並未刊刻；正德前期儲珊任浙江僉事後，纔將劉節的舊稿補充、校讎，並刻板印行，直至十二年最終完工。正因爲如此，該書一直被稱爲《正德志》。

（三）材料來源。

關於《正德志》的材料來源，《凡例》中有明確的説明：「采摭疆域事類於《寰宇記》《風土記》《輿地記》、晉隋宋元州郡志記、《大明一統志》及史傳勝覽，拾遺諸書參詳……因所見聞，採而集之……凡干涉潁者，一一録之。」由此可知，《正德志》的材料來源主要有三點。

其一，史傳典籍。如《疆域》，主要取材於「《寰宇記》《風土記》《輿地記》、晉隋宋元州郡志記、《大明一統志》及史傳勝覽，拾遺諸書參詳」。《建置沿革》主要取材於經書，如《尚書》《周禮》《春秋》《左傳》《穀梁傳》等。《古蹟》主要是「有典故載古志，非耳目所及，隱於子、史、百氏者」。《名宦》《人物》主要取材於正史及《三朝北盟會編》《氏族大全》《事文類聚》《性理大全》等。

其二，傳聞材料。《正德志》部分材料來源不詳，或爲傳説，且有些材料甚至帶有迷信色彩。如：「七旗嶺。在南鄉七十五里，北臨谷河。俗傳：王保保嘗屯兵於此，樹七旗，故名。嶺頭有倉。」「十八里河。在州東鄉，無源……相傳：土人鑿渠以洩黃潦，南北延袤五十里，下流入張家湖，注潁。」此類傳説無從可知，真假難辨。其他如《城池》載：「北磚城一座……東面無門，建角樓曰金雞樓。俗傳：開此門，城中蜈蚣長七八寸，殺人。」《陵墓》記載：「伍奢塚……相傳：埋劍塚中。傍有水池，間年出一怪魚。冒而觸之，則殺人。」這些記載，應該都是根據民間傳説寫成的。

其三，與潁州有關的詩文。《正德志》收録與潁州有關的詩文爲《藝文志》兩卷，一卷是關於潁州的「題詠」和「文章」，一卷專門收録歐陽脩的相關詩文。由此可看出編者在處理材料時的側重，以及對《藝文志》的重視。

（四）版本保存。

《正德志》今僅存一種版本，即正德刻本，藏於寧波天一閣。目前常見的上海古籍書店本和臺灣成文書局本都是據該本影印而成。駱兆平在《天一閣藏明代地方志考録》一書中對《正德志》的版本有明確的記載：

《潁州志》六卷。明成化十三年（1477）劉節纂修，正德六年（1511）儲珊校補。潁州明時領潁上、太和二縣。儲珊序：「潁州舊志朴畧不可觀，成化丁酉（1477）劉公節重加修輯，恨未能鋟刻以廣其傳，余節俸以成其美。」這是現存最早的《潁州志》。

卷首儲珊序，卷一州圖、建置、城池、疆域、形勢、風俗、山川、古蹟等，卷二公署、學校、郵驛、鋪舍、坊郭、鄉井、關梁等，卷三版圖、貢賦、物産，卷四名宦、流寓、人物、科貢、寺觀、列女、僊釋，卷五題詠、文章，卷六歐公詩文，卷末儲珊跋。卷四科貢增補至正德十二年（1517）。

明正德刻本。國内僅見此帙。一九六〇年安徽科學院傳抄，一九六三年影印。

由於傳本的稀缺，明正德刻本顯得格外珍貴，雖然其中還缺失兩頁。作爲現存最早的一部潁州方志，《正德志》具有後世幾種《潁州志》所無法替代的一些特點與價值。

《正德志》的特點

作爲現存最早的一部潁州方志，《正德志》自有其獨特之處。

（一）初步建立了潁州方志的基本框架。這表現在編纂結構、編纂方法和編纂主旨等三個方面。其一，在編纂結構上「卷分類別」。《正德志》在結構上採用「卷分類別」的方式，將全書分爲6卷，每卷之下再細分類目。如卷一下分列州圖、建置、城池、疆域、郡望、形勢、風俗、山川、古蹟、宮室、臺館、陵墓等12類。而這種結構方式也影響到後世《潁州志》的編纂，如成書於嘉靖十五年（1536）的吕景蒙《嘉靖潁州志》（以下簡稱《吕志》）在結構上就多受其影響。

《吕志》的成書時間距《正德志》最近，並且是後代幾種《潁州志》中最完善的一部。將二者進行比較，更能看出《正德志》對後志的影響。《正德志》6卷共包含州圖、建置、城池、疆域、郡望、形勢、風俗、山川、古蹟、宮室、臺舘、陵墓、公署、學校、郵驛、鋪舍、祠祀、坊郭、鄉井、關梁、版圖、貢賦、物産、名宦、流寓、人物、科貢、寺觀、列女、僊釋、題詠、文章、歐公詩文等33個類目。《呂志》20卷包含26個類目，其中郡紀、郡縣、疆域、封爵、職官、人物、輿地上、輿地下、建置、食貨、溝洫、學校、名宦、僑寓等14類均是沿襲《正德志》（有些更換了名稱，如將《流寓》改爲《僑寓傳》；將《風俗》《疆域》合改爲《輿地上》等），足見其在結構方式上受《正德志》的影響之大。

其二，在編纂方法上追求「事核理明」。《正德志》在内容上呈現出「事核理明」的特點，這在《建置沿革》中有很好的體現：

按，潁州本《禹貢》豫州之域。《天文》心、房分野。春秋時爲胡子國。戰國屬楚。秦爲潁川郡地。漢爲汝陰縣，屬汝南郡。魏置汝陰郡。晋改信州。後魏置潁州，取潁水爲名。齊罷州置郡。隋初廢。大業初，復爲潁州。唐初又置信州，尋改潁州。天寶初，改汝陰郡。乾元初，復爲潁州。五代相襲。宋置順昌軍，政和中改潁昌府，治汝陰縣。金復爲潁州。元仍其舊。國朝因之。

此段記載語言極爲簡畧，僅133字便將潁州的歷史沿革娓娓道來，清晰明瞭。而同樣的内容，在《呂志》中卻多達3900餘字。

其三，在編纂主旨上强調「培植人心，維持教化」。《正德志》非常重視方志的教化意義。儲珊在《重修潁州志序》中明確指出編纂的目的是「惓惓以淑人心、敦教化爲首務」。後世編志都非常重視志書的教化意義，這與《正德志》中提倡培植人心、重視教化是分不開的。如王琇在《吕景蒙潁州志序》中説：「淑人心而懿風俗，教化顯矣。」黄九霄在《吕景蒙潁州志序》中也提到「惟文與獻，乃邦之紀，激發人心，終必賴之」。

（二）《藝文志》表現出對歐陽脩詩文的偏重。

《藝文志》兩卷收録的作品有詩、文、詞、書簡等四類：詩歌76首，其中歐陽脩詩歌67首，約占總數的90%；文章27篇（包括褒贈和跋尾），其中歐陽脩文10篇，約占總數的40%；詞20首，書簡20幅，均爲歐陽脩所作。詩文共143首（篇），其中歐陽脩所作就達117首（篇），約占《藝文志》總數的80%。由此可見，編者對歐陽脩詩文是多麼的偏重。對此，劉節在《潁州志凡例》中已有説明：「集録歐公詩文，以見潁在前朝風土美盛。故凡干涉潁者，一一録之。」由此不難看出，劉節大量選録歐陽脩的詩文，是因爲這些詩文展現了潁州之美。歐陽脩曾在《思潁詩後序》中曰：「愛其民淳訟簡而物産美，土厚水甘而風氣和，於時慨然已有終焉之意也。」其對潁州的摯愛可見一斑。爲了表現潁州的風物美景，歐陽脩創作了大量的作品。例如《採桑子》組詞十三首，就是最爲著名的代表。在這組詞中，作者不僅將前十首的首句均以「西湖好」結尾，而且反復吟詠西湖美景，使得潁州西湖名聞遐邇。又如在《西湖戲作示同遊者》詩中，歐陽脩甚至將潁州西湖與揚州瘦西湖對比：「菡萏香清畫舸浮，使君寧復憶揚州？都將二十四橋月，換得西湖十頃秋。」劉節大量集録歐陽脩的詩文，不僅表現出他對歐陽脩的欽慕，而且在一定程度上体现出他與歐陽脩同爲江西廬陵人的同鄉之情。

（三）整體上呈現出簡畧的特點。這主要體現在結構與内容兩個方面。

第一，結構上簡畧。明成祖永樂十六年（1418）曾「詔纂修天下郡縣志書」，同年頒佈《纂修志書凡例》，對志書的類目進行了明確規定。現將《正德志》的類目與之對比：

《纂修志書凡例》	**《正德志・目録》**
建制沿革	建置（沿革）
分野	無
疆域（四至、八到、陸路、水路）	疆域；版圖
城池	城池
山川	山川（陂塘附）

续表

《纂修志書凡例》	《正德志·目録》
坊郭鎮市	坊郭（街巷附）
土産（貢賦、田地、稅糧、課程、稅鈔）	貢賦（倉廒附）；物産（孳牧附）
風俗（形勢）	形勢；風俗
戶口	戶口附於版圖之中
學校	學校
軍衛	無
郡縣廨舍	公署（廨宇附）
寺觀	寺觀
祠廟	祠祀

续表

《纂修志書凡例》	《正德志·目録》
橋梁	關梁（濟渡附）
古蹟（城壘、公廨、驛鋪、山寨、倉場、庫務、陵墓、亭館、臺榭、樓閣、書院、津渡、巖洞、井泉、龍湫、園池、陂堰、圩塘、寺觀、菴廟、墟巷）	古蹟（碑碣附）；臺舘；陵墓；郵驛；鋪舍；鄉井（廠、村、集、店）
宦蹟	名宦
人物（賢人、烈士、忠臣、名將、仕宦、孝子、順孫、義夫、節婦、隱逸、儒士、方技、鄉閭者）	流寓；人物；列女
僊釋	僊釋
雜志	無
詩文	題詠；文章；歐公詩文
無	州圖

由上表可看出，較之《纂修志書凡例》，《正德志》的類目較爲簡畧。如《分野》《軍衛》《雜志》等重要類別在《正德志》中竟然没有出現。其他如《古蹟》《人物》中包含的小類也比《編纂志書凡例》中少得多。《編纂志書凡例》中規定的《古蹟》足有21小類，《正德志》卻只列6類，約占其總數的30％。《編纂志書凡例》中規定的《人物》有13小類，《正德志》卻只列了3類，約占其總數的20％。需要指出的是，《正德志》雖然在整體上比較簡畧，但卻有超出《編纂志書凡例》的地方，如《州圖》《科貢》，可見編者也並没有一味求簡。

第二，内容上簡畧。這表現爲三點：（一）《正德志》主要記載潁州的歷史，對下轄的潁上、太和兩縣記載較少，僅《名宦》《人物》兩類中畧有涉及。此前的《大明一統志》及《成化中都志》在記載潁州時，關於兩縣的部分都比較詳細。（二）《正德志》包括州圖、建置（沿革）、城池、疆域、郡望等33類，卻只有6卷58000餘字。其中除了卷六所録的歐陽脩詩文多達17000餘字，卷一12類約11000多字外，其它4卷19類僅有30000餘字。如對《郡望》的記載僅27個字：

寖丘。楚名。
潁川。秦名。
汝陰。漢置。
細陽。漢置。

順昌。宋置，宣和中又改潁昌。

其他如《形勢》《風俗》《列女》等也僅100多字。（三）《正德志》目録中列出的有些類別在書中並無相應内容。如《孳牧》，正文中僅有一個標題。又如《疆域》，正文也没有單獨介紹，而是將其附於《建置沿革》之中。

從以上分析可以看出，簡略是《正德志》的基本特點，當然這種特點並不就是優點，因爲它更多地體現了草創性與不完整性。這種特點的出現跟草創時期資料不完整和纂者缺乏經驗等因素有關。

《正德志》的價值

《正德志》作爲現存最早的一部潁州方志，在保存潁州的教育史料、社會經濟史料和建築資料等方面，具有重要的價值。

（一）《正德志》保存了元代至明中期的教育史料。《正德志》對潁州科貢的記載，是了解元代至明中期潁州士人參加科舉選拔、仕宦的第一手資料。《科貢》分「科」「貢」「制貢」三類，共記載134人，其中「科」23人，「貢」71人，「制貢」40人。對「科」的記載最早爲泰定四年（1327）：「李黼。泰定四年丁卯（1327）狀元及第，累官江西行省參政。死節。事見《人物》類。」其他主要集中在洪武、永樂及成化這三個時期。如「李葵，成化癸卯（1483）中河南鄉試，登丁未（1487）進士。任監察御史，仕至僉事。」「貢」的記載主要集中在正統、天順、成化及弘治年間，如「韓唐，弘治九年（1496）貢，任蒲圻縣知縣。」「制貢」則主要集中在成化二十一年（1485）和正德三年（1508），共32人，占「制貢」總人數的80％，如「劉朝，應成化二十一年（1485）制貢，任德慶州判官，升興寧縣知縣。」「鍾士元，應正德三年（1508）制貢。」雖然這些材料保存得很不完整，但對今天來説已經是難得的歷史文獻了。

（二）《正德志》保存了豐富的社會經濟史料，主要反映在《貢賦》中。貢賦在古代一直都是朝廷經濟的重要來源，其數額的多少在一定程度上反映出當時各地的社會經濟狀況。對此，《正德志》有詳細的記載。現列表如下：

年份	賦			貢			課
	小麥（石）	粳、粟米（石）	馬草（包）	桑絲折絹（匹）	各色動物皮（張）	黃草根（斤）	戶口
永樂二十年（1422）	4120	3110	6224				
宣德七年（1432）	4230	3180	6740				
正統七年（1442）	4315	3265	6954				

续　表

年份	賦			貢			課
	小麥（石）	粳、粟米（石）	馬草（包）	桑絲折絹（匹）	各色動物皮（張）	黄草根（斤）	戶口
景泰三年（1452）	4744	3411	7797				
天順六年（1462）	5312	4102	8923	45			21185
成化八年（1472）	5547	4332	9167	64	83	46	26818
成化十八年（1482）	5720	4523	9252	72	83	46	75079

註：表中小麥、粳、粟米、馬草、桑絲折絹等資料只取整數部分，如永樂二十年（1422）小麥四千一百二十石五升七合六勺，取四千一百二十石。餘同。

由上表可以看出，潁州「賦」的農作物主要爲小麥和粳、粟米，這既反映出當地的農耕情況，又可見朝廷對此二者的重視。此外，由馬草作爲「賦」中重要的一項，可從側面反映出當時的社會交通情況。「貢」的物品主要有桑絲折絹、各色動物皮等，從中可看出潁州百姓副業的生産情況。此外，黄草根屬於藥材的一種，被用來上貢，可見其品質之好。

從表格中的數據來看，不論是「貢」還是「賦」都呈現出不斷遞增的趨勢。如小麥從永樂二十年（1422）的4120石，到景泰三年（1452）的4744石，再到成化十八年（1482）的5720石，前30年增加約620石，後30年增加約1000石。粳、粟米從永樂二十年（1422）的3110石，到景泰三年（1452）的3411石，再到成化十八年（1482）的4523石，前30年增加約300石，後30年增加約1100石。馬草從永樂二十年（1422）的6224包，到景泰三年（1452）的7797包，再到成化十八年（1482）的9252包，前30年增加約1270包，後30年增加約1450包。桑絲折絹從天順六年（1462）的45匹，到成化十八年（1482）的72匹，20年之間增加27匹。但值得關注的是，人口由天順六年（1462）的21185口，到成化八年（1472）的26818口，再到成化十八年（1482）的75079口，前10年人口增加不多，而後10年人口顯示出快速增長的趨勢，這可能與當時潁州的土地政策、人口遷移及社會安定狀況有關。

（三）《正德志》保存了大量的潁州建築方面的資料，主要體現在《公署》《學校》《宫室》中。由於《公署》

中所記載的内容部分缺失，僅以《學校》中的記載爲例。《學校》不僅敍述了潁州建學的由來及發展，而且對當時的建築設施進行了詳細的記載。有大成殿、戟門、泮池、櫺星門、祭器庫、神廚、謁廟門、進學齋、會饌堂、儀門、尊經堂、饌廚、學倉、學正宅、訓導宅、儒學門、射圃、醫學、陰陽學、社學等，此外還有學生宿舍「號房三連，共三十三間」「附學號二連，通十間」。從中可以看出學校教育的規模及官方對教育的重視。

除了《學校》，《宮室》中也有與建築相關的資料，如歐陽脩建造的西湖書院、聚星堂、會老堂，晏殊建造的去思堂、清潁亭及劉節建造的愛木堂等。這些建築不僅反映出潁州的「風土美盛」，而且給潁州增添了厚重的文化底蘊。

由以上的分析可以看出，《正德志》不僅保存了元代至明中期潁州的教育史料，而且還保存了豐富的社會經濟史料和大量的建築資料等，具有多方面的價值。

綜上所述，《正德志》作爲現存最早的一部潁州方志，其所具有的特點與價值是後世幾種《潁州志》所無法替代的，對於今人從事潁州地方文化研究也具有重要的意義。

校箋説明

爲了解决校箋過程中實際上遇到的若干問題，特作如下説明。

其一，關於字體和字號。各卷名稱和一級標題使用小三號宋體，加粗，居中；二級標題使用小四號宋體，加粗；註釋性文字全部使用小五號宋體。

其二，儘量保留原書的異體字。如原書中將所有「鼓」字寫作「皷」，將「霸」字寫作「覇」，將「葬」字寫作「塟」，將「往」字寫作「徃」，本書均一仍其舊。有些字在原書中有不同寫法，如方志之「志」，有時寫作「誌」，現統一爲「志」；註釋之「註」，有時寫作「注」，現統一爲「註」；修建之「修」，有時寫作「脩」，現統一爲「修」（「歐陽脩」之「脩」不在其內）；「於」字大多寫作「于」，現統一爲「於」；其余如「歡」與「懽」統一爲「歡」，「歎」與「嘆」統一爲「歎」，「樽」與「罇」統一爲「樽」，「莊」與「庄」統一爲「莊」，不再一一枚舉。

其三，由於《成化中都志》和《南畿志》的成書時間均早于現存最早的《正德潁州志》，其中保留著較多的潁州地方史料，且多爲修志者參考，故凡見於其中的相關資料，均一一註出。

其四，雖然現存阜陽方志仍有多種，但都在《正德潁州志》之後。因此，在校註本書時僅使用呂景蒙《嘉靖潁州志》和李宜春《嘉靖潁州志》。孫崇先、張鶴鳴《萬曆潁州志》僅殘存《藝文志》和《叢談》部分，但對於校勘書中的個别文章有價值，故亦用來參校。至於清代王天民的《順治潁州志》和張鈁的《康熙潁州志》等書，由於距離時間較遠，參考價值較小，故一般不加採用。

其五，由於地名會有改變，建置會有變化。同樣的名稱，在上述幾種志書中所指对象可能並不同；即便對於同一對象，幾種志書的記載也會有所不同，甚至互相抵牾。如果根據這些記載能夠確定本書的正誤，則直接作出明確的論斷；如無法判斷正誤，則亦一一列出，以俟他日有新文獻後進一步論斷。不僅如此，由於同一对象在不同的志書中可能遷移了方位，或者改變了建築，甚至改變了名稱，本書註出此前、此後幾種志書中的相關記載，不僅是爲了證明本書内容的可信性，而且可以見出其來龍去脈。如果一味强調註釋與正文一致，就會忽視其這方面的意義。

其六，使用其他地方的方志時遵循這樣一個前提：首先是爭取找到相關的方志。許多地方由於無法找到當地的方志或者找到的方志中無相關内容，只能望洋興歎！在找到相關方志的前提下，再儘量選擇距離相關内容年代最近的一種。不過，在實際操作中，這種情况雖然也有一些，但總體上還是顯得過於奢侈了。

其七，爲便於讀者觀覽，對書中的年號紀年或干支紀年，後面用阿拉伯數字加註公元年數，放在「()」之内。在同一條中，同樣的紀年方式，如正文已加標註，則頁後不再註出；前面引文已經註出，則後面的引文不再註出。

其八，對於書中的脱字，在脱字處加「()」，將需要補出的字置於其中；對於書中的錯字，在不改變原字的前提下，後面加「[]」，將正確的字置於其中；對於書中的衍文，則删去多餘的字，並在頁後註出删字的緣由；如果原文可能有誤，卻又無法判斷錯誤所在，亦將筆者的懷疑註在頁後；原文有缺字或者過於模糊，實在無法辨認，則以「□」標識。

重修潁州志序

凡士君子著作纂述，蓋必其可以培植人心，維持教化，而關世道之重輕。則作之者爲無愧，實之者爲有光矣。不若是，雖無作，可也。

潁州舊有志書，其樸畧不可觀。成化丁酉年（1477），二守劉公節奉命來守是邦，蚤作暮思，惓惓以淑人心、敦教化爲首務。越明年，政通人和，百廢具舉。公餘徧閱載籍，稽諸遺老，參以舊聞，重加修輯。舊者釐，新者續，訛者訂，闕者補，卷分類別，事核理明，蓋一郡之全書，近世以來未之有也，恨未能鋟刻以廣其傳。公不幸以疾卒於官，裔是無有承公志者，是書幾於無所附麗，而公之志孤矣。

余少辱知於公，得而寶之，不啻拱璧，深欲壽諸梓以與州人共之，顧其時力未能爲也。幸忝第甲科，拜憲職，遷浙臬，始得節俸以成其美。余惟郡志之作，非徒以廣記載、備考訂而已也，蓋將表其山川之美，人物之盛，風俗之淳，可以爲養人心、興教化之助耳。使後之產於其鄉者，或慕於善，將指而勸曰：「吾茲產也，吾何以無愧吾潁山川也？何以無愧吾潁人物也？何以無愧吾潁風俗也？」寖焉，有以養其華。或罹於咎，將指而戒曰：「吾茲産也，吾何以愧吾潁山川也？何以愧吾潁人物也？何以愧吾潁風俗也？」反之，有以去其穢。則是《志》之作，所以培植人心，維持教化，有關於世道也，亦重矣哉！若夫分野、疆域之有定界，戸口、賦役之有定數，城池、橋梁、祠廟、墳墓之有定所，特其餘耳。

公傳於家者，狀元之學；修於身者，立教之本。不獲大用於時，竟賫志以殁，而其可傳者，賴有此耳。故余謹書之，以爲後之求牧與芻於吾郡者告，且以告吾郡士民焉耳。是爲序。

時正德六年歲在辛未（1511）八月吉日，賜進士第、奉議大夫、浙江按察司僉事、前河南道監察御史、郡人儲珊書。

潁州志凡例

採摭疆域事類於《寰宇記》《風土記》《輿地記》晋隋宋元州郡志記、《大明一統志》及史傳勝覽，拾遺諸書參詳。

纂述事件，揭題目於前，大書其綱，分註事實。有補於事，辭繁不殺；其無益者，傳實亦削。

纂識山川，所以志地道之形勝險易。如郭景純《山海經》，州境中惟有淮水本末。酈道元《水經》始載淮、汝、潁經流。夫以州介河、淮，無崇山峻嶺，惟平崗小阜，地多坡下，故溝港甚多。泛收並録，豈採訪以資遊觀？直欲識蓄洩利害。

古蹟採摭，有典故載古志，非耳目所及，隱於子、史、百氏者，近似必録。其名實荒唐者不纂。

鄉井及物産，泛記並録，以見地利之盛。

版籍、貢賦，宜當詳書，而前此無從於考。况今土著亦勝國之流移，故家舊人寥寥無幾，所可知者，目前尔。

姑志畧節者以備考。

公署廨宇，成化以前，直書之；已後，畧識創修歲月。

祠祀，惟載祀典。當然，凡一切謟瀆，缺之。

採訪名宦，以勸方來。自秦置郡縣，幾千八百年於今，潁之留名，代不數人，豈若是才難哉！如宋韓魏公亦守潁，與程明道、范文正泛舟西湖，議論甚關世教。《性理大全》備載。而潁中士人未聞論及，槩可知也。故凡名著於潁，無事蹟，亦録之。

搜採人物，惟於《事文類聚》《氏族大全》《大明一統志》，有則述之。近時科貢，在所並録，無所擇。

州志，前代無考。永樂中詔郡縣纂録，潁州遺大而識小，詳近而畧遠，無所建明，不足傳示。景泰中又嘗採録，既不能傳述舊聞，無所記載，反詢私謬。是以區區忘其鄙陋，因所見聞，採而集之。若夫體要詳備，又有俟於博雅君子。

集録歐公詩文，以見潁在前朝風土美盛。故凡干涉潁者，一一録之。

潁州志目録

潁州志卷之一

潁州志卷之二……五五

潁州志卷之三 ……八七

潁州志卷之四 ……一三七

潁州志卷之一①

惟潁州，故汝陰地也。淮甸龍飛，混一六合，始建中都，移臨濠府治於皇城東，再改鳳陽府。統州四，潁其一也。自漢、魏來，汝陰大鎮。在宋，王畿上郡。入元，隸汝寧。國初，以地連鐘離，改入畿內，轄潁上、太和、亳三縣；又以地交南北，故置潁川衛於州城，而以兵籍屬之河南焉，所謂犬牙相制是也。

①其下原有題名：「鄉進士潁州同知廬陵劉節編輯，賜進士第河南道監察御史儲珊校正繡梓。」

州圖

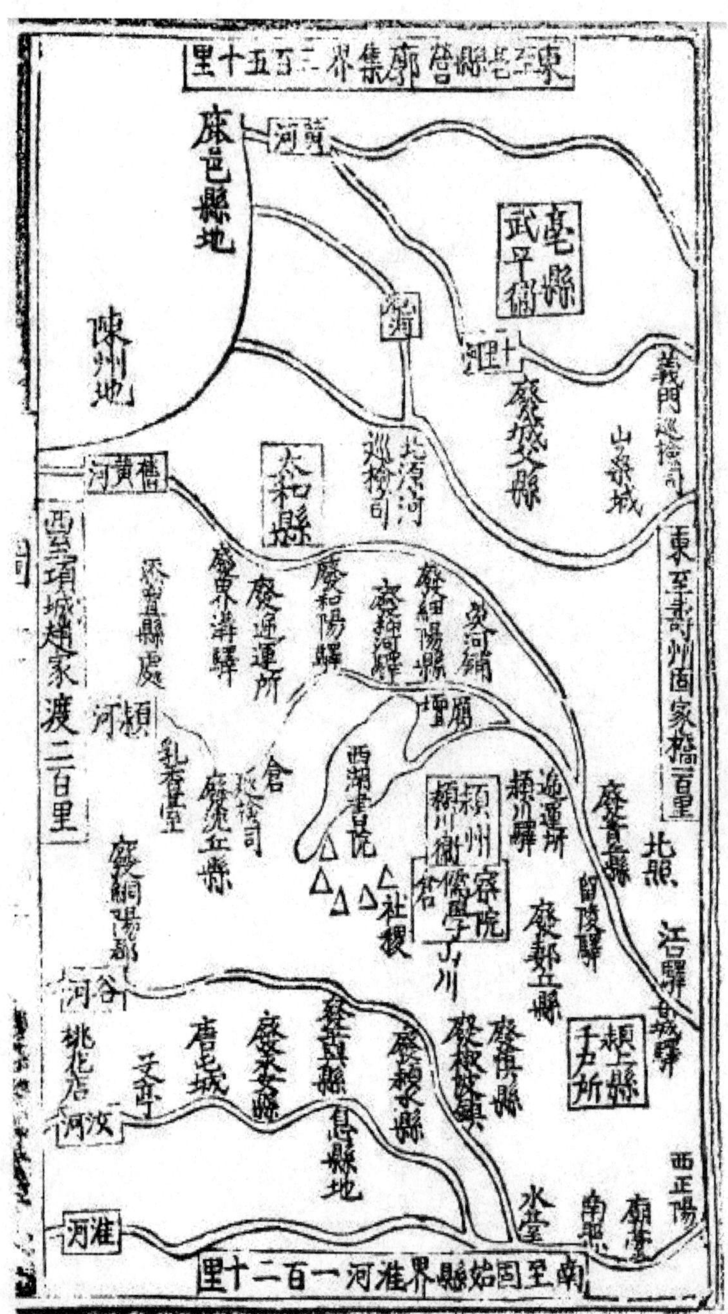
東至亳縣營廓集界三百五十里
黃河
鹿邑縣地
亳縣
武平衛
陳州地
太和縣
西至項城趙家渡二百里
潁河
東至壽州面家橋一百里
西湖書院
潁州
潁川衛
察院
儒學
社稷
潁上縣
千戶所
汝河
息縣地
淮河
南至固始縣界淮河一百二十里

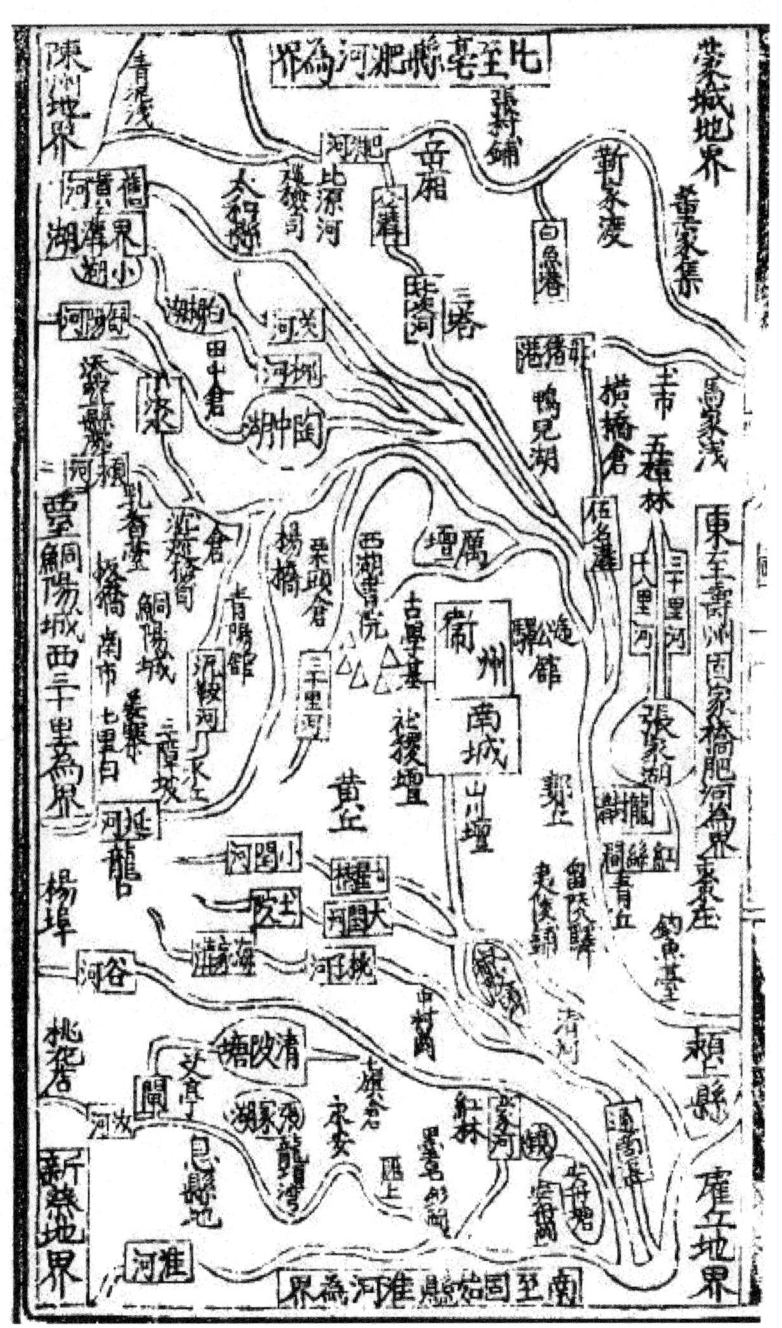
北至亳縣淝河為界
蒙城地界
陳州地界
東至壽州固家橋肥河為界
西至銅陽城西三十里為界
潁州
南城
黃丘
潁上縣
霍丘地界
新蔡地界
南至固始縣淮河為界
淮河
谷河
張家湖
三十里河

建置沿革

按潁州本《禹貢》豫州之域。①《天文》心、房分野。②春秋時爲胡子國。③戰國屬楚。④秦爲潁川郡地。⑤漢爲汝陰縣，屬汝南郡。⑥魏置汝陰郡。⑦晋改信州。⑧後魏置潁州，取潁水爲名。⑨齊罷州置郡。⑩隋初廢。大業初，復爲潁州。⑪唐初又置信州，尋改潁州。⑫天寶初，改汝陰郡。⑬乾元初，復爲潁州。⑭五代相襲。宋置順昌軍，政和中改潁昌府，治汝陰縣。⑮金復爲潁州。⑯元仍其舊。⑰國朝因之。⑱

---

①《尚書·禹貢》：「荆、河惟豫州。」

②《周禮·春官·保章氏》：「以星土辯九州之地所封，封域皆有分星，以觀妖祥。」《漢書·天文志》：「房、心，豫州。」其内容抄自《史記·天官書》。

③《春秋·昭公四年》：「夏，楚子、蔡侯、陳侯、鄭伯、許男、徐子、滕子、頓子、胡子、沈子、小邾子、宋世子佐、淮夷會於申。」杜预註：「胡國，汝陰縣西北有胡城。」

④《史記·越王勾踐世家》：「越王（無彊）曰：『……淮、泗之間不東，商、於、析、酈、宗胡之地。』」裴駰《集解》引徐廣之言曰：「胡國，

今之汝陰。」司馬貞《索隱》：「四邑並屬南陽，楚之西南也。宗胡，邑名。胡姓之宗，因以名邑。杜預云：『汝陰縣北有故胡城。』是。」

⑤《史記・韓世家》：「韓王安九年（公元前230），秦虜王安，盡入其地，爲潁川郡。韓遂亡。」張守節《正義》：「亡在秦始皇帝十七年（公元前230）。」

⑥《後漢書・肅宗孝章帝紀》：「（章和元年即公元87年九月）己未，幸汝陰。」註：「縣名，屬汝南郡。今潁川縣。」

⑦《三國志・魏志・明帝紀》：「（景初二年即公元238年四月）壬寅，分沛國蕭、相、竹邑、符離、蘄、銍、龍亢、山桑、洨、虹十縣爲汝陰郡。宋縣、陳郡苦縣皆屬譙郡。以沛、杼秋、公丘、彭城、豐國、廣戚，並五縣爲沛王國。」

⑧此處誤。信州非晋置，乃唐改。《舊唐書・地理志・潁州》：「武德四年（621），平王世充，於汝陰縣西北十里置信州，領汝陰、清丘、永安、高唐、永樂等六縣。」又《晋书・地理志・豫州》：「……及武帝受命，又分潁川立襄城郡，分汝南立汝陰郡，合陳郡於梁國……汝陰郡：汝陰、慎、原鹿、固始、鮦陽、新蔡、宋、褒信。」註：「（汝陰郡）魏置郡，後廢，泰始二年（466）復置。統縣八，戶八千五百。」

⑨《魏書・地形志・潁州》：「潁州。」註：「孝昌四年（528）置，武泰元年（528）陷，武定七年（549）復。」

⑩《南齊書・州郡志・豫州》：「（義熙）十二年（416），劉義慶鎮壽春，後常爲州治。撫接遐荒，扞禦疆埸。領郡如左：南汝陰郡；晋熙郡；潁川郡……西汝陰郡……」

⑪《隋書・地理志・汝陰郡》：「汝陰郡。統縣五……汝陰……」註：「舊置汝陰郡，開皇初郡廢。大業初復置。」

⑫《舊唐書・地理志・河南道（潁州中）》：「漢汝南郡。隋爲汝陰郡。武德四年（621），平王世充，於汝陰縣西北十里置信州，領汝陰、清丘、永安、高唐、永樂等六縣。六年（623）改爲潁州。」

⑬《舊唐書・地理志・河南道（潁州中）》：「天寶元年（742），改爲汝陰郡。」

⑭《舊唐書・地理志・河南道（潁州中）》：「乾元元年（758），復爲潁州。」

⑮「潁昌府」，當爲「順昌府」之誤。《宋史・地理志・京西路》：「順昌府，上，汝陰郡，舊防禦，後爲團練。開寶六年（973），復爲防禦。元豐二年（1079），升順昌軍節度。舊潁州，政和六年（1116），改爲府……縣四：汝陰、泰和、潁上、沈丘。」

⑯《金史・地理志・南京路》：「潁州，下，防禦。宋順昌府汝陰郡。嘗置榷場，正隆四年（1159）罷榷場。縣四……汝陰、潁上、泰和、沈丘。」

⑰《元史・地理志・河南府路（汝寧府）》：「潁州……元至元二年（1265），省四縣及録事司入州。後復領三縣：太和、沈丘、潁上。」

⑱《明史・地理志・京師（鳳陽府）》：「潁州，洪武四年（1371）二月來屬，東距府四百四十里，領縣二：潁上、太和。」註：「（潁州）元屬汝寧府。」

城池

南土城一座，高一丈五尺。上有磚甃雉堞，周圍五里四十四步。古有四門，今北向連亘磚城，惟東、西、南三面有門。外亦有月城環護，南從左東右西，左各置偏門，以達正門。城外隍池，深與廣侔。有橋跨隍，以濟往來，惟東差小耳。①

①呂景蒙《嘉靖潁州志·建置》：「潁州城南城。即古胡子國舊址。漢唐而下，脩葺恢拓之功，舊史未載，故不可得而考矣。今城北阻河，其東西南方，勢皆平曠，無有大山巨川。國朝洪武初，州連二城，南城土垣，北城磚垣。九年（1376），指揮李勝尋北城故址修葺，高一丈八尺，周圍四里二步。正德甲戌（1514），兵備孫磐復葺之。南城計爲磚垣，其所燒採磚石既具，工作方興，磐因被論去官。丙子（1516），兵備曾大顯繼脩其事，城高一丈八尺，周循舊址。自此，南北城相連，爲磚垣云。設門五，東曰宜陽；西曰宜秋，曰小西門，今塞；南曰迎薰，咸有月城一門。北曰承恩，其月城則二門焉。東曰達淮，西曰通汴，咸有樓。」李宜春《嘉靖潁州志·州考》：「城周九里四十步，高一丈八尺。南即胡子國舊址，北阻河。洪武初，州連二城，南土垣，北磚垣。九年，指揮李勝遵北城修葺。正德甲戌，兵備孫公磐復葺之，又計南城爲磚垣，因被事去。至丙子，曾公大顯成之。門四，各置樓於上。東，宜陽；西，宜秋，小西門，塞；南，迎薰；北，承恩，咸有月城。其北又分達淮、通汴爲二門。嘉靖壬寅（1542），蘇公志皐復開塹河，引潁水爲城之護。丙午（1546）、丁未（1547）歲，許公天倫築頹振壞，樓垣險固，表表然雄據一方矣。」

考《一統志》，州城西北二里，有胡子國城。① 以今地里計之，州城西北絶無城基，且逼近西胡［湖］矣。

按《春秋》，魯定公十五年（公元前495）二月辛丑，楚滅胡。② 其後楚靈王自淮河開通商渠③，直抵城下，則當時城宜有分封矣。更秦入漢，不二百年，建置治所，豈應遽舍見在之城，而改築於東南之二里哉？此其南城爲胡子國城，無疑也。

北磚城一座，高一丈八尺，周圍僅四里。北臨潁水，就河爲隍池。門近河十步許，外爲月城。開二偏門，以達正門。其南、西多連南城，東面無門，建角楼曰金鷄楼。俗傳：開此門，城中蜈蚣長七八寸，殺人。洪武九年（1376），潁川衛指揮僉事李勝督脩東、西隍池與南城隍池，通潁。河水落，則池中引城西南之水入河；河水泛，則逆灌池。中間有横流，自小西門外土城下水關，湧註南城，浸淫低街。軍營民舍，或間墊溺，而北城無虞，意築城時封土高故也。④

疆　域⑤

東至正陽界淮河二百里。州地界夷陵鋪東溝六十五里。⑥

西至鮦陽城西，盡州境二百四十里。⑦

南至固始朱皐鎮界淮河一百二十里。⑧

北至亳縣北營廓集界三百五十里。州地界肥河一百二十里。⑨

東到潁上縣一百二十里，東南抵霍丘二百里。⑩

南到固始縣二百里，西南抵汝寧府三百里。⑪

---

①《大明一統志·中都·潁州（古蹟）》：「胡城。在潁州城西北二里，即春秋胡子國。」

②《春秋·定公十五年》：「定公十五年（公元前495）二月，楚子滅胡，以胡子豹歸。」

③《宋史·王溥傳》：「顯德初，置華州節度，以祚爲刺史。未幾，改鎮潁州……州境舊有通商渠，距淮三百里，歲久湮塞，祚疏導之，遂通舟楫，郡無水患。」《大清一統志·潁州府·山川》：「清河，在阜陽縣南，潤水支流也……相傳：楚靈王自水臺西開通商渠，自淮而北，轉而西，又折而北，分二脉，直抵胡子城。」

④見前「南土城」條註。

⑤原作「里至」，今從目録作「疆域」。吕景蒙《嘉靖潁州志·輿地》：「州地廣四百一十里，袤三百里……州在京師之南，南京之北，汴之東南，淮之西。其東爲壽州，其東南爲霍丘，其南爲汝寧之固始，其西南爲汝寧之上蔡，其西爲河南省之汝寧，其西北爲開封之陳州，其北爲亳州，其東北爲蒙城。」李宜春《嘉靖潁州志·州考》：「廣四百一十里，袤三百里……距鳳陽府四百二十里，應天府七百里，承天府九百里，順天府二千四百里。」

⑥吕景蒙《嘉靖潁州志·輿地》：「東至壽州一百里，以正陽、淮河爲界。」李宜春《嘉靖潁州志·州考》：「東壽州界正陽河。」

⑦吕景蒙《嘉靖潁州志·輿地》：「西至汝寧府二百一十里，以鮦陽城爲界。」李宜春《嘉靖潁州志·州考》：「西汝寧府界鮦陽城。」

⑧吕景蒙《嘉靖潁州志·輿地》：「南至固始縣一百二十里，以朱皋鎮淮河爲界。」李宜春《嘉靖潁州志·州考》：「南固始界朱皋鎮。」

⑨吕景蒙《嘉靖潁州志·輿地》：「北至亳州一百八十里，以西淝河爲界。」李宜春《嘉靖潁州志·州考》：「北亳州界西淝河。」

⑩吕景蒙《嘉靖潁州志·輿地》：「東南至霍丘一百四十五里，以淮河爲界。」李宜春《嘉靖潁州志·州考》：「東南至霍丘界淮河。」

⑪吕景蒙《嘉靖潁州志·輿地》：「西南至汝寧之上蔡三百里，以州之艾亭集爲界。」李宜春《嘉靖潁州志·州考》：「西南至汝寧界艾亭集。」

西到新蔡縣一百八十里，西北抵陳州三百里。①

北到亳縣二百八十里，東北抵蒙城一百九十五里。②

郡望

寢丘。楚名。③

潁川。秦名。④

汝陰。漢置。⑤

細陽。漢置。⑥

順昌。宋置，宣和中又改潁昌。⑦

形勝⑧

襟帶長淮，控扼陳蔡。《風土記》。⑨

東連三吳，南引荊汝。晉《正淮論》。⑩

梁、宋、吳、楚之衝，齊、魯、汴、洛之道。陶弘景《信州記》。⑪

淮海內屏，東南樞轄。唐李岵《德政碑》。⑫

---

①呂景蒙《嘉靖潁州志・輿地》：「西北至開封府之陳州三百里，以州之界首爲界。」李宜春《嘉靖潁州志・州考》：「西北至陳州，以界首界焉。」

②呂景蒙《嘉靖潁州志・輿地》：「東北至蒙城縣一百九十五里，以州之小橋溝爲界。」李宜春《嘉靖潁州志・州考》：「東北至蒙城界小橋溝。」

③《史記・滑稽列傳》：「於是莊王謝優孟，乃召孫叔敖子，封之寢丘四百戶，以奉其祀。」裴駰《集解》引徐廣之言曰：「寢丘，在固始。」張守節《正義》：「今光州固始縣，本寢邱邑也。」《呂氏春秋》：「楚孫叔敖有功於國，疾將死，戒其子曰：『王數欲封我，我辭不受。我死，必封汝。汝無受利地，荆楚間有寢邱者，其爲地不利，而前有妬谷，後有戾丘，其名惡，可長有也。』其子從之。楚功臣封二世而收，唯寢丘不奪也。」

④《史記・秦始皇本紀》：「（秦始皇）十七年（公元前230），內史騰攻韓，得韓王安，盡納其地，以其地爲郡，命曰潁川。」張守節《正義》：「韓王安之九年（公元前230），秦盡滅之。」

⑤《後漢書・肅宗孝章帝紀》：「（章和元年即公元87年九月）己未，幸汝陰。」註：「縣名，屬汝南郡，今潁川縣。」

⑥《漢書・地理志・汝南郡》：「汝南郡。縣三十七：……細陽……」註：「莽曰樂慶。師古曰：『居細水之陽，故曰細陽。細水本出新鄭。』」《後漢書・郡國志・豫州》：「汝南郡。三十七城……細陽……」

⑦《宋史・地理志・京西路》：「順昌府，上，汝陰郡，舊防禦，後爲團練。開寶六年（973），復爲防禦。元豐二年（1079），升順昌軍節度。舊潁州，政和六年（1116），改爲府……縣四：汝陰、泰和、潁上、沈丘。」此處言宣和間改順昌爲潁昌，誤。潁昌，即原許州，元豐三年（1080）改爲潁昌府，與順昌無涉。《宋史・地理志・潁昌府》：「潁昌府，次府，許昌郡，忠武軍節度。本許州。元豐三年升爲府。」

⑧前目録作「形勢」。

⑨即晉周處《風土記》。然該書已佚，無從核對。

⑩晉伏滔《正淮論》：「南引荆汝之利，東連三吳之富。」

⑪南朝梁陶弘景《信州記》原文已佚。然《大清一統志・陳州府》《江南通志・疆域》引二句時均云出自陶弘景《信州記》，當可信。

⑫唐李岵《廬州刺史本州團練使羅珦德政碑》：「淮海內屏，地雄人富，東南樞轄，有介馬數百，徒兵萬人。」

汝陰西湖，天下勝絶。歐公《寄韓魏公書》。①

風俗

性質、音聲本風氣，好惡、習尚係政教。古云：「百里風，千里俗。」後世水土變移，況於人乎？

性率真直，賤商務農。《寰宇記》。②

尚氣安愚。《風土記》。③

不事末作。男勤耕桑，女勤織紝。④

人備文武全才。⑤

風俗清麗。俱宋《地理志》。⑥

里巷敦扶持之義，男女別飲食之筵。《元志》。⑦

民淳訟簡而物産美，土厚水甘而風氣和。歐公《思潁詩後序》。⑧

質而不華，直而不絞。《愛木堂記》。⑨

山川⑩

金黃嶺。在南鄉，去城一百二十里，淮水北岸，近朱皐鎮。⑪

---

①宋歐陽脩《與韓忠獻書》：「汝陰西湖，天下勝絶。」

②宋乐史《太平寰宇記・濠州》：「率性真直，賤商務農。」

③即晋周處《風土記》。然該書已佚，無從核對。

④《宋史・地理志》未有近似内容。實出自潁州《舊志》。《大明一統志・中都・潁州（風俗）》：「風俗清麗。」註：「穎［潁］州《舊志》：『山川流峙，風俗清麗，人才皆間氣所鍾。』」其後曰：「不事末作。」註：「同上。『汝陰之俗，不事末作，男勤耕桑，女勤織紝。』」

⑤《宋史・地理志》未有近似内容。實出自潁州《舊志》。《大明一統志・中都・潁州（風俗）》在「風俗清麗」後一條云：「人備文武全才。」註：「同上。」

⑥《宋史・地理志》未有近似内容。實出自潁州《舊志》。已見前註。以上三條，實出自潁州《舊志》，皆非出自《宋史・地理志》，可以無疑。

⑦《元史・地理志》未有近似内容。二句又見於《江南通志・潁州府》，註：「出元史志。」又見於《大清一統志・潁州府》註：「出《元和地理志》。」而《元和郡縣圖志》亦無近似内容。當指元人所作《潁州志》。

⑧宋歐陽脩《思潁詩後序》：「愛其民淳訟簡而物産美，土厚水甘而風氣和，於時慨然已有終焉之意也。」

⑨明劉節《愛木堂記》：「視潁之民，質而不華，直而不絞。」

⑩前目録作「山川陂塘附」。

⑪吕景蒙《嘉靖潁州志・輿地・山（州）》：「金黃嶺。在南鄉一百二十里，淮水北岸，近朱皐鎮。」李宜春《嘉靖潁州志・輿勝・嶺》：「金黃嶺。在州南一百二十里，淮水北岸，近朱皐鎮。」

安舟崗。在南鄉，去城九十里，淮水北岸。淮泛無涯，往來舟楫，依崗灣泊，故名。①

中村崗。在南鄉七十里，南臨谷河，環崗村落，故名。②

七旗嶺。在南鄉七十五里，北臨谷河。俗傳：王保保嘗屯兵於此，樹七旗，故名。嶺頭有倉。③

仁勝崗。在南鄉一百四十里，近艾亭。④

釤崗。在南鄉一百一十里，蒙河北。⑤

楓北崗。在南鄉九十里，近地理城。⑥

熬鼎崗。在州西南一百四十五里，汝水北。⑦

盧家崗。在州西北九十里。⑧

黄牛嶺。在州西一百六十里，流鞍河北。⑨

淮河。在州南一百二十里。源自南陽胎簪，發至桐栢，東南流汝寧。又東過潁州南鄉，與汝水合，盡州南境，馳入正陽，下流與潁河合。⑩

汝河。在州西南一百四十里。源自汝州天息山，經臨潁、新蔡，過汝寧城東，入州界之桃花店，東南爲龍項灣，又東爲永安廢縣，環地理城，出釤崗從淮。⑪

黃河。在州西。初自西北入境，東南流。按《禹貢》，故道自建紹後決，益淮、泗，猶僅半派。隋大業中，引而入汴，從渦合淮。自此汴梁以南，獨受河患。金之亡，河徙自太康，決齧入陳、潁。故地本下，而水道小，受河之衝，騰蹙渺茫，州境之淪

---

①吕景蒙《嘉靖潁州志·輿地·山（州）》同。李宜春《嘉靖潁州志·輿勝·崗》：「安舟岡。在州南九十里。淮水泛溢，舟楫多伏岡湾泊，故名。」

②吕景蒙《嘉靖潁州志·輿地·山（州）》同。李宜春《嘉靖潁州志·輿勝·崗》：「中村岡。在州南七十里，南臨谷河，環岡村落，故名。」

③吕景蒙《嘉靖潁州志·輿地·山（州）》同。李宜春《嘉靖潁州志·輿勝·嶺》：「七旗嶺。在州南七十五里，北臨谷河。俗傳：王保保嘗屯兵，樹七旗於此，故名。岭頭有倉。」

④吕景蒙《嘉靖潁州志·輿地·山（州）》同。李宜春《嘉靖潁州志·輿勝·崗》：「仁勝岡。在州南一百四十里，近艾亭。」

⑤吕景蒙《嘉靖潁州志·輿地·山（州）》：「釤崗。在南鄉一百一十里，蒙河之北。」李宜春《嘉靖潁州志·輿勝·崗》：「釤岡，在州南一百一十里，蒙河之北。」

⑥吕景蒙《嘉靖潁州志·輿地·山（州）》同。李宜春《嘉靖潁州志·輿勝·崗》：「楓北岡。在州南九十里，近地里城。」

⑦吕景蒙《嘉靖潁州志·輿地·山（州）》同。李宜春《嘉靖潁州志·輿勝·崗》：「熬鼎岡。在州西南一百四十五里，汝水之北。」

⑧吕景蒙《嘉靖潁州志·輿地·山（太和）》：「盧家崗。在縣東南四十里。」李宜春《嘉靖潁州志·輿勝·崗》：「盧家岡。在太和縣東南四十里。」

⑨吕景蒙《嘉靖潁州志·輿地·山（州）》同。李宜春《嘉靖潁州志·輿勝·嶺》：「黃牛嶺。在州西一百六十里，瓦店子北。」

⑩《大明一統志·中都·潁州（山川）》：「淮水。發源桐栢山，入潁上界，至壽州西北合肥水，至懷遠縣合渦水東流，歷府北境。又東北入泗州，至清河口會泗水，東入於海。府境諸源之水皆入焉。宋范仲淹淮上遇風，有詩云：『一棹危於葉，傍觀亦損神。他年在平地，無忽險中人。』」吕景蒙《嘉靖潁州志·輿地·川（州）》：「淮河。出唐州桐栢東，過汝寧；又東過潁州之褒信，汝水自西北來入焉；又東過下蔡，潁水從西北來入焉；又東過壽春，肥水從東南來入焉。」李宜春《嘉靖潁州志·輿勝·河》：「淮河。在州南一百二十里。發源自南陽胎簪，至桐栢東，過汝寧；又東過潁州之褒信，汝水自西北來入焉；又東過下蔡，潁水從西北來入焉；又東過壽春，肥水從東南來入焉。」

⑪《大明一統志·中都·潁州（山川）》：「汝水。在潁州南一百二十里。源發汝州天息山，經新蔡、朱皋，東流入淮。又有小汝水，在沈丘廢縣北。」吕景蒙《嘉靖潁州志·輿地·川（州）》：「汝河。在潁州南一百二十里。源發汝州天息山，經新蔡、朱皋，東流入淮。又有小汝水，在沈丘廢縣北。」李宜春《嘉靖潁州志·輿勝·河》：「汝河。在州百四十里。發源自汝州天息山，經臨潁、新蔡，過汝寧城東，入州界之桃花店。東南爲龍項灣，又東爲永安廢縣，環地里城，出釤崗從淮。」

河者十四五。又百餘年，却自通許又分派回入渦河，然大勢自若。其始入境，决界溝成湖，出而匯白陽湖，過太和舊縣，支分爲西茨河、柳河，屈折百里。間復合於回窩，至黄霸堆，下合潁河。①

潁河。在州西鄉入境。源自汝州山中，發至小窑、西華始大，匯澤南頓。洪武初，黄河自通許之西支，分陳州商水，入南頓混潁。東流項城趙家渡，入潁州境，澎湃乳香臺。東過沈丘楊橋，繞西古城，折而東北爲長湾，又折而南爲私擺渡。經王莊鋪，繞北城門外，依黄霸堆而東入舊黄河，遙遙東下。過留陵，出江口，經甘城驛，至正陽入淮河。今土俗猶呼爲小河云。②

小汝河。在州西一百三十里添子塚南，積乾柳樹集南溝洫之水成河，過雙溝。水四達處有古塚，相傳上古小國主陵。正統中水涸，盗發塚，取有金玉。今形蹟存河水中。水自北而南至沈丘，北入潁河。③

流鞍河。在州西沈丘鄉，無源。自三障坡積水，過水丘成河，混流不竭。東過黄牛嶺，又東過青楊館，折而直北，至沈丘鎮，入潁河。相傳：光武征王尋，坡戰失利，渡河，没馬漂鞍，至青楊館收散兵追尋，因名。④

舒陽河。在州西鄉。源自項城乾柳樹集，北入境，經鄭家湖下，東過觀音寺，又東折而南，逡巡陶中湖，相馳入柳河。⑤

柳河。在州西鄉。源自白楊湖，黄河支流。會税絲以南諸水，積流許家窩，成大河。東流十餘里，且折而南，過魚營，西出夬臺，即南爲廢柳河驛所，下流石羊鋪，右入舊黄河。⑥

西茨河。在州西鄉，無源。舊因黄河横流，衝决成河。今太和縣新集以南五道溝諸水，經長營、五輛車營前後坡積水，從流至廢柳河驛東，入柳河。⑦

西三十里河。在城西，無源。自蚕方以北，畎澮之水積成寬河，至蔡村南入潁可［河］。⑧

①《大明一統志·中都·潁州（山川）》：「黄河。舊自太和縣界流入，經潁州北門城下東流，至壽州正陽鎮注淮。正統十二年（1447），上流淤塞，惟西華境一支入潁合流，下達於淮、泗。」吕景蒙《嘉靖潁州志·輿地·川（州）》同。李宜春《嘉靖潁州志·輿勝·河》：「黄河。在州西。舊自太和縣界流入境，東南至正陽鎮注淮。正統十二年，上流淤塞，惟西華境一支入潁合流，下達於淮、泗。」

②《大明一統志·中都·潁州（山川）》：「潁水。舊自河南項城縣界流入太和、潁上等縣，經陳州西華境。宋劉敞詩有『世亂潁水濁，世治潁水清』之句。本朝洪武八年（1375），黄河分決，合流經潁州北門外。宣德五年（1430），西北淤塞，俗稱小河。上通古汴，下達淮、泗。」吕景蒙《嘉靖潁州志·輿地·川（州）》：「潁河。舊自河南項城縣界流入太和、潁上等縣，經陳州西華境。宋劉敞詩有『世亂潁水濁，世治潁水清』之句。本朝洪武八年黄河分決，合流經潁州北門外。宣德五年，西北淤塞，俗稱小河，上通古汴，下達淮、泗。」李宜春《嘉靖潁州志·輿勝·河》：「潁河。在州北。發源自汝州山中，至小竇、西華始大，滙澤南頓。洪武初，黄河自通許之西支，分陳州商水，入南頓混潁，東流項城趙家渡，入潁州境，澎湃乳香臺。東過沈邱楊橋，繞西古城，折而東北爲長灣，又折而南爲私擺渡，經王莊鋪，繞北城門外，依黄覇堆而東入舊黄河，過留陵，出江口，經甘城，至正陽入淮河。宣德五年，西北淤塞，呼爲小河，上達古汴，下通淮、泗。宋蘇東坡《泛潁》：『我性喜臨水，得潁意甚奇。到官十日來，九日河之湄。吏民笑相語，使君老而痴。使君寔不痴，流水有令姿。繞郡十餘里，不駛亦不遲。上流直而清，下流曲而漪。畫船俯明镜，笑問汝爲誰？忽然生鱗甲，亂我鬚與眉。散为百東坡，頃刻復在兹。此岂水相薄，相與我相娛。嬉聲與臭味，顛倒眩小兒。等是兒戲物，水中少磷緇。趙陳兩歐陽，同參天人師。觀妙皆有得，共赋泛潁詩。』」

③吕景蒙《嘉靖潁州志·輿地·川（州）》與李宜春《嘉靖潁州志·輿勝·河》均同。

④吕景蒙《嘉靖潁州志·輿地·川（州）》同。李宜春《嘉靖潁州志·輿勝·河》：「流鞍河。在州西沈丘鄉。自三障坡積水，過水丘成河，東過黄牛嶺，又東過青陽舘，折而直北，至沈丘鎮，入潁。相傳：光武征王尋，坡戰失利，渡河，没馬漂鞍，至青楊舘收散兵追尋，因名。」

⑤吕景蒙《嘉靖潁州志·輿地·川（州）》同。李宜春《嘉靖潁州志·輿勝·河》：「舒陽河。在州西鄉。發源自項城乾柳樹集，北入境，經鄭家湖下，東過觀音寺，又東折而南，過陶中湖，入柳河。」

⑥吕景蒙《嘉靖潁州志·輿地·川（州）》同。李宜春《嘉靖潁州志·輿勝·河》：「柳河。在州西鄉。發源自白楊湖，黄河支流。會税絲以南諸水，積流許家窩，成大河，東流十餘里，且折而南，過魚營，西出央臺，即南爲廢柳河驛，下流石羊鋪，右入舊黄河。」

⑦吕景蒙《嘉靖潁州志·輿地·川（州）》同。李宜春《嘉靖潁州志·輿勝·河》：「西茨河。在州西鄉。舊因黄河横流，衝决成河。今太和縣新集以南五道溝諸水，經長營、五兩車營前后坡積水，從流至廢潁河驛，東入柳河。」

⑧吕景蒙《嘉靖潁州志·輿勝·河》：「西三十里河。在城西，無源。自蚕方以北，畎澮之水積成寬河，至蔡村南入潁河。」李宜春《嘉靖潁州志·輿勝·河》：「西三十里河。在州城西。自蚕方以北，畎澮之水積成寬河，至蔡村南入潁河。」

七里河。在城西，無源水。自南十五里廟之東西①，畎澮之水會積成河。久雨則汪洋奔湍，已而盈科不進趨。折北，達於潁河。②

延河。在州西沈丘鄉，上源莫詳。自新蔡東流入境，至龍口，屈折姜寨之南，又東過瓦店，又東背長官店，又東北過楊橋，入潁河。③

大潤河。在州南五十里。水由土陂以上地泉，又栗林南諸坡積流成河，過黄花陂下，東流愈大。東過磚橋，受小潤河之水，出椒陂，縈迴過板橋，東南入淮。④

小潤河。在州南四十里。水自蚕方以東，溝澗積水成河。過黄丘，下七星橋，東流至磚橋，東入大潤河。⑤

谷河。在州南七十里，上源莫詳。由新蔡而東入境，經黑塔坡、下油店橋，東南過老軍屯，又東過楊宅橋、介陳村，繞七旗崗，北爲崇湾，匯於中村崗，南至水臺，西入淮。⑥

清河。在州南城之南。相傳：楚靈王自水臺西開通商渠，自淮而北，轉而西，又折而北，直抵胡子城。歷世變遷，陵谷易位。五代時，王祚爲潁州刺史，疏導古通商渠，更名曰清河。舟楫復通，南境無水患。後不詳何時，復多湮塞。⑦

蒙河。在州南一百里，無源。自紅林東坡積水成河，南背金黄嶺，西流會汝河，至釤崗南會淮。⑧

桃子河。在州南六十里。水自海家溝迤邐東注秋家莊，又東繞分水廟，被漫溝洫集而爲河。東馳不十里，折北而過大屯、環井村，包回龍注大河。⑨

十八里河。在州東鄉，無源。水由撫軍廟以南諸坡溝澮所集，浸淫不流。相傳：土人鑿渠以洩黄潦，南北延袤五十里，下流入張家湖，注潁。⑩

①「西」字，當爲衍字。詳見下條註。

②吕景蒙《嘉靖潁州志·輿地·川（州）》：「七里河。在城西，無源水。自南十五里廟之東，畎澮之水會積成河。久雨則汪洋奔湍，折北，達於潁河。」李宜春《嘉靖潁州志·輿勝·河》：「七里河。在州城西。水自南十五里廟之東，積畎澮水成河。久雨則汪洋奔湍，折而北，達於潁河。」

③吕景蒙《嘉靖潁州志·輿地·川（州）》同。李宜春《嘉靖潁州志·輿勝·河》：「延河。在州西沈丘鄉。自新蔡東流入境，至龍口，屈折姜寨之南，又東過瓦店，又東背長官店，又東北過楊橋，入潁河。」

④吕景蒙《嘉靖潁州志·輿地·川（州）》同。李宜春《嘉靖潁州志·輿勝·河》：「大潤河。在州南五十里。水由上陂以出地泉，又栗林南諸坡積河成河，過黄花陂下，東流愈大。東過磚橋，受小潤河之水，出焦陂，過板橋，東南入淮。」

⑤吕景蒙《嘉靖潁州志·輿地·川（州）》同。李宜春《嘉靖潁州志·輿勝·河》：「小潤河。在州南四十里。自蚕方以東，溝澗積水成河。過黄丘，下七星橋，東流至磚橋，東入大潤河。」

⑥吕景蒙《嘉靖潁州志·輿地·川（州）》同。李宜春《嘉靖潁州志·輿勝·河》：「谷河。在州南七十里。自新蔡而東入境，經黑塔坡、下油店橋，東南（過）老軍屯，又東過楊宅橋、介陳村，繞七旗岡，北爲崇灣，匯於中村岡，南至水臺，西入淮。」

⑦吕景蒙《嘉靖潁州志·輿地·川（州）》同。李宜春《嘉靖潁州志·輿勝·河》：「清河。在州城南。相傳：楚靈王自水臺西開通商渠，自淮而北，轉而西，又折而北，直抵胡子城，歷世變而堙。五代時，王祚爲潁州刺史，復疏導之，更名曰清河。舟楫復通，南境無水患。後不詳何時，復多湮塞。」

⑧吕景蒙《嘉靖潁州志·輿地·川（州）》同。李宜春《嘉靖潁州志·輿勝·河》：「蒙河。在州南一百里。自紅林東坡積水成河，南背金黄嶺，西流會汝河，至鈔岡南會淮。」

⑨吕景蒙《嘉靖潁州志·輿地·川（州）》：「桃子河。在州南六十里。水自海家溝東注秋家莊，又經分水庙，流而爲河。東馳不十里，折北而過大屯、環井村，包回龍注大河。」李宜春《嘉靖潁州志·輿勝·河》：「桃子河。在州南六十里。自海家溝東注秋家莊，又東繞分水庙，流而爲河。東馳不十里，折北而過大屯、環井村，包回龍注於大河。」

⑩吕景蒙《嘉靖潁州志·輿地·川（州）》：「十八里河。在州東鄉，無源。水由撫軍廟南諸坡溝澮所集，浸淫不流。相傳：土人鑿渠以洩黄潦，南北延袤五十里，下流入張家湖，注潁。」李宜春《嘉靖潁州志·輿勝·河》：「十八里河。在州東鄉。集撫軍廟南諸溝澮，浸淫不流。相傳：土人鑿渠以洩黄潦，南北延袤五十里，下流入張家湖，注於潁。」

東三十里河。在東鄉，無源。水由梁莊坡南流，下成河，過倒塔坡，不能自達於潁，曲折西南，注於張家湖。①

淝河。在州北一百一十里，上源莫詳。自太和北源，東經宋塘河，過板橋，背金溝，東南抱岳廟，環張村鋪，又東經靳家渡，迂折而南，縈迴董家集，又南而馬家浅，入壽州境，至硤石山，入淮。②

北茨河。在州北鄉，無源。自金溝水南流漸大，依三塔，西過蔗店，出黑風溝口，趋龍窩寺傍下流，西南至石羊鋪，北入舊黄河。③

母猪港。在州北八十里淝河之南，自西而東幾四十里。首三塔，尾小橋，溝港、南北大坡，畎澮之水悉集，東達淝河，泛則通舟。④

白魚港。在州北九十里，母猪港北。溝洫之水積流爲大渠，通淝河。故白魚自海濱沿淮入肥［淝］，至此溝而止，色白味甘，人常得之，用意取則不得。⑤

黄丘港。在州西南五十里。積後坡之水，南達潤河。⑥

清溝。在州南鄉百里外，溝爲清陂塘設。塘西一溝，上通汝河。前代置閘汝濱，塘水涸，則啓閘取汝水以自益，足則閉之。塘東二溝，並馳而東六十里，至紅林。南面一溝，民家水利。北面一溝，軍屯水利。蓋自洪武以來，自相分受。宋時蘇東坡守潁，亦嘗濬溝。詳見《塘》下。⑦

白龍溝。在城外西北隅。水自西湖東南流，繞故學宫之北。東帯郡厲壇，出龍溝橋，入潁河。相傳：隋開皇間，郡人有張

①吕景蒙《嘉靖潁州志·輿地·川（州）》同。李宜春《嘉靖潁州志·輿勝·河》：「東三十里河。在州東。由梁莊坡南流，下成河，過倒塔坡，不達於潁，將西南注於張家湖。」

②《大明一統志·中都·潁州（山川）》：「淝水。出宿州龍山湖，東流至懷遠縣入淮。又有東肥河，在壽州城東北，西流十里入淮。西肥河，在下蔡廢城西南境，東流十里入淮。」吕景蒙《嘉靖潁州志·輿地·川（州）》：「淝河。在州北一百一十里，上源莫詳。自太和北源，東經宋塘河，過板橋，背金溝，東南抱岳廂，環張村鋪，又東經靳家渡，迂折而南，縈迴董家集，又南而馬家浅，入壽州境，至硤石山，入淮。按《一統志》，淝水，一出宿州，至懷遠入淮。又有東淝河，在壽州東北，西流入淮。西淝河，在下蔡廢城，東流入淮。此則西淝河也。」李宜春《嘉靖潁州志·輿勝·河》：「淝河。在州北一百一十里。自太和北源，東經宋塘河，過板橋，背金溝，水南抱岳廂，環張村鋪，又東經靳家渡，迂折而南，縈迴董家集，又南而馬家浅，入壽州境，至硤石山，入淮。」

③吕景蒙《嘉靖潁州志·輿地·川（州）》同。李宜春《嘉靖潁州志·輿勝·河》：「北茨河。在州北。自金溝水南流漸大，依三塔，西過蔗店，出黑風溝口，趨龍窩寺傍下流，西南至石羊鋪，北入舊黄河。」

④吕景蒙《嘉靖潁州志·輿地·川（州）》同。李宜春《嘉靖潁州志·輿勝·港》：「母猪港。在州北八十里淝河南，闊幾四十。自三塔，距小橋溝，南北俱大坡，畎澮之水集焉。東連淝河，泛則可舟。」

⑤吕景蒙《嘉靖潁州志·輿地·川（州）》同。李宜春《嘉靖潁州志·輿勝·港》：「白魚港。在州北九十里，母猪港北。溝洫之水積成大渠，通淝河。故白魚自海濱沿淮入淝，至此溝而止，其色白味甘。」

⑥吕景蒙《嘉靖潁州志·輿地·川（州）》與李宜春《嘉靖潁州志·輿勝·港》均同。

⑦吕景蒙《嘉靖潁州志·溝洫·溝（州）》：「清溝。在州南鄉百里外，溝爲清陂塘設。塘西一溝，上通汝河。前代置閘汝濱，水涸，則啓閘取水，足則閉之。塘東二溝，並馳而東六十里，至紅林。南面一溝，爲民田水利。北面一溝，爲軍屯水利。今制皆廢。」李宜春《嘉靖潁州志·賦産·溝洫（溝）》：「清溝。在州南鄉百里，溝爲清陂塘設。塘西一溝，上通汝河。前代置閘汝濱，水涸，則啟閘取水，足則閉之。塘東二溝，並馳而東六十里，至紅林。南面一溝，爲民田水利。北面一溝，爲軍屯水利。」

龍公者，嘗與龍鬬於西湖，出入此溝，故名。①

金溝。在北鄉岳廟西，距州一百二十餘里。積畎澮之水，通入茨河。舊傳溝産金，訪知壤土之地，非沙非石，金無由生。疑晉時隗炤所居，相近也。②

紫壩溝。在北鄉龍德寺坡南，引坡水灌母猪港。其西又與皂溝通，水入淝河。③

小橋溝。在州北九十里。淝河以西坡水積會，泛濫如河。北引車轍溝之水，並入淝河。溝之西南又有三汊溝，亦通淝河。④

伍名溝。在州北三十里。溝以伍子胥宅近，故得名。相傳：伍奢爲楚相日，開此溝以洩潦水，以利其家。至今北鄉西半猶賴此溝，得減水患。自母猪港南，直流七十里，無少曲折。至入舊黄河處，地勢益低，自上註下幾數仞，聲如擂鼓，故又名響鼓溝云。

蔡村溝。在州西三十里。引柳河以南坡水，通入潁河。隔河有刘寅溝，引義塘東南之水，亦通潁河。⑤

雙溝。在州西鄉，小汝河北。首自沈丘河北八里灣而東，雙溝並馳一百餘里，尾達柳河。中間過小汝河、黄溝、其字溝，凡十餘道，交錯經緯，而東流自若，意者地道自然之勢。溝南有黄溝、陳家溝、狼溝、大虫溝、皂溝、其字溝，水俱入潁河。⑥

汴家溝。在沈丘小汝河南。積流至樂莊坡，水北流，破丘之水入潁河。⑦

九里溝。在沈丘之東。水自范家湖出，過定香，經董家莊，繞徐家塚，入潁。⑧

版腸溝。在州西南（一）百四十里。積清陂塘北之水，通之谷河。近東十里外又有葦溝，積土陂以西水，亦通谷河。⑨

五汊溝。在州西南一百六十里，艾亭小寺西。寺北有泉混混，四時不竭，東南流入老堰湾，會汝河，兩岸溉田二十餘頃云。⑩

①吕景蒙《嘉靖潁州志·溝洫·溝（州）》："「白龍溝。在城外西北隅。水自西湖東南流，繞故學宫之北。東带郡厲壇，出龍溝橋，入潁河。」李宜春《嘉靖潁州志·賦産·溝洫（溝）》："「白龍溝。在州城外西北隅。水自西湖東南流，繞故學宫之北。出龍溝橋，入潁河。」

②吕景蒙《嘉靖潁州志·溝洫·溝（州）》："「金溝。在北鄉岳廂西，距州一百二十里。積畎澮之水，通入茨河。」李宜春《嘉靖潁州志·賦産·溝洫（溝）》："「金溝。在州北鄉岳廂西，距州一百二十里。積畎澮之水，通入茨河。」

③吕景蒙《嘉靖潁州志·溝洫·溝（州）》："「紫壩溝。在北鄉龍德寺坡南，引坡水灌母猪港。其西又與皂溝通，水入淝河。」李宜春《嘉靖潁州志·賦産·溝洫（溝）》："「紫壩溝。在州北鄉龍德寺南，引坡水灌母猪港。其西又與皂溝通，入淝河。」

④吕景蒙《嘉靖潁州志·溝洫·溝（州）》："「小橋溝。在州北九十里。淝河迤西坡水積會，泛濫如河。北引車轍溝之水，並入淝河。溝西南即三汊溝，亦通於淝河。」李宜春《嘉靖潁州志·賦産·溝洫（溝）》："「小橋溝。在州北九十里。淝河迤西坡水積會，泛溢如河。北引車轍溝之水，並入淝河。溝西南即三汊溝，亦通於淝河。」

⑤吕景蒙《嘉靖潁州志·溝洫·溝（州）》與李宜春《嘉靖潁州志·賦産·溝洫（溝）》均同。

⑥吕景蒙《嘉靖潁州志·溝洫·溝（州）》："「雙溝。在州西鄉，小汝河北。首自沈丘河八里灣而東，雙溝並馳一百餘里，尾達柳河。中間過小汝河、黄溝、其字溝，溝南有黄溝、陳家溝、狼溝、大虫溝、皂溝，俱入潁河。」李宜春《嘉靖潁州志·賦産·溝洫（溝）》："「雙溝。在州西鄉，小汝河北。首自沈丘河八里灣而東，雙溝並馳百餘里，達柳河。中過小汝河、黄溝、其字溝，溝南有黄溝、陳家溝、狼溝、大虫溝、皂溝，俱入潁河。」

⑦吕景蒙《嘉靖潁州志·溝洫·溝（州）》同。李宜春《嘉靖潁州志·賦産·溝洫（溝）》："「汴家溝。在州沈丘小汝河南。積流至樂莊坡，北流破丘，入潁河。」

⑧吕景蒙《嘉靖潁州志·溝洫·溝（州）》："「九里溝。在沈丘之東。水自范家湖出，過定鄉，經董家莊，繞徐家塚，入潁河。」李宜春《嘉靖潁州志·賦産·溝洫（溝）》："「九里溝。在州沈丘東。自范家湖出，過定鄉，經董家莊，繞徐家塚，入潁河。」

⑨吕景蒙《嘉靖潁州志·溝洫·溝（州）》與李宜春《嘉靖潁州志·賦産·溝洫（溝）》均同。

⑩吕景蒙《嘉靖潁州志·溝洫·溝（州）》："「五汊溝。在州西南一百六十里艾亭北。有泉流入老堰湾，會汝河，兩岸溉田二十餘頃云。」李宜春《嘉靖潁州志·賦産·溝洫（溝）》："「五汊溝。在州西南一百六十里艾亭北。有泉流入老堰灣，會汝，溉田二十餘頃。」

海家溝。在州南七十里，東流爲桃子河。又東與採芹溝合，過分水廟，南流入谷河，北流入大潤河。①

龍封溝。在州東三十五里。引張家湖水，南入潁。土人傳云：張龍公與龍鬬於是。張公語其妻曰：「吾龍也，繫鬣以絳綃。」故東向又有紅絲澗，亦張家湖水出。②

站溝。在州東五十里楊湾村。水自陳村湖東流十餘里，古馬站之東。大橋跨溝，水流橋外。北折不三里，入潁河。③

乾溝。在州西北四十五里。按《左傳·魯昭公十二年》，楚平王狩於州來，次於潁尾，次於乾溪，駐於城父南地。今考地理，張村鋪北，古城父地也。乾溪，在張村南七十里，俗呼乾溝。④

西湖。在州西北二里外。湖長十里，廣三里。相傳：古時水深莫測，廣袤相齊。胡金之後，黄河衝蕩，湮湖之半，然而四時佳景尚在。前代名賢達士，往往泛舟遊翫於是。湖南有歐陽文忠公書院基。⑤

東張家湖。在州東三十里，潁水北岸，方廣六七里。水族、禽、鳥、蓮、芡之利，居民有之。相傳：湖乃古寢丘城。至隋初，郡人張路斯家於是，以明經登第。景隆中爲宣城令，罷官歸，每夕出。後語其妻曰：「吾龍也，蓼人鄭祥遠亦龍。吾與戰。」明日，其子助而勝。後與九子皆化龍，而城遂陷爲湖，土人呼張家湖。故西有龍封溝、紅絲澗云。詳見歐公《跋〈集古録〉》云。⑥

南張家湖。在州西南一百七十里龍項湾。周不能五里，物産與東張家湖等，居民利之。⑦

界溝湖。在州西一百四十里。本黄河水道，淤隔成湖，長三十餘里。湖之南三里又一小湖，亦長二三里。成化中，同知劉節嘗督民兩開渠洩水，各夷高湮下，多成腴田。⑧

①吕景蒙《嘉靖潁州志·溝洫·溝（州）》與李宜春《嘉靖潁州志·賦産·溝洫（溝）》均同。

②吕景蒙《嘉靖潁州志·溝洫·溝（州）》：「龍封溝。在州東三十五里。引張家湖水，南入潁河。」李宜春《嘉靖潁州志·賦産·溝洫（溝）》同。

③吕景蒙《嘉靖潁州志·溝洫·溝（州）》：「站溝。在州東五十里楊灣村。水入潁河。」李宜春《嘉靖潁州志·賦産·溝洫（溝）》同。

④吕景蒙《嘉靖潁州志·溝洫·溝（州）》：「乾溝。在州西北四十五里。舊傳：楚平王狩於州來，次於潁尾，次於乾溪，即其地。俗呼乾溝。」李宜春《嘉靖潁州志·賦産·溝洫（溝）》「乾溝。在州西北四十五里。舊傳：楚平王狩於州來，次於乾溪。俗呼乾溝。」

⑤《大明一統志·中都·潁州（山川）》：「西湖。在潁州西北二里，長十里，廣二里。景象甚佳。宋晏殊、歐陽脩、蘇軾相繼爲守，皆嘗宴賞於此，題詠甚富。」吕景蒙《嘉靖潁州志·溝洫·湖（州）》：「西湖。在州西北三里外。袤十餘里，廣二里。景象甚佳。宋晏殊、歐陽脩、蘇軾相繼爲守，皆嘗宴賞於此，題詠甚富。湖南有西湖書院，其址並湖爲軍民田所侵多矣。嘉靖乙未（1535），兵備宗樞呈請撫按衙門，案行判官景蒙查復湖地十頃有餘。周圍計一十有六里，而書院、祠宇，爲之一新云。許渾《潁州從事西湖亭燕餞詩》：『西湖清燕不知回，一曲離歌酒一杯。城帶夕陽聞鼓角，寺臨秋水見樓臺。蘭堂客散蟬猶噪，桂檝人稀鳥自來。獨想征車過鞏洛，此中霜菊繞潭開。』晏殊詩：『前村過雨蓬麻亂，遠水粘天鸛鶴飛。』歐陽脩《初至潁州西湖，寄淮南轉運吕度支、發運許主客詩》：『平湖十頃碧琉璃，四面清陰乍合時。柳絮已將春去遠，海棠應恨我來遲。啼禽似與遊人語，明月閒撑野艇隨。每到最佳堪樂處，却思君共把芳卮。』又《初夏詩》：『積雨新晴漲碧溪，偶尋行處獨依依。緑陰黄鳥春歸後，紅花青苔人迹稀。萍匝汀洲魚自躍，日長欄檻燕交飛。林僧不用相迎送，吾欲臺頭坐釣磯。』」李宜春《嘉靖潁州志·賦産·溝洫（湖）》：「西湖。在州西北三里。宋知潁州歐陽脩因田禾亢旱，以百萬餘人築塞白龍溝，注水西湖，灌溉腴田。又建書院，作六一堂，移而家焉。至蘇軾與趙德麟，因而開治。後湖爲軍民多侵塞爲田，水亦易涸。嘉靖乙未，兵備李公宗樞委判官吕景蒙查復湖地十有餘頃，周圍計一十六里。丁未（1547），兵備許公天倫委知州李宜春查復硬界一十一畝。」

⑥吕景蒙《嘉靖潁州志·溝洫·湖（州）》：「東張家湖。在州東三十里潁水北岸，方廣六七里。魚、鼈、鳧、鴨、蓮、芡之利甚多。舊傳：張龍公與鄭祥遠戰，勝，化龍而去，其宅遂陷爲湖，故西有龍封溝。」李宜春《嘉靖潁州志·賦産·溝洫（湖）》：「東張家湖。在州東三十里潁水北岸，方廣六七里。魚、鼈、鳧、鴨、蓮、芡之利甚多。舊傳：張龍公化龍而去，其宅遂陷爲湖，故西有龍封溝。」

⑦吕景蒙《嘉靖潁州志·溝洫·湖（州）》：「南張家湖。在州西南一百七十里龍項灣。周不滿四里，民多利之。」李宜春《嘉靖潁州志·賦産·溝洫（湖）》同。

⑧吕景蒙《嘉靖潁州志·溝洫·湖（州）》：「界溝湖。在州西一百四十里。本黄河水道，淤隔成湖，長三十餘里。湖之南三里又一小湖，亦長二三里。成化中，同知劉節嘗督民兩開渠洩水，成腴田。」李宜春《嘉靖潁州志·賦産·溝洫（湖）》同。

鄭家湖。在州西一百五十里，舒陽河南。方廣僅五里，四時不竭。相傳：隋時，蓼人鄭祥遠，乃龍也，嘗據此池。後人呼爲鄭家湖云。①

白楊湖。在州西一百二十里，亦黄河水道淤隔成湖。潦水泛，則界溝湖之水自溝引而東，入白楊湖，今湮其半。土見處皆可耕稼，下者水族繁盛。②

陶中湖。在州西一百一十五里，柳河西。周不十里，潤溉土田，居民利之。

鴨兒湖。在北鄉茨河東，去城三十里。先時黄河横流，地之下皆湖。此中南北二十里，鷗、鴈、鳧、鴨，聚育如雲。河徙水退，今皆樹藝矣。③

范家湖。在州西一百二十里。前時河水所被，今爲沃壤。雨二日，則復成湖，涸可立待。④

六百丈湖。在州南一百里，淮河北。四面腴田，居民資湖種樹、粳稻。⑤

鏡兒湖。在州南九十里，谷河之南。圓如一鏡，天宇澄澈，湖光逼人。⑥

雙塚湖。在州西南五里。⑦

姑嫂湖。在州南鄉八十里，崇湾中。畜水以溉湾田，至張家湾瀰漫。⑧

椒陂塘。在州南六十里。廣十餘頃，溉田萬畝。唐刺史柳寶積教民置陂潤河，引水入塘，灌溉倍之。⑨

清陂塘。在州西南一百六十里。塘自西至東二十里，南北可七八里。往時民樂其利。宋蘇東坡守潁，亦嘗修之，變故廢弛。洪武中，重修塞責。其後分下流之水，軍民矛盾，而塘日湮爲田，上源毀失汝濱之閘，下流争决走水之溝。於今六十餘年，無事於公家，其利專於一二豪强矣。塘不詳築自何代，今無力以成民功，可愧也。⑩

---

①吕景蒙《嘉靖潁州志·溝洫·湖（州）》：「鄭家湖。在州西一百五十里舒陽河南，方廣僅五里。相傳：鄭祥遠據此湖，故名。」李宜春《嘉靖潁州志·賦産·溝洫（湖）》同。

②吕景蒙《嘉靖潁州志·溝洫·湖（州）》：「白楊湖。在州西一百二十里。亦黄河水道淤隔成湖，潦水至，則界溝湖之水會於此。」李宜春《嘉靖潁州志·賦産·溝洫（湖）》：「白楊湖。在州西一百二十里。亦黄河水道淤隔成湖，潦則會界溝湖之水。」

③吕景蒙《嘉靖潁州志·溝洫·湖（州）》：「鴨兒湖。在州北三十里，茨河東。今地平水少，民皆樹藝。」李宜春《嘉靖潁州志·賦産·溝洫（湖）》同。

④吕景蒙《嘉靖潁州志·溝洫·湖（州）》：「范家湖。在州西一百二十里。今爲沃壤，民皆樹藝。」李宜春《嘉靖潁州志·賦産·溝洫（湖）》同。

⑤吕景蒙《嘉靖潁州志·溝洫·湖（州）》：「六百丈湖。在州南一百里，淮河北。民資水灌田。」李宜春《嘉靖潁州志·賦産·溝洫（湖）》同。

⑥吕景蒙《嘉靖潁州志·溝洫·湖（州）》：「鏡兒湖。在州南九十里，谷河之南。其形如鏡。」李宜春《嘉靖潁州志·賦産·溝洫（湖）》同。

⑦吕景蒙《嘉靖潁州志·溝洫·湖（州）》：「雙塚湖。在州西南一百里。」李宜春《嘉靖潁州志·賦産·溝洫（湖）》同。按，二書所載與《正德志》相差甚遠，或其一爲誤，或所指非一湖。

⑧吕景蒙《嘉靖潁州志·溝洫·湖（州）》：「姑嫂湖。在州南八十里，崇灣中。」李宜春《嘉靖潁州志·賦産·溝洫（湖）》同。

⑨吕景蒙《嘉靖潁州志·溝洫·塘（州）》：「焦陂塘。在州南六十里，廣十餘頃。唐刺史柳實積教民置陂潤河，引水入塘，溉田萬頃。歐陽脩《憶焦陂歌》：『焦陂荷花照水光，未到十里聞花香。焦陂八月新酒熟，秋水魚肥鱠如玉。清河兩岸柳鳴蟬，直到焦陂不下船。笑向漁翁酒家保，金龜可解不須錢。明日君恩許歸去，白頭酣詠太平年。』」李宜春《嘉靖潁州志·賦産·溝洫（塘）》同。

⑩《大明一統志·中都·潁州（山川）》：「清陂塘。在潁州南一百五十里。灌溉民田，爲利甚博。」吕景蒙《嘉靖潁州志·溝洫·塘（州）》：「清陂塘。在州西南一百六十里。」李宜春《嘉靖潁州志·賦産·溝洫（塘）》同。

安舟塘。在州南一百里，延袤幾六七里，環繞安舟崗。東北轉挽以溉土田，民利甚博。成化丁酉（1477），塘少懷［壞］，同知劉節給餉督民築之。①

盆陂。在州南鄉楊宅橋西。前人置陂障谷水，溉河北田。水滿，陂如盆，故名。②

雙陂。在州南八十里。相傳：前人自谷河障水，以溉黄丘村南之田。今引水溝道尚在，失陂所在③。

土陂。在州南九十里。土民築陂，障老軍屯、栗林坡④諸水，以溉黄花坡西之田。

淵家堰。在州南七十里。土民築堰，以畜土陂下流之水，溉黄丘店西之田。⑤

蠻流灣。在州北一百一十里。淝河水泛，則低岸悉渰成湖。故雨水稍多，湾偏受患。⑥

八里灣。在州西一百七十里，潁河北岸。黄河決齧，北入二三里。今亦樹藝，水多則澇也。⑦

龍項灣。在州西南一百七十里。汝水漲，湾之曲折處俱墊溺矣。⑧

牛角灣。在州西南一百五十里。汝水出永安故縣，東折而南流十餘里，又東不能二三里，又北折至對湾前後，乃復東下。汝水泛，則通湾侵淫矣。⑨

老堰灣。在州南一百六十里，龍項湾東。汝水落，則湾中皆膏腴。土民築堰，壅五汊溝泉水，以溉湾田，爲利甚博。汝漲，則渰浸無遺。⑩

鯉魚灣。在州南一百四十里。汝泛岸，低處一小洲水中如魚，故名。⑪

---

①吕景蒙《嘉靖潁州志·溝洫·塘（州）》：「安舟塘。在州南一百里，延袤六七里，環繞安舟崗。民便於溉田。成化中塘壞，同知劉節脩復。」李宜春《嘉靖潁州志·賦産·溝洫（塘）》：「安舟塘。在州南一百里，延袤六七里，繞安舟崗。便於溉田。成化中，同知劉節脩復。」

②吕景蒙《嘉靖潁州志·溝洫·陂（州）》與李宜春《嘉靖潁州志·賦産·溝洫（陂）》均同。

③「失陂所在」句，吕景蒙《嘉靖潁州志·溝洫·陂（州）》作「而陂失去所矣」。李宜春《嘉靖潁州志·賦産·溝洫（陂）》作「而陂失去矣」。其餘文字同。

④「坡」字，吕景蒙《嘉靖潁州志·溝洫·陂（州）》與李宜春《嘉靖潁州志·賦産·溝洫（陂）》均無。其餘文字同。

⑤吕景蒙《嘉靖潁州志·溝洫·堰（州）》：「溫家堰。在州南七十里。土人築堰，以蓄土陂下流之水，溉黄丘店田。」李宜春《嘉靖潁州志·賦産·溝洫（堰）》同。

⑥吕景蒙《嘉靖潁州志·溝洫·灣（州）》：「䜌流灣。在州北一百七十里，潁河之北岸。」李宜春《嘉靖潁州志·賦産·溝洫（灣）》：「䜌流灣。在州北一百七十里，潁河北岸。」

⑦吕景蒙《嘉靖潁州志·溝洫·灣（州）》：「八里灣。在州西一百七十里，潁河北岸。今皆樹藝。」李宜春《嘉靖潁州志·賦産·溝洫（灣）》：「八里灣。在州西一百七十里，潁河北岸。」

⑧吕景蒙《嘉靖潁州志·溝洫·灣（州）》：「龍項灣。在州西南一百七十里，汝水之旁。」李宜春《嘉靖潁州志·賦産·溝洫（灣）》同。

⑨吕景蒙《嘉靖潁州志·溝洫·灣（州）》：「牛角灣。在州西南一百五十里，汝水東。南流對灣，曲折如牛角云。」李宜春《嘉靖潁州志·賦産·溝洫（灣）》：「牛角灣。在州西南一百五十里，汝水東。南流對灣，曲如牛角。」

⑩吕景蒙《嘉靖潁州志·溝洫·灣（州）》：「老堰灣。在州南一百六十里，龍項灣東。汝水落，則湾中皆膏腴。土民築堰，壅五汊溝泉水，以溉灣田。」李宜春《嘉靖潁州志·賦産·溝洫（灣）》：「老堰灣。在州南一百六十里，龍項灣東。土民築堰，壅五汊溝泉水以溉灣田。」

⑪吕景蒙《嘉靖潁州志·溝洫·灣（州）》：「鯉魚灣。在州南一百四十里，汝水旁。一小洲如魚，故名。」李宜春《嘉靖潁州志·賦産·溝洫（灣）》同。

崇灣。在州南七十里。谷河環其北，淮水横其南，决齧渺茫。秋夏水多，民無望矣。①

宣灣。在州南一百里。淮水衝匯過遏，谷河之水不能舒流，泓停低壤。淮泛則逆流於灣，民患亦甚。②

水臺灣。在州南一百里。淮至此河，寬倍上流。故平王築臺於此，以觀競渡之戲。③

琉璃井。在北城中，州治東南。④ 其水清冽，井底有青石八片，瑩潤照人，故名。

甜水井。在南城中道觀前。城内外井泉多鹹苦，獨此水清甜，故名。⑤

十里井。在州城河北，騙馬廠之東。井水清甜，十里外有取汲者，故名。且古所甃，大而且深，大旱不竭。⑥

古　蹟⑦

胡子國城。即今南城。⑧ 按《春秋》，本陳地。周康王封陳滿之裔國於胡，爵爲子。⑨ 其後入《春秋》，見於經、傳一百二十四國，胡與焉。然蕞尔境土，介於華夷，不得與中土諸侯盟會。至魯昭公四年（公元前538）夏，楚子主盟諸侯會申，始一見焉。⑩ 秋，從諸侯伐吴鍾離。⑪ 至昭公二十三年（公元前519），吴人伐州來。胡子髠不能以理守小國，役屬於楚，自將從六國奔命救州來。吴人曰：「胡、沈之君幼而狂，諸侯同役而不同心。」分師先犯，戰於鷄父，胡君死焉。⑫ 其後，國雖楚與，而侵以

①吕景蒙《嘉靖潁州志・溝洫・灣（州）》：「崇灣。在州南七十里，谷河、淮河之内。」李宜春《嘉靖潁州志・賦産・溝洫（灣）》同。

②吕景蒙《嘉靖潁州志・溝洫・灣（州）》：「宣灣。在州南一百里，淮河、谷河之旁。」李宜春《嘉靖潁州志・賦産・溝洫（灣）》同。

③吕景蒙《嘉靖潁州志・溝洫・灣（州）》：「水臺灣。在州南一百里。淮水至此寬倍，故平王築臺於此。」李宜春《嘉靖潁州志・賦産・溝洫（灣）》：「水臺灣。在州南一百里。故楚平王築臺處，爲淮水所注。」

④「在北城中，州治東南」句，吕景蒙《嘉靖潁州志・輿地・故蹟（井）》同。李宜春《嘉靖潁州志・輿勝・井》作「在州治東南」。其餘文字同。

⑤李宜春《嘉靖潁州志・輿勝・井》：「甜水井。在州南城中道觀前。城内外井泉多鹹苦，獨此水清甜，故名。」

⑥李宜春《嘉靖潁州志・輿勝・井》：「十里井。在州城河北，騆馬廠之東。井水清甜，十里外有取汲者。大旱不竭，故名。」

⑦前目録作「古蹟碑碣附」。

⑧「即今南城」，吕景蒙《嘉靖潁州志・輿地・故蹟（城）》作：「即州之南城。本姬姓，莫詳封世。」

⑨《春秋》中未見相關記載。《左傳・昭公八年》：「及胡公不淫，故周賜之姓，使祀虞帝。」杜預註：「胡公滿，遂之後也，事周武王，賜姓曰嬀，封諸陳，紹舜後。」《史記・陳杞世家》：「陳胡公滿者，虞帝舜之後也。昔舜爲庶人時，堯妻之二女，居於嬀汭，其後因爲氏姓，姓嬀氏。舜已崩，傳禹天下，而舜子商均爲封國。夏后之時，或失或續。至於周武王克殷紂，乃復求舜後，得嬀滿，封之於陳，以奉帝舜祀，是爲胡公。」按，以上皆未及周康王封陳滿之裔於胡國事。胡天生有《嬀滿後裔未封到胡國——兼談以謚號爲姓》一文，可參看。（《阜陽考古録》，中華書局 2011 年版。）

⑩《春秋・昭公四年》：「夏，楚子、蔡侯、陳侯、鄭伯、許男、徐子、滕子、頓子、胡子、沈子、小邾子、宋世子佐、淮夷會於申。」杜預註：「楚靈王始會諸侯。」

⑪《春秋・昭公四年》：「秋七月，楚子、蔡侯、陳侯、許男、頓子、胡子、沈子、淮夷伐吴。」杜預註：「胡國，汝陰縣西北有胡城。」

⑫《春秋・昭公二十三年》：「（秋七月）戊辰，吴敗頓、胡、沈、蔡、陳、許之師於鷄父。胡子髡、沈子逞滅。」杜預註：「國雖存，君死曰滅。」《左傳・昭公二十三年》：「（秋七月）吴人伐州來，楚薳越帥師及諸侯之師奔命救州來。吴人禦諸鍾離。子瑕卒，楚師熸。吴公子光曰：『諸侯從於楚者衆，而皆小國也，畏楚而不獲已，是以來。吾聞之曰：作事威克其愛，雖小，必濟。胡、沈之君幼而狂，陳大夫齧壯而頑，頓與許、蔡疾楚政。楚令尹死，其師熸。帥賤、多寵，政令不壹。七國同役而不同心，帥賤而不能整，無大威命，楚可敗也。若分師先以犯胡、沈與陳，必先奔。三國敗，諸侯之師乃摇心矣。諸侯乖亂，楚必大奔。請先者去備薄威，後者敦陳整旅。』吴子從之。戊辰晦，戰於鷄父。吴子以罪人三千先犯胡、沈與陳，三國爭之。吴爲三軍以繫於後，中軍從王，光帥右，掩餘帥左。吴之罪人或奔或止，三國亂，吴師擊之，三國敗，獲胡、沈之君及陳大夫。舍胡、沈之囚使奔許與蔡、頓，曰：『吾君死矣！』師譟而從之，三國奔，楚師大奔。書曰：『胡子髡、沈子逞滅，獲陳夏齧』，君臣之辭也。不言戰，楚未陳也。」

弱。昭公三十年（公元前512），又爲楚所割乾溪之田，以益徐之來奔公子章羽。①定公四年（公元前506），吴人入楚，敗之。②胡子豹忿楚，盡俘楚邑近胡之民以自多。楚既定，豹又不受命，乃曰：「存亡有命，事楚何爲？徒多取費。」定公十五年（公元前495）二月，楚遂滅胡，執胡子豹歸，城遂爲楚。③秦滅楚，漢滅秦，遂置縣焉。④

①《春秋·昭公三十年》：「冬十有二月，吴滅徐，徐子章羽奔楚。」《左傳·昭公三十年》：「（秋八月）吴子使徐人執掩餘，使鍾吾人執燭庸，二公子奔楚。楚子大封，而定其徙……取於城父與胡田以與之……冬十二月，吴子執鍾吾子。遂伐徐，防山以水之。己卯，滅徐。徐子章禹斷其髮，攜其夫人以逆吴子。吴子唁而送之，使其邇臣從之，遂奔楚。楚沈尹戌帥師救徐，弗及。遂城夷，使徐子處之。」杜預註：「胡田，故胡子之地。夷，城父也。」

②《春秋·定公四年》：「三月，公會劉子、晉侯、宋公、蔡侯、衛侯、陳子、鄭伯、許男、曹伯、莒子、邾子、胡子、滕子、薛伯、杞伯、小邾子、齊國夏於召陵，侵楚……冬十有一月庚午，蔡侯以吴子及楚人戰於柏舉，楚師敗績。」

③《春秋·定公十五年》：「二月辛丑，楚子滅胡，以胡子豹歸。」《左傳·定公十五年》：「（十五年春）吴之入楚也，胡子盡俘楚邑之近胡者。楚既定，胡子豹又不事楚，曰：『存亡有命，事楚何爲？多取費焉。』二月，楚滅胡。」《春秋·定公十五年》：「二月辛丑，楚子滅胡，以胡子豹歸。」《左傳·定公十五年》：「吴之入楚也，胡子盡俘楚邑之近胡者。楚既定，胡子豹又不事楚，曰：『存亡有命，事楚何爲？多取費焉。』二月，楚滅胡。」

④《成化中都志·國都·潁州》：「胡國。潁州古胡國。周康王封陳滿之裔，國於胡，嬀姓伯爵。春秋定公十五年（公元前495），楚子滅胡，以胡子豹歸。《左傳》云：『吴之入楚，胡子盡俘楚邑之近胡者。既定，又不事楚，曰：『存亡有命，事楚何爲？多取費焉。』爲是楚滅之。」《文獻通考》云：『胡，姬姓子爵。』誤也。《南畿志·鳳陽府·潁州（古蹟）》：「胡城。在城西二里，即春秋胡子國。」呂景蒙《嘉靖潁州志·輿地·故蹟》：「胡子國城。即州之南城，本姬姓，莫詳封世。昭公二十三年，吴人伐州來。胡子髡不能以理守小國，役屬於楚，自將從六國奔命救州來。吴人曰：『胡、沈之君幼而狂，諸侯同役而不同心。』分師先犯，戰於鷄父，胡君死焉。後定公十五年二月，楚遂滅胡，執胡子豹歸，城遂爲楚。秦滅楚，漢滅秦，遂置汝陰縣焉。

沈子國城。在州西一百二十里。按《史記·世家》，周文王第十一子聃季食邑於沈。①傳至春秋，見於經、傳一百二十四國，沈與焉。魯文公三年（公元前624）春，諸侯以沈未嘗與中國會盟，而南服於楚，率師伐之，入境而民潰。②魯昭公四年（公元前538）夏，始從諸侯會申。③秋七月，從諸侯伐吴鐘離。④昭公五年（公元前537），從陳、蔡八國伐吴。⑤昭公二十三年（公元前519）秋七月戊辰，吴伐州來，沈子逞自將從楚救州來。吴人分師，戰於鷄父。沈子敗，死焉。⑥其後中國無伯，遂臣服於楚。至葉公沈諸梁爲楚葉尹，國遂以滅。秦滅楚，漢滅秦，置縣治於沈國城。歷代廢置，沿革莫詳。宋、元尚爲沈丘縣，有城隍廟碑在故城中。元將王保保鎮陳、潁，開府沈城，掘城東、南、西三面爲湖，以拒外兵。至正末，揭城中軍民北遁，城空，遂廢。今遺址具存。⑦

①《史記·管蔡世家》：「武王同母兄弟十人……其長子曰伯邑考，次曰武王發……次曰冉季載……武王既崩，成王少，周公旦專王室……封季載於冉。」司馬貞《索隱》：「冉，國也。載，名也。季，字也。冉，或作郙。」按，《春秋》《左傳》皆未載冉季載以沈爲食邑，待考。

②《春秋·文公三年》：「三年（公元前624）春王正月，叔孫得臣會晋人、宋人、陳人、衛人、鄭人伐沈。沈潰。」杜預註：「沈，國名也。汝南平輿縣北有沈亭。」

③見前「胡子國城」之註。

④見前「胡子國城」之註。

⑤《春秋·昭公五年》：「冬，楚子、蔡侯、陳侯、許男、頓子、沈子、徐人、越人伐吴。」

⑥見前「胡子國城」之註。

⑦《成化中都志·城郭·國》：「沈國。在州西一百二十里廢沈丘縣，古沈子國，姬姓。《史記·世家》：『周文王第十一子聃季食邑於沈。』春秋定公四年（公元前506），蔡公孫姓帥師滅沈，以沈子嘉歸，殺之。《左傳》云：沈人不會於召陵，晋人使蔡伐而滅之也。《文獻通考》云姒姓，誤。」吕景蒙《嘉靖潁州志·輿地·故蹟》：「沈子國城。在州西一百二十里。文公三年春，諸侯以沈未嘗與中國會盟，而南服於楚，率師伐之，入境而民潰。自此見於《春秋》，其後爲蔡所滅，今存遺址。」

寢丘城。在州東三十里，潁水北岸。按《左傳·宣公十年》，楚莊王伐鄭，晉救之，逐楚師於潁北之寢丘。①其後，楚大夫獵，使封人慮事，以授司徒。量功命日，分財用，平板幹，稱畚築，程土物，議遠邇，畧基址，具餱糧，度有司。事三旬而城寢。②又按，楚史《檮杌》載莊王既勝晉於河、雍之間，歸而封孫叔敖，叔敖辭而不受。病疽將死，謂其子曰：「吾則死矣，王必封汝。汝必讓肥饒之地，而受沙石之間有寢丘者，其地确石之名醜。荊人鬼，越人禨，人莫之利也。」叔敖死，王果封其子以肥饒之地，其子辭而不受，請有寢之丘。王乃封叔敖之子僑爲寢丘長。③至魯定公十一年（公元前499）冬，楚伐陳，吴延州來，季子救陳。④雨十日十夜，吴行六十里，無功。楚王追擊，吴師敗於寢土。俗相傳：今張家湖，乃古城陷也，未知是否以爲張龍公所家處故

①《左傳·宣公十年》：「（冬）楚子伐鄭，晉士會救鄭，逐楚師於潁北。」

②《左傳·宣公十一年》：「（夏）楚左尹子重侵宋，王待諸郔。令尹蔿艾獵城沂，使封人慮事，以授司徒。量功命日，分財用，平板幹，稱畚築，程土物，議遠邇，畧基址，具餱糧，度有司。事三旬而成，不愆於素。」張守節《正義》曰：「艾獵蔿，賈之子孫，叔敖也。此年云令尹蔿艾獵，明年云令尹孫叔敖，明一人也。世本艾獵爲叔敖之兄，世本多誤，本必不然。」

③《檮杌》原書已佚，無從核對。《淮南子·人間訓》：「昔者，楚莊王既勝晉於河、雍之間，歸而封孫叔敖，辭而不受。病疽將死，謂其子曰：『吾則死矣，王必封汝。汝必讓肥饒之地，而受沙石之間有寢丘者，其地确石之名醜。荊人鬼，越人禨，人莫之利也。』叔敖死，王果封其子以肥饒之地，其子辭而不受，請有寢之丘。」

④《左傳·哀公十年》：「冬，楚子期伐陳，吴延州來季子救陳。」

耳。不然，湖西何緣復有龍封溝、紅絲澗云？

細陽廢縣。在州西二十里。漢置縣，屬汝南郡。① 五季廢。今古城尚在茨河鋪西三里，城甚狹小，疑當時縣治子城也。②

青丘廢縣。在州東五十六里③，潁河北岸。隋大業間置縣，屬汝陰郡。④ 唐武德中廢⑤，縣治即今北照寺基，俗呼青丘村。⑥

鄴丘廢縣。在州東。《元志》云：「去城八里。魏安釐王時，秦拔鄴丘。漢置新鄴縣，屬汝南郡。章帝時，徙宋公於此，今

---

①《漢書·地理志·汝南郡》：「汝南郡。縣三十七……細陽……」

②《成化中都志·城郭·潁州》：「細陽城。在州西北四十里。漢縣屬汝南郡，莽曰樂慶。光武封岑彭子遵爲細陽侯。故城在茨河鋪西三里。」《南畿志·鳳陽府·潁州（古蹟）》：「細陽城。在州西北四十里。漢置縣。」吕景蒙《嘉靖潁州志·輿地·故蹟》：「細陽廢縣。在州西二十里。漢置，五季廢。」

③「在州東五十六里」句，吕景蒙《嘉靖潁州志·輿地·故蹟（縣）》與李宜春《嘉靖潁州志·輿勝·古蹟》均作「在州東六十五里」。

④《隋書·地理志·汝陰郡》：「統縣五……汝陰、潁陽、清丘、潁上、下蔡。」

⑤《舊唐書·地理志·潁州中》：「漢汝南郡。隋爲汝陰郡。武德四年（621），平王世充，於汝陰縣西北十里置信州，領汝陰、清丘、永安、高唐、永樂等六縣。六年（623），改爲潁州。移於今治，省高唐、永樂、永安三縣。貞觀元年（627），省清丘縣。」

⑥《南畿志·鳳陽府·潁州（古蹟）》：「清丘城。在州東五十六里，潁河北岸。隋置縣，唐廢。」《成化中都志·城郭·潁州》：「清丘城。在潁州東五十六里。隋大業置縣，屬汝陰郡。唐武德間廢。」《大明一統志·中都·潁州（古蹟）》作：「清丘城。在州東五十六里，潁河北岸。梁曰許昌，及置潁川郡。隋開皇初郡廢，十八年（598）改縣名，屬汝陰郡。唐貞觀元年（627）省入汝陰。即今北趙寺基，地名清丘村。」吕景蒙《嘉靖潁州志·輿地·故蹟》：「清丘廢縣。在州東六十五里。隋大業置，唐武德中廢。即今北照寺基。」

呼爲潁陽城。」①按，今州城近郭八里無古城基，惟東五里有土阜，屹然高大，土人呼爲婆婆塚，疑古鄎丘也，而地則在潁水之南。水北曰陽，潁陽全無可考。況今婆婆塚四面夷曠，其爲新鄎廢縣無疑也。②

平輿廢縣。在州南一百里。漢置縣，屬汝南郡。③至五季末，兵亂殘廢。今土城尚完。周圍五六里，四門。土人居宅不改。北枕谷河，城東南隅舊有斷碑，剝落莫辨。俗呼爲遠城云。④

---

①《元史·地理志》未有近似內容。《史記·魏世家》：「安釐王十一年（公元前266），秦拔我鄎丘。」裴駰《集解》引徐廣之言曰：「鄎丘，一作『廩丘』，又作『邢丘』。鄎丘今爲宋公孫。」又《漢書·地理志·汝南郡》：「汝南郡。縣三十七……新鄎……」又《後漢書·郡國志·豫州》：「汝南郡，三十七城……宋公國，周名鄎丘，漢改爲新鄎，章帝建初四年（79）徙宋公於此。」又《舊唐書·地理志·河南道》：「潁陽，載初元年（690），析河南、伊闕、嵩陽三縣置武臨縣。開元十五年（727）改爲潁陽。」按，此處《元志》亦當指元人所作《潁州志》。

②《南畿志·鳳陽府·潁州（古蹟）》：「鄎丘城。在州東五里。」《成化中都志·城郭·潁州》：「鄎丘城。《潁州志》云：『州東五里有土阜，屹然高大，疑古鄎丘也。』《新志》云：『去州治八里。』《漢志》：新鄎縣屬汝南郡。應劭曰：『秦伐魏，取鄎丘。』即此。莽曰新延。光武封殷後於宋，章帝建初四年（79）徙宋公於此，俗呼潁陽城。今按鄎丘去汝陰五里，置縣不應如此之近，亦非魏地也。《通鑑綱目》：『秦拔魏邢丘。』《括地志》云：『在懷州武陟東南。』」呂景蒙《嘉靖潁州志·輿地·故蹟》：「鄎丘廢縣。《舊志》以州東五里婆婆塚爲鄎丘址。」胡天生《鄎丘、新鄎考辨》一文認爲「鄎丘在今太和縣倪邱鎮」。（《阜陽考古録》，中華書局2011年版。）

③《漢書·地理志·汝南郡》：「汝南郡。縣三十七：平輿……」註：「應劭曰：『故沈子國，今沈亭是也。』」《後漢書·郡國志·豫州》：「汝南郡。三十七城……平輿，有沈亭，故國姬姓。」

④《南畿志·鳳陽府·潁州（古蹟）》：「廢平輿縣。在州南一百里。界於新蔡。」《成化中都志·城郭·潁州》：「廢平輿縣。在州南一百里。隋大業初改新蔡置。王世充置輿州。唐武德七年（624）州廢，貞觀元年（627）省平輿入新蔡，天授二年（691）復置，屬蔡州。宋因之。元末兵廢。今土城尚存四門，人居不改。北枕谷河，城東南隅有斷碑，剝落莫辨，俗呼遠城。今地屬潁州，界於新蔡。」呂景蒙《嘉靖潁州志·輿地·故蹟》：「平輿廢縣。在州南一百里。漢置縣。五季兵亂殘廢。」

永安廢縣。在州南一百四十里，汝水北岸。唐會昌中置縣，屬信州。①五季廢。今市井具存。北行三里有縣治子城。②

慎縣廢城。在州東南七十里。漢初置縣，屬汝南郡。③晉屬汝陰郡。④後不詳何代廢。今潤河板橋東南岸，土城基址尚在。⑤

任城。在城北穎水之陽三里。南朝陳將任蠻奴於水濱築城，以圍汝陰。今城爲河水蕩夷，土俗尤呼蠻樓寨。⑥

地理城。在州南一百一十里，汝水陽。相傳：元至順壬申（1332），同知歸暘請添置縣，名穎水。今寺基，故城隍廟也。

---

①此處誤。永安縣非會昌中置，武德間已有該縣。《舊唐書·地理志·河南道（穎州中）》：「武德四年（621），平王世充，於汝陰縣西北十里置信州，領汝陰、清丘、永安、高唐、永樂等六縣。」

②《南畿志·鳳陽府·穎州（古蹟）》：「廢永安縣。在州南一百四里，汝水岸北。唐會昌中置縣。今市井尚存。」《成化中都志·城郭·穎州》：「廢永安縣。在州南一百四十里，汝水北岸。《唐志》武德初有永安縣，六年（623）省。今市井具存，北三里有縣治子城。」呂景蒙《嘉靖穎州志·輿地·故蹟》：「永安廢縣。在州南一百四十里。唐會昌中置縣。五季殘廢。」

③《漢書·地理志·汝南郡》：「汝南郡。縣三十七……慎……」

④《晉書·地理志·豫州》：「及武帝受命，分汝南立汝陰郡，合陳郡於梁國。州統郡國十……汝陰郡：汝陰、慎、原鹿、固始、鮦陽、新蔡、宋、褒信。」

⑤《南畿志·鳳陽府·穎州（古蹟）》：「慎縣城。在（穎上）縣西北，本漢縣。」《成化中都志·城郭·穎州》：「慎縣城。在（穎上）縣西北。漢縣，屬汝南郡。莽曰慎治。東漢何進封慎侯，即此。晉屬汝陰郡。《志》云：『故黎邑也。』隋唐並屬廬江郡。」呂景蒙《嘉靖穎州志·輿地·故蹟》：「廢慎縣。在州東南七十里。漢初置縣，不詳何代廢。」

⑥《南畿志·鳳陽府·穎州（古蹟）》：「任城。在（穎州）城北。陳將任蠻奴於穎水北三里築此城，以圍汝陰。」《成化中都志·城郭·城》：「任城。在州城北。陳將任蠻奴於穎水北岸三里築此城，以圍汝陰，今爲河水蕩夷，俗猶呼蠻奴寨。按《南史》，任忠，字奉誠，小子蠻奴，汝陰人。仕陳，累官員外散騎常侍，封安復縣侯，都督壽陽、新蔡、霍州緣淮諸軍，霍州刺史。後主嗣位，入爲領軍將軍，加侍中，改封梁信郡公，爲吴興內史。」呂景蒙《嘉靖穎州志·輿地·故蹟》：「任城。在州北穎水之陽三里。南朝陳將任蠻奴於水邊築城，以圍汝陰。今俗呼蠻楼寨，址存。」

至正辛卯（1351），劉福通作亂，流刼鄉村，破燒縣治，遂廢。①

州來城。在州東二百里。本春秋陳附庸國，其後爲楚與國。魯成公八年（公元前583），吴入州來，楚救之。②昭公十二年（公元前529），楚子狩於州來，師次潁尾。③至十二年，楚城州來。④定公三年（公元前507），吴滅州來，據之。哀公三年（公元前492），蔡背楚歸吴，遷於州來，改名下蔡。⑤後卒爲楚滅，城復爲楚。⑥秦滅楚，漢滅秦，置縣，屬沛郡。⑦隋改屬汝陰。⑧唐因之。

---

①《元史·順帝本紀》：「十一年（1351）五月辛亥，潁州妖人劉福通爲亂，以紅巾爲號，陷潁州。」《成化中都志·城郭·城》：「地理城。在州南一百一十里，汝水之陽。相傳：元至順壬申（1332），同知歸暘請添置縣，名潁水。今寺基，故城隍廟也。至正辛卯（1351），劉福通作亂，兵廢。按劉應李《翰墨全書》作於大德間，已載潁水縣，疑非始於至順也。」吕景蒙《嘉靖潁州志·輿地·故蹟》：「地理城。在州南一百一十里。元至順置縣，後因劉福通作亂，遂廢。」

②《春秋·成公七年》：「吴入州來。」《左傳·成公七年》：「吴始伐楚、伐巢、伐徐，子重奔命。馬陵之會，吴入州來，子重自鄭奔命。」

③《左傳·昭公十二年》：「楚子狩於州來，次於潁尾。」

④此處誤。楚城州來非十二年（公元前529），乃昭公十九年（公元前522）。《左傳·昭公十九年》：「楚人城州來。」

⑤《左傳·哀公元年》：「元年（公元前494）春……蔡於是乎請遷於吴。」杜預註：「楚既還，蔡人更叛楚就吴。爲明年蔡遷州來傳。」《春秋·哀公二年》：「十有一月，蔡遷於州來。」

⑥《春秋·昭公十一年》：「夏四月丁巳，楚子虔誘蔡侯般殺之於申。」

⑦《漢書·地理志·沛郡》：「沛郡……縣三十七……下蔡……」

⑧《隋書·地理志·汝陰郡》：「汝陰郡。統縣五：汝陰、潁陽、清丘、潁上、下蔡。」五季之末，周世宗修復故城，屯守以逼南唐①。⑨宋建隆中，始移壽陽，軍於下蔡。②《開寶七年（974），置壽春府於壽山之陽，下蔡地遂入壽春。③

鮦陽廢郡。在州西二百一十里。按《輿地志》，沈子國西有古鮦陽郡，漢光武封戚里陰慶爲鮦陽侯。④故郵亭，慶府第也。百餘年前，猶有剝落字石一拳，今無之。⑤

---

①《新五代史·南唐世家》：「十五年（957）二月，世宗復南征，徙下蔡浮橋於渦口，爲鎮淮軍，築二城以夾淮。」

②《宋史·楊承信傳》：「周廣順初（951），加同平章事。諸將西討劉崇，承信表求預行。以郊祀恩加開府階，封杞國公。世宗即位，進韓國公。顯德初（954），征淮南，爲濠州攻城副都部署，改壽州北砦都部署兼知行府事。壽州平，累戰功，擢忠正軍節度、同平章事。時徙州治下蔡。承信既增廣其城，又遣監軍薛友柔敗淮人六百餘於盧州北。」

③《宋史·地理志·壽春府》：「壽春府，壽春郡，緊，忠正軍節度。本壽州。開寶中，廢霍山、盛唐二縣。政和六年（1116），升爲府。八年（1118），以府之六安縣爲六安軍。紹興十二年（1142），升安豐爲軍，以六安、霍邱、壽春三縣來隸。三十二年（1162），升壽春爲府，以安豐軍隸焉。隆興二年（1164），軍使兼知安豐縣事。乾道三年（1167），罷壽春，復爲安豐軍……縣四：下蔡、安豐、霍丘、壽春。」吕景蒙《嘉靖潁州志·輿地·故蹟》：「州來城。在州東二百里。春秋陳附庸國。自成公八年，吴入州來，見於經，後爲楚所滅。漢初置縣屬沛郡。隋改屬汝陰。宋開寶中併爲壽春之地。」

④《輿地志》原書已佚，今僅有輯佚本。《後漢書·樊宏陰識傳》：「永平元年（58）詔曰：『故侍中衛尉關内侯興……其以汝南之鮦陽封興子慶爲鮦陽侯。』」註：「鮦陽故城在今豫州新蔡縣北，在鮦水之陽也。」

⑤《成化中都志·城郭·潁州》：「廢鮦陽縣。在州西二百一十里。《西漢志》：『鮦陽屬汝南郡。』應劭曰：『在鮦水之陽。』東漢爲侯國。晉爲縣，屬汝陰郡。後齊廢。開皇十一年（591）復置，屬汝南郡。唐初廢。今地屬潁州。」吕景蒙《嘉靖潁州志·輿地·故蹟》：「鮦陽廢郡。在州西二百一十里。有故郵亭遺址。」

廢陳留郡。在州東南二百里。梁置郡及縣。① 隋廢郡改縣，曰潁陽。② 唐省入汝陰。③ 今其地改屬壽州。④

才城。在州南一百一十里。東西相去二三里，有小土城二，莫考所築。土人呼東才城、西才城。⑤

黃城。在州西一百二十五里，舒陽河之南。相傳：前代屯兵，土人見黃旗，故呼黃城。⑥

古城二。一在州東南，椒陂鎮東二里。疑與鎮同建置，小衙門也。一在州西楊橋，下流黃河決齧，城已半淪落，不詳所築。⑦

唐屯城。在州西南一百七十里，龍項湾東。相傳：南唐時劉仁贍築城屯軍，以拒劉知遠。⑧

東城、西城。俱在州北七十里，五樟林近，兩城相去三十里。相傳：唐置府兵，分戍於此，築城屯營，遂名。⑨

省城。在州西一百八十里。俗傳荒唐，不載。⑩

阜陽城。在州西一百五十里，沈丘廢縣南。今置郵舍其中，城不詳所築。⑪

畢卓池。在州西銅陽城內。池舊廣十畝，今半湮。⑫

關王城。在州東二百里，淮水西正陽。漢末，先主結關羽、張飛討亂。初依孫氏於壽春，備城淮東，關城淮西。後晰分入蜀，而故城不毀。世變運移，千五百年，河、淮衝蕩，城之不淪没陵夷者，惟東向一帶耳。成化初，山陰僧正喜遊方至是，結菴祀武安王於故城基上。今土俗呼關王寺云。⑬

廢儒學址。在州城外西北隅。基肇自宋景祐四年丁丑（1037），州守蔡齊請建學潁郡，特詔從之。當其時，潁陰風淳俗美，

①《大明一統志・廣德州・建置沿革》：「……梁分置石封縣，梁末增置大梁郡，尋改爲陳留郡……」又「陳留縣，在府城東五十里。古有莘城。春秋爲留地，屬鄭。後爲陳所併，故曰陳留。秦始置陳留縣。漢爲陳留郡治。晉末郡縣皆廢。隋初復置，屬宋州，後屬梁郡。唐初屬杞州，又改屬汴州。五代屬開封府。宋、金、元仍舊。本朝因之，編戶三十九里。」

②見前「州來城」之註。

③《新唐書・地理志・潁州》：「潁州汝陰郡，上。本信州，武德四年（621）置，六年（623）更名……縣四：汝陰、潁上、下蔡、沈丘。」註：「汝陰，緊。武德初（617）有永安、高唐、永樂、清丘、潁陽等縣，六年（623）省永安、高唐、永樂，貞觀元年省清丘、潁陽，皆入汝陰。」

④《明史・地理志・開封府》：「開封府，洪武元年（1368）五月曰開封府，八月建北京。十一年（1378），京罷，領州四，縣三十：祥符、陳留……」

⑤呂景蒙《嘉靖潁州志・輿地・故蹟（城）》：「才城。在州南一百一十里。東西有二城。」李宜春《嘉靖潁州志・輿勝・古蹟》同。

⑥呂景蒙《嘉靖潁州志・輿地・故蹟（城）》：「黄城。在州西一百二十五里。」李宜春《嘉靖潁州志・輿勝・古蹟》同。

⑦呂景蒙《嘉靖潁州志・輿地・故蹟（城）》：「古城。在州南椒陂鎮，有二城。」李宜春《嘉靖潁州志・輿勝・古蹟》同。

⑧呂景蒙《嘉靖潁州志・輿地・故蹟（城）》：「唐屯城。在州南一百七十里。唐劉仁贍築。」李宜春《嘉靖潁州志・輿勝・古蹟》同。

⑨呂景蒙《嘉靖潁州志・輿地・故蹟（城）》：「東城、西城。俱在州北七十里。舊傳：唐置府兵，築城屯營。」李宜春《嘉靖潁州志・輿勝・古蹟》同。

⑩呂景蒙《嘉靖潁州志・輿地・故蹟（城）》：「省城。在州西一百八十里。」李宜春《嘉靖潁州志・輿勝・古蹟》同。

⑪呂景蒙《嘉靖潁州志・輿地・故蹟（城）》：「阜陽城。在州西一百五十里。莫詳所築。」李宜春《嘉靖潁州志・輿勝・古蹟》同。

⑫呂景蒙《嘉靖潁州志・輿地・故蹟（池）》：「畢卓池。在州西鮦陽城內，池廣十里。今半湮。」李宜春《嘉靖潁州志・輿勝・池》：「畢卓池。在州西鮦陽城內，廣十里。今已半湮。」

⑬呂景蒙《嘉靖潁州志・輿地・故蹟（城）》：「關王城。在州東二百里淮水西正陽。舊傳：三國先主結關羽、張飛討亂，備城淮東，關城淮西。」李宜春《嘉靖潁州志・輿勝・古蹟》：「關王城，在州東二百里淮水西正陽。舊傳：三國先主結關羽、張飛討亂，備城淮東，關城淮西。河流衝蕩，唯東向一帶尚存。今祀羽於故城基。」

故西湖遊賞之勝聞天下。建學近西湖，豈所以紓學者之懷抱，而與其鳶飛魚躍之心？不然何近舍胡城，而遠置於外郭哉？計宋景祐丁丑（1037）至洪武丙辰（1076），實三百四十年，而後遷今纔一百一十年，而故址荒蕪淪落兼並，可勝歎哉！①

碑碣

前代石碑，多更喪亂，殘毀少存。如西湖書院，有碑沉埋湖水中。宣德中，猶有漁家見數道淺水處。今湮没泥中，代遠可知也。今所載見在一二以備考。

椒陂鎮碑。宋置，在廢鎮西佛寺塔邊。剝落難辨，惟末云：「寶元二年己卯（1039），許平立石。」

潁州興造碑。元置，舊在南城州治。洪武十年（1377），知州王敬徙治北城，移碑墀西。剝落難認。

沈丘廢縣城隍廟碑。元置，在沈丘土城中。殘斷不完，字亦剝落。今收小寺中。

城隍廟碑。成化中置，在廟前。長史趙銃撰文。

卧碑。洪武中置，在儒學明倫堂左後壁。②

重修儒學碑。一正統中置，一成化中置，俱在文廟內。郎中蘇鎰、大司馬商輅撰文。③

歐陽祠碑。正統中置，在學宮西祠堂內。大學士楊榮撰文。④

東嶽行祠碑。洪武中置，在南城東門外二里，古相讓臺上。

白龍溝脩橋碑。成化（十）七年辛丑（1481）置。同知劉節撰文。

戒石亭碑。洪武中置，在州治堂前甬路中。好事者妄改鐫年月。

①吕景蒙《嘉靖潁州志·學校》：「州學。按，宋仁宗景祐四年丁丑（1037）詔，非藩鎮不得立學。時蔡齊以樞副出知潁州，奏潁雖非藩鎮，而故名郡，宜立學。從之。肇基西湖境上，歷三百四十年。洪武丙辰，淪於河，徙南城內通衢北。草創未備，提學廬陵彭公勗屬知州事王希初修建，未幾，王去，而富陽孫景名繼之，功始告成。建安蘇鎰記。成化己丑中，丞滕公昭御史陳公燮，屬知州李溥重建。淳安商輅記。」李宜春《嘉靖潁州志·學校》：「州學。自宋蔡齊以戶部侍郎出知潁州，奏請立學，就西湖境上營建。洪武丙辰（1376），陷於河，乃就南城內通衢北草創。提學廬陵彭公勗屬知州王希初修建，無何，王去，代以富陽孫景名，功始告成。成化己丑（1469），巡撫滕公昭代巡陳公燮，又屬知州李溥重建。中爲明倫堂，左爲進學齋、成德齋，右爲育才齋、會饌所，會饌而南爲訓導宅。堂之北爲尊經閣，閣後爲敬一亭，閣左爲規、矩、準、繩四號房，右爲學正宅。堂之南爲先師廟，翼以東西兩廡。前爲戟門三楹，左名宦祠，右鄉賢祠。前泮池，跨以負梁。池右爲神厨，爲宰牲所。神庫乃在東廡之北，又前爲櫺星門。知州朱同蓁重脩。櫺星之左爲儒學門，路繞東廡之背，右轉以達於堂。路左爲啟聖祠，祠北爲訓導宅，其一又在儀門之東。規模宏敞，信爲興賢地矣。」

②《明史·選舉志》：「洪武十五年（1382），頒學規於國子監，又頒禁例十二條於天下，鐫立卧碑，置明倫堂之左。」

③本書卷五載蘇鎰《重修儒學記》、商輅《重修儒學記》。

④本書卷五載楊榮《重創歐陽文忠公祠堂記》。

宫室

西湖書院。宋皇祐元年（1049），歐陽公以上騎都尉、開國伯、知制誥自揚州移知潁州，二月丙子至郡。愛其風土，有西湖之勝，將卜居焉。乃建書院於湖南，化訓州人。熙寧辛亥（1071），致政歸潁，作六一堂於書院之旁。明年壬子（1072），趙康靖自南京単騎訪公潁陰。時吕正獻守郡，於書院旁又建會老堂。距今四百餘年，其野田荒草，人人知爲歐公遺蹟也。①

沈亭。在州西一百二十里，廢沈子國城東五里。秦時高士沈郢建，爲遊釣之所。今爲預備倉基。②

去思堂。宋晏元獻公殊以使相出知潁州日，作屋北渚之北，臨西溪，以爲出祖所。初名清漣閣，嘗手植雙柳閣前。既代名，民不能忘，更題曰去思。後又更曰雙柳亭。③按《歐公文集》，有北渚、西溪④，今皆不詳其地。四百餘年，世移地改如此夫！⑤

聚星堂。宋歐陽文忠公守潁，倅佐吕正献。而其先政，如晏殊、蔡齊、曾肇、韓琦，皆名公，故歐公建堂治內，題曰聚星。有《聚星堂詩集》。⑥

會老堂。宋歐陽公以熙寧四年辛亥（1071）致政歸潁。初，公在兩制及樞院、政府，前後與趙康靖同官，還拜不殊，故相得歡甚。及相繼謝事，趙単騎訪公汝陰，時年幾八十。吕申公守郡，爲作會老堂於西湖書院之傍。趙優遊堂中，月餘而别。再逾

①《大明一統志·中都·潁州（書院）》：「西湖書院。在潁州西湖之濵。宋歐陽脩守潁，樂其風土，晚年終老於此，遂築書院。本朝洪武間淪於河。」吕景蒙《嘉靖潁州志·學校·社學（州）》：「西湖書院。在州西湖南，中爲四賢堂（中設晏元獻公、歐陽文忠公、蘇文忠公、吕正獻公木主），爲露臺，露臺之東爲碑亭，前爲門，又前爲西湖書院。坊後爲梧月柳風堂，東西直爲廂，最後面湖爲勝絶亭，爲垣牆四周。」李宜春《嘉靖潁州志·學校》：「西湖書院。宋知潁州歐陽文忠公建。嘉靖乙未（1535），兵憲李公宗樞即舊址重建。陳公洙、孔公天胤及茅同知宰、吕判官景蒙成之，兵憲顧公翀、許公天倫又相繼脩葺。中四賢堂，祀文忠並晏元獻、吕正獻、蘇文忠，夾以東西廂。堂後面湖爲絶勝亭，前爲仰高堂，又前爲西湖書院坊。兵憲林公雲同易扁爲西湖祠云。」

②吕景蒙《嘉靖潁州志·輿地·故蹟（亭）》與李宜春《嘉靖潁州志·輿勝·古蹟》均同。

③《大明一統志·中都·潁州（宫室）》：「雙柳亭。在潁州。宋晏殊守郡日，嘗手植雙柳。至歐陽脩爲守，則雙柳成陰，遂建此亭，作詩有『樹猶如此我何堪』之句。」吕景蒙《嘉靖潁州志·輿地·故蹟（亭）》：「雙柳亭。在州。宋晏殊守郡日，嘗手植雙柳。至歐陽脩爲守，則雙柳成陰，遂建此亭。脩詩：『曲欄高柳拂層簷，却憶初栽映碧潭。人昔共遊今孰在，樹猶如此我何堪。壯心無復身從老，世事都銷酒半酣。後日更來知有幾，攀條莫惜駐征驂。』脩爲殊門生，故有『何堪』之句。」

④歐陽脩《答杜相公寵示去思堂詩》：「當年丞相倦洪鈞，弭節初來潁水濵。惟以琴樽樂嘉客，能將富貴比浮雲。西溪水色春長緑，北渚花光暖自薫。得載公詩播人口，去思從此四夷聞。」其自註云：「去思堂在北渚之北，臨西溪。溪，晏公所開也。」

⑤吕景蒙《嘉靖潁州志·輿地·故蹟（堂）》：「去思堂。宋晏元獻公殊以使相出知潁州日，作屋北渚之北，臨西溪，以爲出祖所。初名清漣閣，既代，民不能忘，更題曰去思。堂前有雙柳亭，遺址莫詳所在。」歐陽脩《答杜相公寵示去思堂詩》：『當年丞相倦洪鈞，弭節初來潁水濵。惟以琴樽樂嘉客，能將富貴比浮雲。西溪水色春長緑，北渚花光暖自薫。得載公詩播人口，去思從此四夷聞。』李宜春《嘉靖潁州志·輿勝·古蹟》：「去思堂。宋晏殊以使相出知潁州，作屋北渚之北，臨西溪，名清漣閣。既代去，民更爲去思堂以思殊也。殊手植雙柳於堂之前。至歐陽脩爲守，雙柳成陰，建亭於其上，曰雙柳亭……」

⑥《大明一統志·中都·潁州（宫室）》：「聚星堂。在潁州治。宋歐陽脩守郡日建，有《聚星堂集》。」吕景蒙《嘉靖潁州志·輿地·故蹟（堂）》：「聚星堂。宋歐陽文忠公守潁，倅佐吕公著。而其先政，如晏殊、蔡齊、曾肇，皆名公，故脩建堂治内，題曰聚星。有《聚星堂詩集》。」李宜春《嘉靖潁州志·輿勝·古蹟》：「聚星堂。宋歐陽脩守潁，以倅吕公著、前守晏殊、蔡齊、曾肇皆名公，故建堂治内，曰聚星……」

時，歐公薨。①

清潁亭。宋晏元獻罷相，出守潁郡。嘗優遊西湖之上，舒徐潁水之濱，作亭城陰以自頤息，俯瞰潁水，故名曰清潁亭。劉敞詩云：「世亂潁水濁，世治潁水清。」②蘇東坡與弟轍别於此，亦有詩云：「别淚滴清潁。」③

葵亭。宋吕正献倅潁日，作亭後圃，題曰葵亭。及爲太守時，休倅圃亭。有《葵亭集》。④

擇勝亭。宋蘇東坡守汝陰日，以幃幙蔽後園地上，題曰擇勝。公暇出遊，揭以自隨，意會處輒施亭布席，觴詠終日。⑤

愛木堂。大明成化中，劉節同知州事，作堂州治東偏。以堂前故御史臺古栢數株，大耐可愛，因以名堂。有記。⑥

金鷄樓。大明洪武中，指揮僉事李勝作樓北城東南角上。相傳：土境中舊有蜈蚣，長七八寸，殺人。古時以金鑄鷄首埋於此，以鎮壓之，患遂息。因於金鷄堆建樓，故名。⑦

艾亭。在南鄉，去州一百七十里，近汝河。⑧

①《大明一統志·中都·潁州（宫室）》：「會老堂。在潁州。宋《蔡寛夫詩話》：『歐陽脩與趙槩同在政府，相得懽甚。後相繼謝事歸。槩單騎過脩於汝陰，時年幾八十，留踰月。日遊汝水之陰，因名其堂。』脩詩：『公能不遠來千里，我病猶能釂一鍾。』」吕景蒙《嘉靖潁州志·輿地·故蹟（堂）》：「會老堂。宋蔡寛夫《詩話》：『歐陽脩與趙槩同在政府，相得惜甚。後於熙寧中，相繼謝事歸。槩單騎過脩於汝陰，時年幾八十，留踰月，日遊汝水之陰。吕公著時守郡，因名其堂。』」李宜春《嘉靖潁州志·輿勝·古蹟》：「會老堂。歐陽脩與趙槩同在政府，相得甚懽。後熙寧中，相繼謝事。槩單騎訪脩汝陰，時年幾八十。郡守吕公著因作堂於西湖書院之傍，留踰月而去……」按，會老堂非爲趙槩來訪而新建，本是歐陽脩六一堂之西堂，改稱會老堂。見肖漢澤《會老堂是六一堂西堂》一文。（肖漢澤《潁湄漫録》，中國文聯出版社，2009年版。）

②此聯出處無考，可能是劉敞佚句。

③蘇軾《潁州初別子由二首》其一：「征帆挂西風，別淚滴清潁。」《大明一統志·中都·潁州（宫室）》：「清潁亭。在潁州西湖上，宋晏殊建。蘇軾嘗與弟轍別於此，有『別淚滴清潁』之句。」吕景蒙《嘉靖潁州志·輿地·故蹟（亭）》：「清潁亭。在州西湖上。宋晏殊建。蘇軾嘗與弟轍別於此，有『別淚滴清潁』之句。」李宜春《嘉靖潁州志·輿勝·古蹟》：「清潁亭。宋晏殊守潁，作亭於城陰，俯瞰潁水，故名清潁。劉敞詩：『世亂潁水濁，世治潁水清。』蘇軾《別弟轍詩》：『別淚滴清潁。』」

④吕景蒙《嘉靖潁州志·輿地·故蹟（亭）》：「葵亭。宋吕公著倅潁日，作亭後圃，題曰葵亭。有《葵亭集》。」李宜春《嘉靖潁州志·輿勝·古蹟》同。

⑤蘇轍《潁州擇勝亭詩》序：「子瞻爲汝陰守，以幄爲亭，欲往即設，不常其處，名之曰擇勝，爲作四言一章。轍愛其文，故繼之云。」蘇軾《擇勝亭銘》：「維古潁城，因潁爲隍。倚舟於門，美哉洋洋。如淮之甘，如漢之蒼。如洛之温，如浚之凉。可侑我客，可流我觴。我欲即之，爲館爲堂。近水而構，夏潦所襄。遠水而築，邈焉相望。乃作斯亭，筳楹欒梁。鑿枘交設，合散靡常。赤油仰承，青幄四張。我所欲往，一夫可將。與水升降，除地布牀。可使杜蕢，洗觶而揚。可使莊周，觀魚而忘。可使逸少，祓禊而祥。可使太白，泳月而狂。既薺我茶，亦醪我漿。既濯我纓，亦浣我裳。豈獨臨水，無適不臧。春朝花郊，秋夕月塲。無脛而趨，無翼而翔。敝以改爲，其費易償。榜曰擇勝，名實允當。維古聖人，不留一方。虛白爲室，無可爲鄉。神馬尻輿，孰爲輪箱。流行坎止，雖獨不傷。居之無盜，中靡所藏。去之無戀，如所宿桑。豈如世人，生短慮長。尺宅不治，寸田是荒。錫瓦銅雀，石門阿房。俯變仰滅，與生俱亡。我銘斯亭，以砭世盲。」吕景蒙《嘉靖潁州志·輿地·故蹟（亭）》：「擇勝亭。蘇軾守潁，以帷幙敝後園地上，題曰擇勝。公暇布席，觴吟味移日。」李宜春《嘉靖潁州志·輿勝·古蹟》無。

⑥本書卷五載劉節《愛木堂記》。愛木堂，吕景蒙《嘉靖潁州志·輿地·故蹟（亭）》與李宜春《嘉靖潁州志·輿勝·古蹟》均無。

⑦吕景蒙《嘉靖潁州志·輿地·故蹟（樓）》：「金鷄樓。舊於北城東南角建樓。俗傳：城多蜈蚣之患，作金鷄於城下鎮壓之，因以名樓。今廢。」李宜春《嘉靖潁州志·輿勝·古蹟》：「金鷄樓。洪武初，指揮僉事李勝作樓北城東南角。城中多蜈蚣，長七八寸，殺人。乃以金鑄鷄埋於城下壓之，因建樓於上。今廢。」

⑧吕景蒙《嘉靖潁州志·輿地·故蹟（亭）》同。李宜春《嘉靖潁州志·輿勝·古蹟》無。

臺館

相讓臺。在州城東一里。按《楚史拾遺》，莊王欲築層臺於寢丘，延石千里，延壤百里。大臣諫而死者七十二人，寢人諸御己諫而動王之心，又不色加王。已而逃去，王追而納其言。解層臺，罷民役，因名臺曰相讓。①即今東嶽行祠基。②

主人臺。在州東三里湾，黄霸孤堆州頭。元季時，每旦有彩雲騰繞。及大明兵興，我太祖高皇帝在布衣，集豪傑其上，天下大定，彩雲散空。故居民呼其臺云。③

乳香臺。在州西一百八十里。舊産乳香，故名。繞臺皆潁水，沿流上至趙家埠，則項城界。成化中，同知劉節言於巡撫，將分置一縣於臺水之陽，以拯邊疆之民被漁獵於鄰封者。遣官相地，卜治所於谷家莊，未就而巡撫物故，劉亦去，事遂閣。後之仁人，憫遠民之塗炭，其究心焉。④

水臺。在州南一百里，瀕淮。相傳：楚平王荒遊，築臺以爲遊觀之計。⑤

央臺。在州西四十五里，柳河上。宋裨將岳雲援順昌，追奔兀朮，兵至此臺駐師。⑥

展家臺。在州南七十里，中村崗之東。元至正甲午（1353），南山長鎗賊流刼鄉村，展氏聚義民保鄉井，築臺誓衆，因名。⑦

釣魚臺。在州東七十里，潁水北岸。漢末，袁宏以家世名宦，崇守節義，見紹、述諸袁跋扈，乃避地汝陰。講學之暇，遊釣河濱。後人賢之，因名其處。⑧

①《楚史拾遺》原書已佚，無從核對。《説苑・正諫》：「楚莊王築層臺，延石千重，延壤百里，士有三月之糧者，大臣諫者七十二人，皆死矣；有諸御己者，違楚百里而耕，謂其耦曰：『吾將入見於王。』其耦曰：『以身乎？吾聞之，説人主者，皆閒暇之人也，然且至而死矣；今子特草茅之人耳。』諸御己曰：『若與子同耕則比力也，至於説人主不與子比智矣。』……遂趨而出。楚王遽而追之曰：『己子反矣，吾將用子之諫；先日説寡人者，其説也不足以動寡人之心，又危加諸寡人，故皆至而死；今子之説，足以動寡人之心，又不危加諸寡人，故吾將用子之諫。』明日令曰：『有能入諫者，吾將與爲兄弟。』遂解層臺而罷民，楚人歌之曰：『薪乎萊乎，無諸御己，訖無子乎！萊乎薪乎，無諸御己，訖無人乎！』」

②吕景蒙《嘉靖潁州志・輿地・故蹟（臺）》：「相讓臺。在州東二里。《舊志》以爲楚莊王所築，今爲東嶽行祠。」李宜春《嘉靖潁州志・輿勝・古蹟》：「相讓臺。在州東二里。《楚史拾遺》載：莊王欲築層臺於寢丘，延石千里，延壤百里，大臣諫而死者七十二人。寢人諸御己諫而動王之心，又不色加王，已而逃去。王追而納其言，解層臺，罷民役，因名臺曰相讓。今爲東嶽行祠。」

③吕景蒙《嘉靖潁州志・輿地・故蹟（臺）》：「主人臺。在州東三里，夾洲堆。元季時，每旦有彩雲騰於上。及大明兵起，我太祖高皇帝在布衣，集豪傑其上。天下大定，彩雲遂空，故民呼其臺云。」李宜春《嘉靖潁州志・輿勝・古蹟》：「主人臺。在州東三里，夾洲堆。元季，每旦彩雲騰於上。我太祖起兵，集豪傑於此。天下大定，彩雲遂空。故民呼其臺云。」

④吕景蒙《嘉靖潁州志・輿地・故蹟（臺）》：「乳香臺。在州西一百八十里。舊産乳香，因以名臺。」李宜春《嘉靖潁州志・輿勝・古蹟》：「乳香臺。在州西一百八十里。舊産乳香，故云。」

⑤吕景蒙《嘉靖潁州志・輿地・故蹟（臺）》：「水臺。在州南一百里。相傳：楚平王所築，以觀淮水，爲競渡之戲。」李宜春《嘉靖潁州志・輿勝・古蹟》同。

⑥吕景蒙《嘉靖潁州志・輿地・故蹟（臺）》：「央臺。在州西四十五里，莫詳所築。《舊志》以爲宋岳雲駐兵於此，援順昌。今考爲潁昌，非是。」李宜春《嘉靖潁州志・輿勝・古蹟》：「央臺。在州西四十五里。莫詳所築。（《舊志》）誤以爲宋岳雲駐兵於此，援順昌。今考爲潁昌，非是。」

⑦吕景蒙《嘉靖潁州志・輿地・故蹟（臺）》：「展家臺。在州南七十里。元至正中，南山賊流刼鄉村，有展氏聚義民保鄉井，築臺誓衆，因以名焉。」李宜春《嘉靖潁州志・輿勝・古蹟》：「展家臺。在州南七十里。元至正中，南山賊流刼鄉村，有展氏聚義民保鄉井，築臺誓衆，故名。」

⑧吕景蒙《嘉靖潁州志・輿地・故蹟（臺）》：「釣魚臺。在州南七十里，潁水北岸。漢末，袁宏避亂汝陰，遊釣河濆。後人名其處。」李宜春《嘉靖潁州志・輿勝・古蹟》：「釣魚臺。在州南七十里，潁水北岸。漢末，袁宏避亂汝陰，遊釣河濆，故名。」按，此條有誤。詳見卷四「袁宏」條所註。

賀勝臺。在州西北十里，潁水南岸。宋東京副留守劉錡敗兀朮順昌城北，追奔出境。師還，守臣陳規犒軍此臺，故名。①

青楊舘。在州西一百四十五里，沈丘之南。相傳：光武討王尋，駐兵於此。後追至滙水，破之。②

焦舘。在南城。按《古志》，州治西南城隅，水池上有焦舘。宋吕希純守郡日，建以宿焦千之，故名。③

陵墓

按《古志》云：「三陵九丘，實在信州。」

夷陵。在州東六十里。按《春秋·宣公十一年》：「夏，楚子、陳侯、鄭伯盟於辰陵。」④《穀梁傳》註：「辰陵，夷陵也。」⑤其地，今西南丘垤連亘，如崗如阜。疑皆古者列國之君丘壟也。

留陵。在州東六十里。又東二里，白下、留陵，俱潁水之南。兩地之間，塚阜纍纍。疑皆古列國之君陵墓也。⑥

艮陵。未詳所在。⑦

沈丘。在州西一百二十里，廢沈丘縣城外。西南土阜，截然高大，周迴幾一里。城，故沈子國；丘，則沈子丘墓也。⑧

水丘。在州西一百八十里，三障坡東。相傳：光武與王尋戰，敗於坡。及即位，詔令瘞死士骨於此，故名。今丘亦甚高大。⑨

金丘。在州南八十里，淮河湾上。相傳：淮水衝决堤岸，楚王埋金以鎮之，故名。⑩

黄丘。在州南四十里，屹然土中。無所傳考。⑪

①吕景蒙《嘉靖潁州志·輿地·故蹟（臺）》：「賀勝臺。在州西北十里，潁水南。宋東京副留守劉錡敗兀朮於順昌，追奔出境。知府陳規迎勞犒軍此臺，故名。」李宜春《嘉靖潁州志·輿勝·古蹟》：「賀勝臺。在州西北十里，潁水南。宋東京副留守劉錡敗兀朮於順昌，追奔出境。知府陳規犒軍此臺，故名。」

②吕景蒙《嘉靖潁州志·輿地·故蹟（舘）》：「青楊舘。在州西一百四十里。相傳：光武討王尋，駐兵於此。」李宜春《嘉靖潁州志·輿勝·古蹟》同。

③吕景蒙《嘉靖潁州志·輿地·故蹟（舘）》：「焦舘。在州南城。吕希純守潁日建，宿焦千之，故名……」李宜春《嘉靖潁州志·輿勝·古蹟》：「焦舘。在州南城。吕希純守潁日建，宿焦千之，故名……」

④《春秋·宣公十一年》：「（宣公十有一年，公元前598）夏，楚子、陳侯、鄭伯盟於辰陵。」杜預註：「辰陵，《穀梁》作『夷陵』。」

⑤《穀梁傳·宣公十一年》：「（宣公十有一年，公元前598）夏，楚子、陳侯、鄭伯盟於夷陵。」楊士勛註：「夷陵，《左氏》作『辰陵』。」

⑥吕景蒙《嘉靖潁州志·輿地·陵墓（州）》：「留陵。東六十里。」李宜春《嘉靖潁州志·輿勝·墳墓》：「留陵。在州東六十里。」

⑦吕景蒙《嘉靖潁州志·輿地·陵墓（州）》與李宜春《嘉靖潁州志·輿勝·墳墓》均同。

⑧吕景蒙《嘉靖潁州志·輿地·陵墓（州）》：「沈丘。西一百二十里。疑即沈子之丘。」李宜春《嘉靖潁州志·輿勝·墳墓》：「沈丘。在州西一百二十五里。疑即沈子之丘。」

⑨吕景蒙《嘉靖潁州志·輿地·陵墓（州）》：「水丘。西一百八十里。《舊志》：光武與王尋戰於此。及即位，詔令瘞戰死士骨於此。」李宜春《嘉靖潁州志·輿勝·墳墓》：「水丘。在州西一百八十里。《舊志》：光武與王尋戰於此。及即位，詔令瘞戰死士骨於此。」

⑩吕景蒙《嘉靖潁州志·輿地·陵墓（州）》：「金丘。南八十里。《舊志》謂：『楚王埋金於此，以鎮水災。』未詳。」李宜春《嘉靖潁州志·輿勝·墳墓》：「金丘。在州南八十里。《舊志》謂：『楚王埋金於此，以鎮水災。』未詳。」

⑪吕景蒙《嘉靖潁州志·輿地·陵墓（州）》：「黄丘。南四十里。屹然土中。」李宜春《嘉靖潁州志·輿勝·墳墓》：「黄丘。在州南四十里。屹然土中。」

青丘。在州東五十五里，瀕潁。古有青丘縣，今尚名青丘村。丘存，無所傳考。①

澮丘。在州東南八十里，通商渠東岸。丘無傳考。②

郪丘。在州東五里。巍然高大，俗呼婆婆塚。故老又傳爲廉頗塚。頗，戰國趙將。又壽州八公山亦有廉頗塚。③

寢丘。詳見《古蹟》條下。

破丘。在州西一百六十五里，乳香臺下流。古名貨丘，蓋丘之四傍，地稍高而平，賈人聚此交易。元初，黄河分派入潁，決齧堤岸，丘亦衝陷半之。土人呼破丘。别無考。④

蔡伯喈墓。在州西六十里，栗頭倉之西。土阜，四頂相連，高大如山。偏西頂久陷，下見磚郭。三向俱二穴，惟北一穴，世傳蔡祖墳。按，陳留有蔡邕事蹟，然本州古有蔡村社，潁陽又有蔡村溝。⑤

黄霸墓。在州東三里灣中流。相傳：古極高大，黄河衝蕩，遂夷削，土人呼黄霸孤堆。按《古志》，潁川治在今許州。此亦潁川郡地，故今州中驛遞，皆名潁川。霸後登朝，及薨而塟，亦或於故治内卜地。蓋漢時，潁、汝、淮、泗皆未有河患，塟亦疑順當時情耳。⑥

畢卓墓。在州西二百一十里，銅陽城。⑦

宣家塚。在州南九十里，平輿廢縣東。凡三四塚相連，如山如阜。故老傳：宣氏前代頗盛，今子孫雖微弱，猶居塚南。⑧

呂將軍墓。在州南一百里，安舟崗西。洪武初，從征有功，戰殁，賜塋。⑨

安然墓。在南城西關外。洪武中賜塋。⑩

---

①呂景蒙《嘉靖潁州志·輿地·陵墓（州）》：「青丘。東五十里。古有青丘縣，今尚名青丘村。」李宜春《嘉靖潁州志·輿勝·墳墓》：「青丘。在州東五十里。古有青丘縣，今尚名青丘村。」

②呂景蒙《嘉靖潁州志·輿地·陵墓（州）》：「澮丘。東八十里。」李宜春《嘉靖潁州志·輿勝·墳墓》：「澮丘。在州東八十里。」

③《大明一統志·中都·潁州（古蹟）》：「鄭丘。去潁州治八里。魏安釐王時，秦拔鄭丘。漢置新鄭縣，屬汝南郡。章帝時徙宋公於此。今呼爲潁陽城。」呂景蒙《嘉靖潁州志·輿地·陵墓（州）》：「鄭丘。東五里。俗呼爲婆娑塚。」李宜春《嘉靖潁州志·輿勝·墳墓》：「鄭丘。在州東五里，俗呼爲婆娑塚。」按，鄭丘在今太和縣倪丘鎮附近。參見前「鄭丘廢縣」條所註。

④呂景蒙《嘉靖潁州志·輿地·陵墓（州）》：「破丘。西一百六十里。」李宜春《嘉靖潁州志·輿勝·墳墓》：「破丘。在州西一百六十里。」

⑤呂景蒙《嘉靖潁州志·輿地·陵墓（州）》與李宜春《嘉靖潁州志·輿勝·墳墓》均無。

⑥呂景蒙《嘉靖潁州志·凡例·正誤》：「黃霸墓。按《傳》，霸治潁川，即今之許州。霸非潁人，不應有墓在潁。《舊志》云『州東三里灣中流，高塚爲霸墓』，誤也。」李宜春《嘉靖潁州志·傳疑》：「黃霸墓。《舊志》：『在州東三里灣中流高堆。』按：霸，陽夏人也，爲潁川太守。《一統志》載：『在考城縣東北一十里。』」

⑦《晉書·畢卓列傳》：「畢卓，字茂世，新蔡鮦陽人也。」畢卓既爲鮦陽人，則塋於鮦陽較爲可信。又開封亦有畢卓墓。《大明一統志·河南布政司·開封府上（陵墓）》：「畢卓墓。在府城內。宋劉敞《壽寧觀殘雪》詩：『蓬蒿道旁冢，云是晉時賢。名聲與陵谷，共盡亦千年。』」呂景蒙《嘉靖潁州志·輿地·陵墓（州）》：「畢卓墓。西二百一十里。」李宜春《嘉靖潁州志·輿勝·墳墓》：「畢卓墓，在州西二百一十里。」

⑧呂景蒙《嘉靖潁州志·輿地·陵墓（州）》：「宣家塚。南九十里。」李宜春《嘉靖潁州志·輿勝·墳墓》：「宣家塚。在州南九十里。」

⑨呂景蒙《嘉靖潁州志·輿地·陵墓（州）》：「呂江軍墓。南一百里。洪武初，從征有功，戰殁，諭塋。」李宜春《嘉靖潁州志·輿勝·墳墓》：「呂將軍墓。在州南一百里。洪武初，從征有功，戰殁，諭塋。」

⑩呂景蒙《嘉靖潁州志·輿地·陵墓（州）》：「安御史大夫然墓。西關外。洪武中諭塋。」李宜春《嘉靖潁州志·輿勝·墳墓》：「安御史大夫然墓。在州西關外。洪武中諭塋。」

李敏墓。在州西一百四十里，瓦店。洪武中賜葬。①

張泌墓。在州西一百里，楊橋。永樂中賜葬。②

添子塚。在州西一百五十里，沈丘河北。塚在小汝河交流雙溝水中。雨多水泛，常没頂；水落，出其半。正統中，有盜掘塚，得玉環、玉簪、金銀、器皿。取之，合室病死。所遺一二人，復以所掘一二納塚中，封之如故，遂亡去。今塚破碎水中，然無復敢掘伐者。雖磚石散露，亦自常存。疑古列國之君陵墓，土俗浪呼，今更爲添子云。③

伍奢塚。一在州城東嶽廟後。嘗有伐而竊磚石者，輒災，遂復送寘故處。相傳：埋劍塚中。傍有水池，間年出一怪魚。冒而觸之，則殺人。以是塚雖陷露，無敢犯者。一在北鄉母猪港南，去古城六十里。土人惟呼爲子胥墓。蓋子胥以父命奔吴，後相吴，入楚而鞭平王之屍。④故其名顯而遠傳。按西晋《地理志》載，楚平王處太子建於城父，伍奢傅之。⑤其後奢被讒，平王殺之，並其子尚亦誅。⑥二塚皆奢及祖墳云。⑦

①《大明一統志·中都·潁州（陵墓）》：「李敏墓。在潁州西瓦店。敏官尚書，洪武中勅塋。」呂景蒙《嘉靖潁州志·輿地·陵墓（州）》：「李尚書敏墓。西一百四十里瓦店。洪武中諭塋。」李宜春《嘉靖潁州志·輿勝·墳墓》：「李尚書敏墓。在州西一百四十里瓦店。洪武中諭塋。」

②呂景蒙《嘉靖潁州志·輿地·陵墓（州）》：「張光祿泌墓。西一百里楊橋。永樂初諭塋。」李宜春《嘉靖潁州志·輿勝·墳墓》：「張光祿泌墓。在州西一百里楊橋。永樂中諭塋。」

③呂景蒙《嘉靖潁州志·輿地·陵墓（州）》：「添子塚。西一百五十里。」李宜春《嘉靖潁州志·輿勝·墳墓》：「添子塚。在州西一百五十里。」

④《史記·吴太伯世家》：「（吴王闔廬）九年（前506）……子胥、伯嚭鞭平王之尸，以報父讎。」司馬貞《索隱》：「《左氏》無此事。」

⑤《晋書·地理志》未有近似内容。《左傳·昭公十九年》：「（昭公）十九年（公元前523），春……楚子之在蔡也，郹陽封人之女奔之，生大子建。及即位，使伍奢爲之師。費無極爲少師，無寵焉。夏……楚子爲舟師以伐濮。費無極言於楚子曰：『晋之伯也，邇於諸夏，而楚辟陋，故弗能與爭。若大城城父，而寘大子焉，以通北方，王收南方，是得天下也。』王説，從之。故大子建居於城父。」

⑥《左傳·昭公二十年》：「費無極言於楚子曰：『建與伍奢將以方城之外叛，自以爲猶宋、鄭也，齊、晋又交輔之，將以害楚，其事集矣。』王信之，問伍奢。伍奢對曰：『君一過多矣，何信於讒？』王執伍奢，使城父司馬奮揚殺大子……無極曰：『奢之子材，若在吴，必憂楚國，盍以免其父召之。彼仁，必來。不然，將爲患。』王使召之，曰：『來，吾免而父。』棠君尚謂其弟員曰：『爾適吴，我將歸死。吾知不逮，我能死，爾能報……』伍尚歸。奢聞員不來，曰：『楚君、大夫其旰食乎！』楚人皆殺之。」

⑦呂景蒙《嘉靖潁州志·輿地·陵墓（州）》：「伍奢塚。東二里，東嶽廟後。一在北鄉母豬港。」李宜春《嘉靖潁州志·輿勝·墳墓》：「伍奢塚。在州東二里，東嶽廟後。一在北鄉母豬巷。」

潁州志卷之二

公　署①

陰陽學、醫學。俱見《學校》條。

道正司、僧正司。俱見《寺觀》條。

申明、旌善、養濟。俱見《坊廓》條。

察院。舊在州治東偏，狹小不稱。成化十一年（1475），知州張夢輔改建南城大東門內街北，儒學之左。正堂。左右俱有夾室。後堂。在正堂後，左右卧房。東西吏房。在正堂左右廊。庫房。在後堂東廊。厨房。在後堂西廊。浴堂、淨室。在後堂左右墻下。儀門。在正堂南。大門。在儀門南。左右角門。在儀門左右。②

公舘。州舊無公舘。以公務至者，惟於潁川驛駐節，而過使無寓。成化十五年（1479），劉節建潁川驛東。正堂。在公舘適

①按，《公署》前缺一頁。上海古籍書店影印本於此處加註：「上缺一頁。」呂景蒙《嘉靖潁州志·建置》：「州治。設於北城之西，洪武元年（1368），同知李天祐即元舊基建。中爲牧愛堂，堂之東爲吏目廳，西爲庫，（貯貢税、糧課、罰贖諸金幣。）爲儀仗庫。牧愛之後爲洞達軒，軒後爲燕思堂，堂後爲知州宅。牧愛之東迤南爲同知宅，庫西爲判官宅，吏目之宅進其廳，廳之南、西面爲吏戶禮房、承發司。庫之南、東面爲兵刑工房、馬政科、馬廄，其南爲獄。牧愛之前、中爲戒石銘亭，又前爲儀門，儀門之東爲土神祠，祠南爲吏廨。儀門又前爲門，門外有坊二，東曰承流，西曰宣化，設官知州一人，同知一人，判官一人，（同知、判官添註，無定員。）吏目一人，吏司八人，典十有五人……儒學。在察院之西。（詳見《學校志》，後同。）廣積倉。在鐘鼓樓之南。凡爲廒者四十楹。有門，有廳，有倉，官宅，設官大使一人，副使一人，吏、攢、典一人。税課局，今革。潁川水驛。在北城外之東，潁河之南。有門，有亭，有驛丞宅，設官驛丞一人，吏典一人。旁爲舘，有門，有儀門，有堂，有後堂，有東、西序，以待使客。遞軍所，即驛西之舘。（今革。）陰陽學，在驛之西，北門之左。有門，有亭，設官典術一人……」李宜春《嘉靖潁州志·建置》：「州治。在北城西，洪武元年，同知李天祐即元舊址建焉。知州劉琳、黄嘉愛、黄九霄、范金相繼修葺。嘉靖丙午（1546），知州李宜春漸次改建，規制畧備。中近民堂，東吏目廳，西爲庫，爲儀仗庫。堂後爲景行堂，景行之後，知州宅在焉。近民之前爲露臺，覆以船亭左右翼，以六曹、架閣庫、承發司、馬科以次而附。當馳道中有戒石銘亭，亭東爲同知宅，同知李偉、吴人忠修建。進爲吏廨西間焉。判官宅在庫之西，吏目宅又在廳之東。前爲儀門，兩旁爲角門，角左右爲長廊，左爲神祠，右爲獄，退爲女獄。又前爲大門，東西列旌善、申明二亭，通衢則列以承流、宣化二坊，各置門以防護云……察院行臺。在州學之東，兵備道之西。中澄清堂，左右翼以輿隸房。堂後爲退廳，廳後有亭，曰時雨堂。前爲儀門，爲大門。嘉靖丙午，知州李宜春重修……廣積倉。在鼓樓之南。凡爲廒四十楹。嘉靖丙午，知州李宜春修。公舘。在察院前，知州李宜春修。潁川驛。在北城外之東。成化己亥，同知劉節建。劉龍驛。在州東六十里，今革。税課局，今革。遞運所，今革。陰陽學，在州前……」

②呂景蒙《嘉靖潁州志·建置》：「巡按察院行臺。在州學之東，分司之西。有門，有儀門，有堂，（題曰澄清。）有後堂，有亭，（題曰時雨。正德壬申夏，都御史、蘭州彭澤提兵擣流寇，駐潁，兵備孫磐爲作亭避暑。時方旱，亭成，即雨，因名焉……）有內外東西廂，其外街之東爲激楊坊。」李宜春《嘉靖潁州志·建置》：「察院行臺。在州學之東，兵備道之西。中澄清堂，左右翼以輿隸房。堂後爲退廳，廳後有亭，曰時雨。堂前爲儀門，爲大門。嘉靖丙午（1546），知州李宜春重修。戶部侍郎邵寶《時雨亭銘並序》：『正德壬申（1512）春二月，都御史彭公奉命剿河南流賊。越四月，賊平……』」

中。後堂。在正堂後，左爲寢室。廚房。在後堂左。廂房。在寢房右。東西廊。在正堂前。大門。在二門南。二門。在正堂南。淨室。在廚房南。①

潁川衛。在北城西北。洪武九年（1376），指揮僉事李勝開設。前控武備街，後抵潁州舊廣積倉基。衛堂。在衛基中。經歷司。在衛堂左。鎮撫司。在衛堂右。六房。在衛堂前，東、西二廊。二門。在衛堂南。大門。在二門南。左右角門。大門、二門俱有。五千戶所。在二門外，東、西對設。五所鎮撫司。在各所內建。鎮撫司監。在軍器局前。軍器局。在衛西巷外。教軍場。在南城東關。五城門軍器庫。在各門內街左、右。②

學校

按《宋志》，仁宗景祐四年丁丑（1037）詔：非潘鎮不立學。③時蔡齋自樞副出知潁州，奏乞立學，從之。肇基西湖境上，歷三百四十年。爲洪武丙辰（1376），始爲河水衝浸，爰徙南城東門內街之北云。④

大成殿。在學址正中。戟門。在正殿之南，同知劉節重建。泮池。在戟門南。欞星門。在泮池南。兩廡。在正殿左右。祭器庫。在戟門右。神廚。在戟門外右，知州劉質建。謁廟門。在東廡南，東向。明倫堂。在正殿後。成德齋。在堂東廊東北。進學齋。在堂西廊西北。育才齋。在成德齋南。會饌堂。在進學齋南。儀門。在正堂前。尊經堂。在正堂後，藏官書所。饌厨。在會饌堂後。學倉。在儀門西。學正宅。在明倫堂右。訓導宅。一所在學倉後，二所在謁廟門東。號房三連，共三十三間。舊號因循破落，又横直不倫。成化十七年辛丑（1481），同知劉節建新號。每齋一連，中空一室，爲師儒篤教之所。附學號二連，通十間。在成德齋後，知州劉質建。儒學門。在欞星門東。成化十八年（1482），知州劉質建。⑤

---

①李宜春《嘉靖潁州志·建置》：「公舘。在察院前，知州李宜春修。」

②《大明一統志·中都·潁州（公署）》：「潁川衛。在潁州城西北隅。洪武元年（1368）建。」吕景蒙《嘉靖潁州志·兵衛》：「皇明洪武初，置潁川衛，屬河南都司，隸中軍都督府。附北城西州之後，領經歷司一；鎮撫司一；千戶所五，曰左，曰右，曰中，曰前，曰後。百戶所五十……」李宜春《嘉靖潁州志·兵防》：「潁川衛。在州治後，洪武初置。中爲堂，東爲經歷司，西爲鎮撫司，翼左、右爲六曹堂。後爲退廳，夾兩廂爲庫房。又後爲旗纛廟，霜降攽祭。廟左爲預備倉，堂之前爲儀門，東、西爲角門，左、右則五所列焉。又前爲大門，屬河南都司，隸中軍都督府。」

③《宋史·選舉志》：「仁宗時，士之服儒術者不可勝數。即位初，賜兗州學田，已而命藩輔皆得立學。」

④見本書卷一《古蹟·廢儒學址》條註。

⑤吕景蒙《嘉靖潁州志·禮樂·皇明》：「文廟。在學前。中爲大成殿。兩翼爲東、西廡。（同知縮重修。）前爲露臺，爲戟門。門之前爲泮池，爲橋，又其前爲欞星門。（知州同蓁重修。）嘉靖辛卯（1531），更殿曰先師廟，門曰廟門。乃易封號，撤像而題以木主。制也。神庫，（在東廡北。）神廚、宰牲所。（俱在泮池西。）」又《學校》：「先師廟。啓聖祠……學署。在南城東門內。前爲門，中爲儀門。廟北爲明倫堂。堂左爲進學齋、爲成德齋，右爲育材齋、爲會饌所。堂北爲尊經閣。（正德壬申，兵備磐建。嘉靖乙未，兵備宗樞重飾。）……閣下爲齋宿所。學正宅一，在閣右。訓導宅三，一在會饌所南，一在儀門東，一在啓聖祠北。號房爲規、矩、準、繩四聯，每聯九閣，在閣左。（俱頹圮無存，其規、矩號二聯，判官景蒙重建。）」李宜春《嘉靖潁州志·學校》：「州學……中爲明倫堂。左爲進學齋、成德齋，右爲育才齋、會饌所，會饌而南爲訓導宅。堂之北爲尊經閣，閣後爲敬一亭。閣左爲規、矩、準、繩四號房，右爲學正宅。堂之南爲先師廟，翼以東、西兩廡。前爲戟門三楹，左名宦祠，右鄉賢祠。前泮池，跨以負梁。池右爲神厨，爲宰牲所。神庫乃在東廡之北，又前爲欞星門。（知州朱同蓁重修。）欞星之左爲儒學門，路繞東廡之背，右轉以達於堂。路左爲啓聖祠，祠北爲訓導宅，其一又在儀門之東。規模宏敞，信爲興賢地矣。」

射圃。在南城大東門外關口，南北一百五十步，東西二十五步。

醫學。在北城小南門内，時雍街西。地東西六丈五尺，南北四丈五尺。①

陰陽學。在北城城隍廟東，小巷北。②

社學。在北城門外，故廢税課局基上。中堂三間，門廊俱全。成化壬寅歲（1482），知州劉質創建。③

郵驛

潁川驛。舊驛在三里湾，洪武中河水淪决，徙今所。因循弊陋，且面北，過使厭寓。成化己亥（1479），同知劉節悉撤而新之，面南，在公舘右。正廳。在公舘二，門西邊一。厨庫。在正廳前左偏。門樓。在正廳南，臨横街。驛丞宅。在正廳後。④

遞運所。舊在三里湾，洪武中河患，徙北關。二十年（1387），又徙東關教塲後。景泰中，徙潁川驛後園。阜汙，東向。成化己亥（1479），同知劉節改造於公舘之左。正廳。在公舘二門東邊。厨庫。在正廳前右偏。門樓。在正廳南，臨横街。監牢。在正廳前左偏。大使宅。在正廳後。⑤

留陵驛。在州東六十里。舊驛在上流站溝口西岸，河患，永樂中改今驛。茅茨土階，不勝鄙陋。成化十四年（1478），同知劉節修。正廳。在驛基中。東西廂房。左爲厨庫，其右爲預備倉。門樓。在正廳南。驛丞宅。在正廳後。

舊皆破落，成化十一年（1475）通脩。每鋪郵亭一座，寢房一座，東、西廂房各一座，門樓一座。惟夷陵添設官廳一座，以備過使駐節焉。

鋪舍

總鋪。在南城東門外，射圃亭北。⑥

---

①呂景蒙《嘉靖潁州志・建置》：「醫學。闕。設官典科一人。」李宜春《嘉靖潁州志・建置》：「醫學。《舊志》載：『在北城小南門内，時雍街西地。東西六丈五尺，南北四丈五尺。』」

②呂景蒙《嘉靖潁州志・建置》：「陰陽學。在驛之西，北門之左。有門，有亭，設官典術一人。（舊爲税課局。）」李宜春《嘉靖潁州志・建置》：「陰陽學。在州前。」

③呂景蒙《嘉靖潁州志・學校》：「社學。州五：在城一，在鄉四。潁上二……」李宜春《嘉靖潁州志・學校》：「社學。州：在城一，廢。丁未，知州李宜春改街東關王廟爲之。在鄉三。潁上縣學……」

④呂景蒙《嘉靖潁州志・建置》：「潁川水驛。在北城外之東，潁河之南。有門，有亭，有驛丞宅。設官驛丞一人，吏典一人。傍爲舘，有門，有儀門，有堂，有後堂，有東、西序，以待使客。」李宜春《嘉靖潁州志・建置》：「潁川驛。在北城外之東。成化己亥，同知劉節建。」

⑤呂景蒙《嘉靖潁州志・建置》：「遞運所。即（潁川）驛西之舘。（今革。）」李宜春《嘉靖潁州志・建置》：「遞運所。（今革。）」

⑥呂景蒙《嘉靖潁州志・建置・鋪（州）》：「總。東門外。」李宜春《嘉靖潁州志・建置・鋪》：「總鋪。在州東關。」

七里至東路孟莊鋪。①

十里至東十八里鋪。②

十里至東兔兒崗鋪。③

十里至東雙塔鋪。④

十里至東夷陵鋪。⑤

西路十五里至王莊鋪。⑥

八里至西茨河鋪。⑦

七里至西石羊鋪。⑧

十二里至乾溝鋪。北五里，太和地。⑨

東南至南京，陸路八百里，水路二千八百里。⑩

北至北京，陸路二千一百里，水路四千里。⑪

東至中都鳳陽府，陸路四百七十里，水路六百五十里。⑫

廢界溝驛。在州西一百四十里。黄河經流時，置驛河之南。河徙革去，基存焉。⑬

廢柳河驛。在州西六十里。黄河支派入柳河，置驛河之西。河徙革去，基存。⑭

廢陳村馬驛。在州東六十里，宋置。近東又置堤舉司，元革去。永樂中，置木廠站司基上。今通革去。基地二十畝，近存焉。⑮

廢郵亭十座。西通汝寧府，至銅陽北界無鋪。北通亳縣，至張村鎮。河渰不通。⑯

---

①呂景蒙《嘉靖潁州志·建置·鋪（州）》：「七里。七里。」李宜春《嘉靖潁州志·建置·鋪》：「七里鋪。在州東七里。」

②呂景蒙《嘉靖潁州志·建置·鋪（州）》：「十八里。十八里。」李宜春《嘉靖潁州志·建置·鋪》：「十八里鋪。在州東十八里。」

③呂景蒙《嘉靖潁州志·建置·鋪（州）》：「兔兒崗。三十里。」李宜春《嘉靖潁州志·建置·鋪》：「兔兒岡鋪。在州東三十里。」

④呂景蒙《嘉靖潁州志·建置·鋪（州）》：「雙塔。五十里。」李宜春《嘉靖潁州志·建置·鋪》：「雙塔鋪。在州東五十里。」

⑤呂景蒙《嘉靖潁州志·建置·鋪（州）》：「夷陵。六十里。俱東徃潁上路。」李宜春《嘉靖潁州志·建置·鋪》：「夷陵鋪。在州東六十里。接潁上縣丘陵鋪。」

⑥呂景蒙《嘉靖潁州志·建置·鋪（州）》：「王莊。十里。」李宜春《嘉靖潁州志·建置·鋪》：「王莊鋪。在州西十里。」

⑦呂景蒙《嘉靖潁州志·建置·鋪（州）》：「茨河。二十里。」李宜春《嘉靖潁州志·建置·鋪》：「茨河鋪。在州西二十里。」

⑧呂景蒙《嘉靖潁州志·建置·鋪（州）》：「石羊。三十里。」李宜春《嘉靖潁州志·建置·鋪》：「石羊鋪。在州西二十里。」

⑨呂景蒙《嘉靖潁州志·建置·鋪（州）》：「乾溝。四十五里。俱西，徃太和路。」李宜春《嘉靖潁州志·建置·鋪》：「乾溝鋪。在州西四十五里。上接太和縣雙廟鋪。」

⑩前見本書卷一《里至》註。

⑪前見本書卷一《里至》註。

⑫前見本書卷一《里至》註。

⑬呂景蒙《嘉靖潁州志·職官·驛丞（皇明）》：「馬成。界溝驛。」李宜春《嘉靖潁州志·秩官·明（驛丞）》：「馬成。界溝驛。俱裁革。」

⑭呂景蒙《嘉靖潁州志·輿地·川（州）》：「柳河。在州西鄉……西出夬臺，即南爲廢柳河驛……」李宜春《嘉靖潁州志·輿勝·河》：「柳河。在州西鄉……西出夬臺，即南爲廢柳河驛……」

⑮呂景蒙《嘉靖潁州志·建置·馬廠（州）》：「陳村。東四十五里。」李宜春《嘉靖潁州志·建置·馬廠》：「陳村廠。在州東四十五里。」

⑯呂景蒙《嘉靖潁州志·輿地·故蹟（郡）》：「銅陽廢郡。在州西二百一十里，有故郵亭遺址。」李宜春《嘉靖潁州志·輿勝·古蹟》同。

西門總鋪。在南城西關之南，偏東大路。南北基地十五丈，東西十丈，俱以溝界。①

三十里河鋪。在州西河西岸，贍鋪地十五畝。②

栗頭鋪。在州西六十里，有地十畝。③

楊橋鋪。在潁河南，延河西岸，有贍鋪地十畝。④

沈丘鋪。在土城內，基地四畝。⑤

阜陽鋪。在州西一百五十里，基地八畝。⑥

鮦陽城鋪。在州西二百一十里，基隣畢卓池。⑦

伍名鋪。在州北三十里溝西，有贍鋪地十畝。⑧

横橋鋪。在州北六十里溝東，今置預備倉。⑨

白魚港鋪。在州北九十里，母猪港之北，今基存。宣德中遷，失故地。⑩

祠　廟⑪

社稷壇。在南城西門關外一里。洪武初（1368）建，正壇面北。壇門。在壇北。宰牲房。在壇西南墻下。祭器庫。在壇西東墻下。齋宿房。在壇西北墻下。⑫

山川壇。在南城南門外二里。洪武初（1368）建，正壇面南。壇門。在壇南。宰牲房。在壇東北墻下。祭器庫。在壇東宰牲房南。齋宿房。在壇東東墻下。⑬

---

①吕景蒙《嘉靖潁州志·建置·鋪（州）》與李宜春《嘉靖潁州志·建置·鋪》均無。
②吕景蒙《嘉靖潁州志·建置·鋪（州）》與李宜春《嘉靖潁州志·建置·鋪》均無。
③吕景蒙《嘉靖潁州志·建置·鋪（州）》與李宜春《嘉靖潁州志·建置·鋪》均無。
④吕景蒙《嘉靖潁州志·建置·鋪（州）》與李宜春《嘉靖潁州志·建置·鋪》均無。
⑤吕景蒙《嘉靖潁州志·建置·鋪（州）》與李宜春《嘉靖潁州志·建置·鋪》均無。
⑥吕景蒙《嘉靖潁州志·建置·鋪（州）》與李宜春《嘉靖潁州志·建置·鋪》均無。
⑦吕景蒙《嘉靖潁州志·建置·鋪（州）》與李宜春《嘉靖潁州志·建置·鋪》均無。
⑧吕景蒙《嘉靖潁州志·建置·鋪（州）》與李宜春《嘉靖潁州志·建置·鋪》均無。
⑨吕景蒙《嘉靖潁州志·建置·鋪（州）》：「横橋（鋪），四十里。」李宜春《嘉靖潁州志·建置·鋪》：「横橋鋪，在州東北四十里。」
⑩吕景蒙《嘉靖潁州志·建置·鋪（州）》：「白漁港。五十里。俱東北，徃蒙城路。」李宜春《嘉靖潁州志·建置·鋪》：「白漁港鋪。在州東北五十里。徃蒙城路。」
⑪前目録作「祠祀」。
⑫吕景蒙《嘉靖潁州志·禮樂·皇明》：「社稷壇。在州西郭。潁上者，在縣西郭。太和，在縣北郭。禮制以春秋二仲月上戊日致祭。」李宜春《嘉靖潁州志·學校·祀典（州）》：「社稷壇。在南城西門關外一里。祀五土五穀之神，以春秋二仲上戊日祭。」
⑬吕景蒙《嘉靖潁州志·禮樂·皇明》：「風雲雷雨山川壇。在州南郭。潁上、太和者，亦在南郭。禮制以春秋二仲月上己日致祭。二壇之在邑俱中有壇，其門、其庫、其廚、其齋所，俱頹毀，惟存垣樹而已。有司以事神爲重，恐不應如此之褻也。」李宜春《嘉靖潁州志·學校·祀典（州）》：「山川壇。在南城南門外二里，祀風雲雷。南境改山川，潁州城隍。春秋二仲上己日祭。」

郡厲壇。在北城外西北隅，白龍溝北。正統中，知州孫景明改移此，面南。壇門。在壇前。①

城隍廟。在北城內西南隅。洪武初（1368）建，面南。按《舊志》云：「廟在南城，封靈佑侯，有誥命。」正殿。在廟基正中。後殿。在正殿後。拜堂。在正殿南。門廊。在拜堂之南。兩廡。在正殿前左、右。致恭所。在門廊右東面。門樓。在門廊東，面東。②

歐陽祠。在南城，學宮之西。按《元志》，祠在西湖書院東。③變故以來，湮沒無稽。正統中，提學御史彭勗建於今所，歲久又圮。成化九年（1473），同知劉節買地學東，建祠落成，因移徙察院祠，適丁後堂基，遂仍遷建故址。雖靜幽可佳，第狹隘，不可以充拓也。④

東嶽行祠。在南城東門外二里。祠基故楚莊王所築，世傳相讓臺是也。⑤

龍王廟。在南城外郭。神本潁人，居百社村，張姓，諱路斯。隋進士，令宣城，罷歸。嘗告其妻子曰：「吾龍也。」後與九子俱化爲龍。立祠百社，歲時請禱獲應，移廟南郭。歷年滋久，誠怠而神升矣。故廟猶存。⑥

旗纛廟。在北城時雍街東，潁川衛所祀。⑦

馬神廟。在南關西南五里馬廠內，孳牧奉祀。⑧

①吕景蒙《嘉靖潁州志·禮樂·皇明》：「郡厲壇。在州郭西北隅。潁上者，在縣北郭。太和，亦在縣北郭。禮制歲以清明日、七月望、十月朔，請城隍之神出主其祭，撈無祀鬼神而分祭之。」李宜春《嘉靖潁州志·學校·祀典（州）》：「郡厲壇。在北城西北隅白龍溝北。正統中，知州孫景名置。歲以清明日、七月望、十月朔祭，畧祀鬼神，請城隍神以主其祭。」

②吕景蒙《嘉靖潁州志·禮樂·皇明》：「城隍廟。在州北城西南隅。有堂，有退室，有東、西廊房，有重門，大街之口有起敬坊。」李宜春《嘉靖潁州志·學校·祀典（州）》：「城隍廟。在州北城西南隅。有堂，有退室，有東、西廊房，有重門，大街之口有起敬坊……」

③《元史》未有近似内容。《元志》當指元人所脩《潁州志》，已佚。

④吕景蒙《嘉靖潁州志·禮樂·皇明》：「歐陽文忠公祠。在南城西。中爲堂，東爲書屋，西爲前後宅、二重宅，後爲廚。（後重並廚，爲判官景蒙添註，寓此添造者。）祠前爲廳，（即府行署。）廳前爲東、西耳房，又前爲門祀。」李宜春《嘉靖潁州志·學校·祀典（州）》：「歐陽文忠公祠。大學士揚榮《記》：『舊矣，文章足洗陋習……』」

⑤吕景蒙《嘉靖潁州志·輿地·祠（州）》：「東嶽。在東二里，相讓臺上。」李宜春《嘉靖潁州志·學校·祀典（州）》：「東嶽行祠。在州東二里，相讓臺上。宋歐陽脩《祭文》：『比者獲解郡章，許還里閈……』」

⑥吕景蒙《嘉靖潁州志·輿地·廟（潁上）》：「張龍公。在東十里，熊氏臺側。」李宜春《嘉靖潁州志·學校·祀典（潁上）》：「張龍公廟。在縣東十里，焦氏臺側。宋蘇軾《碑記》：『昭靈侯南陽張公，諱路斯。隋之初，家於潁上縣百社村……』」

⑦吕景蒙《嘉靖潁州志·禮樂·皇明》：「旗纛廟。在衛後。潁上者，在守禦所後。咸有堂，有東、西序，有門。歲以霜降日，衛所官致祭。」李宜春《嘉靖潁州志·兵防》：「潁川衛。在州治後……後爲退廳，夾兩廂爲庫房。又後爲旗纛廟，霜降放祭。」

⑧吕景蒙《嘉靖潁州志·禮樂·皇明》：「馬神祠。在州郭西南。太和，在縣西南。咸有堂，有東、西序，有門。俱以春秋上庚日致祭。」李宜春《嘉靖潁州志·學校·祀典（州）》：「馬神祠。在州郭西南。春秋上庚日祭。」

坊郭

承流坊。在北城承流街西。①

宣化坊。在北城承流街東。②

起敬坊。在北城城隍廟巷口。③

激揚坊。在南城察院東。④

科第坊。在南城儒學西。⑤

進士坊。在北城時雍街，爲進士郭昇立。⑥

文英坊。在北城，爲舉人葉春立。今廢。⑦

世科坊。在北關，爲舉人韓祥立。⑧

攀鱗坊。在北城土主巷，爲舉人張嵩立。今廢。⑨

登雲坊。在南城，爲舉人吕慶立。今廢。⑩

（奎光）坊。在南城，爲舉人李葵立。⑪

進士坊。在南城小十字街，爲進士李葵立。⑫

①吕景蒙《嘉靖潁州志·建置·坊（州）》：「承流。在州東。」

②吕景蒙《嘉靖潁州志·建置·坊（州）》：「宣化。在州西。」

③吕景蒙《嘉靖潁州志·建置·坊（州）》：「起敬。在城隍廟巷口。」李宜春《嘉靖潁州志·建置·坊》：「起敬坊。在州城隍廟巷口。」

④吕景蒙《嘉靖潁州志·建置·坊（州）》：「激揚。在泉司東。」李宜春《嘉靖潁州志·建置·坊》：「激揚坊。在州兵備道東。」

⑤吕景蒙《嘉靖潁州志·建置·坊（州）》：「儒林坊。在儒學西……登科（坊），在南城。」李宜春《嘉靖潁州志·建置·坊》：「儒林坊。在州儒學西……登科坊、進士坊、豸繡坊，俱在州南城大街，爲儲珊立。」

⑥吕景蒙《嘉靖潁州志·建置·坊（州）》：「進士三。俱在南北中衢。一爲郭昇，一爲李葵，一爲儲珊立。」李宜春《嘉靖潁州志·建置·坊》：「進士坊。在州北城時雍街，爲郭昇立。」

⑦吕景蒙《嘉靖潁州志·建置·坊（州）》：「文英。在北城，爲葉春。」李宜春《嘉靖潁州志·建置·坊》：「文英坊。在州北城，爲舉人葉春立。今廢。」

⑧吕景蒙《嘉靖潁州志·建置·坊（州）》：「世科。在北城，爲韓祥。」李宜春《嘉靖潁州志·建置·坊》：「世科坊。在州北關，爲舉人韓璽孫韓祥立。」

⑨吕景蒙《嘉靖潁州志·建置·坊（州）》：「攀鱗。在北城，爲張嵩。」李宜春《嘉靖潁州志·建置·坊》：「攀鱗坊。在州北城土主巷，爲舉人張嵩立。今廢。」

⑩吕景蒙《嘉靖潁州志·建置·坊（州）》：「登雲。在南城，爲吕慶。以上至文英，今俱廢。」李宜春《嘉靖潁州志·建置·坊》：「登雲坊。在州南城，爲舉人吕慶立。今廢。」

⑪吕景蒙《嘉靖潁州志·建置·坊（州）》：「奎光。在南城。」李宜春《嘉靖潁州志·建置·坊》：「奎光坊。在州南城。」

⑫吕景蒙《嘉靖潁州志·建置·坊（州）》：「進士三。俱在南北中衢。一爲郭昇，一爲李葵，一爲儲珊立。」李宜春《嘉靖潁州志·建置·坊》：「進士坊。在州南城小十字街，爲李葵立。」

繡衣坊。在南城大街，爲御史李葵立。①

沖霄坊。在南城大街，爲經元張沖立。②

雄飛坊。在南城大街，爲舉人張守亨立。③

鳳鳴坊。住［在］南城大十字街，弘治庚戌年（1490）知州劉讓爲舉人儲珊立。④

進士坊。在南城大街，弘治壬戌年（1502）都指揮王爵、鞏开麟爲進士儲（珊立）。⑤

豸繡坊。在南城大街，正德辛未年（1511）御史趙時中爲御史儲珊立。⑥

廓 附

申明亭。在北城，州治前一所，東關一所。⑦

旌善亭。在北城州治前，申明亭東。⑧

養濟院。在東城東南隅。⑨

大十字街。在南城，四門相望。⑩

小隅頭街。在南城偏西，北通迎祥觀，前入北城小西門。⑪

大時雍街。在州治東，通南、北二城。⑫

武備街。在北城潁川衛前。⑬

---

①吕景蒙《嘉靖潁州志·建置·坊（州）》：「繡衣。在南城。（與奎光坊）俱爲李葵。」李宜春《嘉靖潁州志·建置·坊》：「繡衣坊。在州南城。（與奎光坊）俱爲李葵立。」

②吕景蒙《嘉靖潁州志·建置·坊（州）》：「冲霄。在南城，爲張沖。」李宜春《嘉靖潁州志·建置·坊》：「冲霄坊。在州南城大街，爲經魁張冲立。」

③吕景蒙《嘉靖潁州志·建置·坊（州）》：「雄飛。在南城，爲張守亨。」李宜春《嘉靖潁州志·建置·坊》：「雄飛坊。在州南城大街，爲舉人張守亨立。」

④吕景蒙《嘉靖潁州志·建置·坊（州）》：「鳳鳴。在南城，爲胡洲。」李宜春《嘉靖潁州志·建置·坊》：「鳳鳴坊。在州南城大十字街，爲舉人胡洲立。」

⑤吕景蒙《嘉靖潁州志·建置·坊（州）》：「進士三。俱在南北中衢。一爲郭昇，一爲李葵，一爲儲珊立。」李宜春《嘉靖潁州志·建置·坊》：「進士坊、豸繡坊。俱在州南城大街，爲儲珊立。」

⑥吕景蒙《嘉靖潁州志·建置·坊（州）》：「豸繡。在南城，俱爲儲珊。」李宜春《嘉靖潁州志·建置·坊》：「進士坊、豸繡坊。俱在州南城大街，爲儲珊立。」

⑦吕景蒙《嘉靖潁州志·建置》：「申明亭。在州治前之西。」

⑧吕景蒙《嘉靖潁州志·建置》：「旌善亭。在州治前之東。以上二亭，俱北面，並對州門。」

⑨吕景蒙《嘉靖潁州志·建置》：「養濟院。在分司之後，周爲室，中爲亭，外爲門。」

⑩李宜春《嘉靖潁州志·州考·街》：「大十字街。在南城，四方相望。」

⑪李宜春《嘉靖潁州志·州考·街》：「小隅頭街。在南城偏西，北通迎祥觀。」

⑫李宜春《嘉靖潁州志·州考·街》：「时雍街。在州治東，通南、北二城。」

⑬李宜春《嘉靖潁州志·州考·街》：「武備街。在州北城潁川衛前。」

承流街。在北城州治大門前。①

土主巷。在北城承流坊前，南叅城隍廟。②

大倉衕衕。在南城十字街西，入廣積倉。③

小倉衕衕。在南城十字街東，入預備倉。④

寺衕衕。在南城大南門内十字街西，入資福寺，習儀。⑤

公館街。在東關公館前，成化十五年（1479）同知劉節措磚甃街，以便使傳。⑥

新街。在東關遞運所東邊，往來通衢。⑦

白龍橋街。在北關白龍溝南，舊沿溝岸，崎嶇難行，僧濟奉募緣買地闢街，以便往來。⑧

世科街。在北關，磚甃，往來通衢。⑨

東關馬頭。在館驛傍河上。前此過使乘傳，軍民濟渡、取汲、陟降不便。雖晴日久，泥塗阻陷，人皆苦之。成化中，同知劉節措磚伐石，屬義士常貴、王聰董工，募役以成之。⑩

鄉井

按地理，州城西北地下。國初，河患特甚，其東向，里至又狹。土民避水就高，故近郭民地甚少。

東鄉。自州城東二十里楊湾，始有土民主户。潁水東流，南、北岸皆屬東鄉地。⑪

---

①李宜春《嘉靖潁州志·州考·街》：「承流街。在州治大門前。」

②吕景蒙《嘉靖潁州志·建置》與李宜春《嘉靖潁州志·州考》均無。

③李宜春《嘉靖潁州志·州考·街衕》：「大倉街衕。在州南城十字街西，入廣積倉。」

④李宜春《嘉靖潁州志·州考·街衕》：「小倉街衕。在州南城十字街東，入舊預備倉。」

⑤李宜春《嘉靖潁州志·州考·街衕》：「寺街衕。在州南城十字街西，入資福寺。」

⑥吕景蒙《嘉靖潁州志·建置》與李宜春《嘉靖潁州志·州考·街》均無。

⑦李宜春《嘉靖潁州志·州考·街》：「新街。在州東關遞運所前。」

⑧李宜春《嘉靖潁州志·州考·街》：「白龍橋街。在州北關白龍溝南。」

⑨李宜春《嘉靖潁州志·州考·街》：「世科街。在州北關，磚甃。」

⑩吕景蒙《嘉靖潁州志·輿地·關厢（州）》：「東關。宜陽門外。」李宜春《嘉靖潁州志·州考·關》：「東關。在州宜陽門外，潁川驛在焉。是隸渡馬頭，同知劉節所砌。」

⑪吕景蒙《嘉靖潁州志·輿地·鄉圖（州）》：「東鄉。爲里者十。」

西鄉。自楊橋順河而下，至官擺渡。南、北岸皆屬西鄉地。①

南鄉。自州城南三十里小潤河南，始有主户。東西地廣，近三十里。客户附郭，買地立家。②

北鄉。自州城北三十里伍名鋪，有土民主户。今客户③

（雙塔）坡。在北鄉，八十里，西北向，地多下。④

梁莊坡。在北鄉，六十里，地平曠。民户，東北二鄉並。⑤

郭城坡。在北鄉，四十五里，地平。民户，西北二鄉間。⑥

栗頭坡。在西鄉，六十里，地墟疏，不堪耕治。⑦

長官店坡。在西鄉，一百二十里，窪滹沮洳，不堪耕治。⑧

三障坡。在沈丘，一百八十里東，多下。相傳光武戰於此。⑨

鬧店坡。在沈丘南，一百五十里，地曠，西向。有新蔡客户。⑩

棠林坡。在南鄉中村崗南。舊多棠林，今悉耕治。⑪

黑塔坡。在南鄉，一百六十里，土沃，西北。沈丘鄉户。⑫

黄花坡。在南鄉，七十里，地下，不治。惟黄花時發，故名。⑬

長營。在西鄉，七十里，柳河之陽。前後地俱下，營地俱沃。⑭

---

①呂景蒙《嘉靖潁州志·輿地·鄉圖（州）》：「西鄉。爲里者十有五。」

②呂景蒙《嘉靖潁州志·輿地·鄉圖（州）》：「南鄉。爲里者十有六。」

③此下缺失。1963年上海古籍書店影印本加註：「下缺一頁。」呂景蒙《嘉靖潁州志·輿地》相關部分爲：「（鄉圖）北鄉。爲里者十有二。沈丘。爲里者十有三。河北。爲里者六。新增。爲里者四。潁上……鎮八。州：沈丘，西一百八十里。疑即沈子之丘墓，有巡檢司。椒陂，南六十里。今廢。潁上……村五十有六。州：百社，東三十里。東陳，東四十里。舊有倉。宋嘉定中，霍丘人王鑒敗金虜於此。羊灣，東三十里。東西侯，東六十里。二村。青丘，東五十里。爐熬，東九十里。高，南九十里。井，南六十里。桃花，南六十里。南陳，南七十五里。紅林，南一百里。墨阜，南一百里。獅子，南四十五里。栗林，西一百二十里。定香，西一百一十里。長灣，西六十里。五樟，北八十里。潁上……莊六。州：官，南九十里。秋家，南七十里。南劉，南九十里。西劉，西一百八十里。欒，西一百八十里。谷家，西一百八十五里。坡一十有一。州：王市，北九十里。雙塔，北鄉八十里。梁莊，北六十里。潁上……」

④「坡」字前文字皆丟失。此坡名當爲「雙塔」。呂景蒙《嘉靖潁州志·輿地·坡（州）》「梁莊」前一條：「雙塔。北鄉八十里。」

⑤呂景蒙《嘉靖潁州志·輿地·坡（州）》：「梁莊。北六十里。」李宜春《嘉靖潁州志·州考·坡》：「梁莊坡。在州北六十里。」

⑥呂景蒙《嘉靖潁州志·輿地·坡（州）》：「郭城。北四十五里。」李宜春《嘉靖潁州志·州考·坡》：「郭城坡。在州北四十五里。」

⑦呂景蒙《嘉靖潁州志·輿地·坡（州）》：「栗頭。西六十里。」李宜春《嘉靖潁州志·州考·坡》：「栗頭坡。在州西六十里。」

⑧呂景蒙《嘉靖潁州志·輿地·坡（州）》：「長官店。西一百二十里。」

⑨呂景蒙《嘉靖潁州志·輿地·坡（州）》：「三障。西一百六十里。」李宜春《嘉靖潁州志·州考·坡》：「三障坡。在州西一百六十里。」

⑩呂景蒙《嘉靖潁州志·輿地·坡（州）》：「鬧店。西一百五十里。」李宜春《嘉靖潁州志·州考·坡》：「鬧市坡。在州西一百五十里。」

⑪呂景蒙《嘉靖潁州志·輿地·坡（州）》：「棠林。南七十里。」李宜春《嘉靖潁州志·州考·坡》：「棠林坡。在州南七十里。」

⑫呂景蒙《嘉靖潁州志·輿地·坡（州）》：「黑塔。南一百六十里。」李宜春《嘉靖潁州志·州考·坡》：「黑塔坡。在州南一百六十里。」

⑬呂景蒙《嘉靖潁州志·輿地·坡（州）》：「黃花。南七十里。」李宜春《嘉靖潁州志·州考·坡》：「黃花坡。在州南七十里。」

⑭呂景蒙《嘉靖潁州志·輿地·營（州）》：「長。西七十里。」

五輛車營。在西鄉，六十里，柳河之陽。地南沃北下。①
趙德營。在沈丘，一百九十里，乳香臺北，地下。項城户雜處。②

夷陵店。在東鄉，六十里鋪，過客逆旅。土主、客户雜處。③
留陵店。在東鄉，六十里水站。土主、客户雜處。④
棗莊店。在東鄉，六十里。田家交易。主户多。⑤
岳廟店。在北鄉，一百二十里。田家交易。主户多。⑥
三塔店。在北鄉，一百一十里。雜太和户住，小市集耳。⑦
車家店。在北鄉，四十里，集而未成。客户。⑧
伍名店。在北鄉，三十里。客户數家。⑨
柳河店。在西鄉，四十里，廢站傍。主、客户並。⑩
時店。在西鄉，四十里，柳河西。客户。田家交易。⑪
界溝店。在西鄉，一百四十里。舊黄河通，商賈集。河徙市淨。⑫
南市店。在沈丘西，二百四十里。主、客户雜。田家交易。⑬

楊官店。在沈丘，一百四十里。客户。酒、醋、鹽、鐵市。⑭

瓦店。在沈丘，一百五十里。主、客户。商賈遊貨耳。⑮

八十里店。在西鄉楊橋東。客户。過客逆旅耳。⑯

---

①吕景蒙《嘉靖潁州志·輿地·營（州）》：「五輛車。西五十里。」

②吕景蒙《嘉靖潁州志·輿地·營（州）》：「趙德。西一百九十里。」

③吕景蒙《嘉靖潁州志·輿地·店（州）》：「夷陵。東六十里。」李宜春《嘉靖潁州志·州考·店》：「夷陵店。在州東六十里。」

④吕景蒙《嘉靖潁州志·輿地·店（州）》：「留陵。東六十里。」李宜春《嘉靖潁州志·州考·店》：「留陵店。在州東六十里。」

⑤吕景蒙《嘉靖潁州志·輿地·店（州）》：「棗莊。東六十里。」李宜春《嘉靖潁州志·州考·店》：「棗莊店。在州東六十里。」

⑥吕景蒙《嘉靖潁州志·輿地·店（州）》：「岳廟。北一百二十里。」李宜春《嘉靖潁州志·州考·店》：「岳廟店。在州北一百二十里。」

⑦吕景蒙《嘉靖潁州志·輿地·店（州）》：「三塔。北一百一十里。」李宜春《嘉靖潁州志·州考·店》：「三塔店。在州北一百一十里。」

⑧吕景蒙《嘉靖潁州志·輿地·店（州）》：「車家。北四十里。」李宜春《嘉靖潁州志·州考·店》：「車家店。在州北四十里。」

⑨吕景蒙《嘉靖潁州志·輿地·店（州）》：「伍名。北三十里。」李宜春《嘉靖潁州志·州考·店》：「伍名店。在州北三十里。」

⑩吕景蒙《嘉靖潁州志·輿地·店（州）》：「柳河。西四十里。」李宜春《嘉靖潁州志·州考·店》：「柳河店。在州西四十里。」

⑪吕景蒙《嘉靖潁州志·輿地·店（州）》：「時。西四十里。」李宜春《嘉靖潁州志·州考·店》：「時店。在州西四十里。」

⑫吕景蒙《嘉靖潁州志·輿地·店（州）》：「界溝。西一百四十里。」李宜春《嘉靖潁州志·州考·店》：「界溝店。在州西一百四十里。」

⑬吕景蒙《嘉靖潁州志·輿地·店（州）》：「南市。西二百四十里。」李宜春《嘉靖潁州志·州考·店》：「南市店。在州西二百四十里。」

⑭吕景蒙《嘉靖潁州志·輿地·店（州）》：「楊官。西一百四十里。」李宜春《嘉靖潁州志·州考·店》：「楊官店。在州西一百四十里。」

⑮吕景蒙《嘉靖潁州志·輿地·店（州）》：「瓦。西一百五十里。」李宜春《嘉靖潁州志·州考·店》：「瓦店。在州西一百五十里。」

⑯吕景蒙《嘉靖潁州志·輿地·店（州）》：「八十里。西楊橋之東。」李宜春《嘉靖潁州志·州考·店》：「八十里店。在州西楊橋之東。」

高堂店。在西鄉，九十里。客户。田家交市。①

栗頭店。在西鄉，六十里。主、客户雜。鹽、鐵市耳。②

黄丘店。在南鄉，五十里。客户。無市。③

桃花店。在南鄉，一百八十里，汝水東。商賈往來，店雜主、客户。④

狼頭店。在南鄉，九十里。客户。⑤

永安店。古縣街市存，在南鄉，一百四十里汝水濱。舟楫上下，故交易廣。東又有小店。⑥

迎僊店。在沈丘，一百四十里。主、客户。田家交易。⑦

桃園店。在北鄉，九十里，近淝河，水泛通舟。主、客户雜處。⑧

流湖集。在沈丘，一百五十五里。北五里即響張埠，上船，故商遊貨集也。⑨

黄牛嶺集。在沈丘，一百八十里。主、客户。田家市易。⑩

姜寨集。在沈丘，二百里。西十里龍口通舟楫，市中貨物亦盛。⑪

長官店集。在西鄉，一百二十里。河遠，市集亦衆。客户。⑫

驛口橋集。在西鄉，一百里。主、客户。田農交易亦盛。⑬

楊橋集。在西鄉，九十里潁濱。貨物遊散他集，本集落落。⑭

楊村集。在西鄉，一百四十五里，潁泛舟通。集南有商無賈，市頗交易。主、客户。⑮

田村集。在西鄉，一百二十里。商賈俱集，市盛。⑯

---

①呂景蒙《嘉靖潁州志·輿地·店（州）》：「高堂。西九十里。」李宜春《嘉靖潁州志·州考·店》：「高堂店。在州西九十里。」

②呂景蒙《嘉靖潁州志·輿地·店（州）》：「栗頭。西六十里。」李宜春《嘉靖潁州志·州考·店》：「栗頭店。在州西六十里。」

③呂景蒙《嘉靖潁州志·輿地·店（州）》：「黄丘。南五十里。」李宜春《嘉靖潁州志·州考·店》：「黄丘店。在州南五十里。」

④呂景蒙《嘉靖潁州志·輿地·店（州）》：「桃花。南一百八十里。」李宜春《嘉靖潁州志·州考·店》：「桃花店。在州南一百八十里。」

⑤呂景蒙《嘉靖潁州志·輿地·店（州）》：「狼頭。南九十里。」李宜春《嘉靖潁州志·州考·店》：「狼頭店。在州南九十里。」

⑥呂景蒙《嘉靖潁州志·輿地·店（州）》：「永安。古縣南一百四十里。」李宜春《嘉靖潁州志·州考·店》：「永安店。在古縣南一百四十里。」

⑦呂景蒙《嘉靖潁州志·輿地·店（州）》：「迎僊。西一百四十里。」李宜春《嘉靖潁州志·州考·店》：「迎僊店。在州西一百四十里。」

⑧呂景蒙《嘉靖潁州志·輿地·店（州）》：「桃團。北九十里。」李宜春《嘉靖潁州志·州考·店》：「桃團店。在州北九十里。」

⑨呂景蒙《嘉靖潁州志·輿地·集（州）》：「流湖。西一百五十里。」李宜春《嘉靖潁州志·州考·集》：「流湖集。在州西一百五十里。」

⑩呂景蒙《嘉靖潁州志·輿地·集（州）》：「黄牛嶺。西一百八十里。」李宜春《嘉靖潁州志·州考·集》：「黄牛嶺集。在州西一百八十里。」

⑪參下《關梁》中「姜寨」條之註。

⑫呂景蒙《嘉靖潁州志·輿地·集（州）》：「長官店。一百二十里。」李宜春《嘉靖潁州志·州考·集》：「長官集。在州西一百二十里。」

⑬呂景蒙《嘉靖潁州志·輿地·集（州）》：「驛口橋。西一百里。」李宜春《嘉靖潁州志·州考·集》：「驛口橋集。在州西一百里。」

⑭呂景蒙《嘉靖潁州志·輿地·集（州）》：「楊橋。西九十里。」李宜春《嘉靖潁州志·州考·集》：「楊橋集。在州西九十里。」

⑮呂景蒙《嘉靖潁州志·輿地·集（州）》：「楊村。西一百四十里。」李宜春《嘉靖潁州志·州考·集》：「楊村集。在州西一百四十里。」

⑯呂景蒙《嘉靖潁州志·輿地·集（州）》：「田村。西一百二十里。」李宜春《嘉靖潁州志·州考·集》：「田村集。在州西四十里。」按，兩處記載差别較大，疑有誤。

乾溝集。在西鄉，四十里。驛路傍午，商貨平平。①

橫橋集。在北鄉，六十里，預備倉傍。舊在倉南五里西城，因窪移隣倉。②

雙塔集。在北鄉，八十里。有商無賈，市亦平平。主、客户並。③

董家集。在北鄉，一百里，蒙城縣界。客户。田家市易。④

中村集。在南鄉，七十里。前臨谷河，商賈輻輳，市日無虚。主、客户雜處。⑤

紅林集。在南鄉，一百一十里，通蒙河，入淮。市集亦小。客户多。⑥

功立橋集。在南鄉，九十里。工商雜集，貨亦適中。⑦

艾亭集。在南鄉，一百七十里，近汝河。商賈盛集。主、客户並。⑧

關　梁⑨

東關。在北城之東，驛遞在焉。南北三街，俱通衢。⑩

西關。在南城之西。惟東西一街，軍民混居。⑪

南關。在南城之南，無民户。南北一街，十餘家軍。⑫

北關。在北城西北隅。商賈交集，軍民混居。⑬

沈丘鎮。在州西一百二十里，廢沈丘縣東。鎮離州遠，故置巡檢司，以察奸細。巡檢司正廳。在鎮中，面北。吏房。在

---

①吕景蒙《嘉靖潁州志·輿地·集（州）》：「乾溝。西四十里。」李宜春《嘉靖潁州志·州考·集》：「乾溝集。在州西四十里。」

②吕景蒙《嘉靖潁州志·輿地·集（州）》：「横橋。北六十里。」李宜春《嘉靖潁州志·州考·集》：「横橋集。在州北六十里。」

③吕景蒙《嘉靖潁州志·輿地·集（州）》：「雙塔。北八十里。」李宜春《嘉靖潁州志·州考·集》：「雙塔集。在州北八十里。」

④吕景蒙《嘉靖潁州志·輿地·集（州）》：「董家。北一百里。」李宜春《嘉靖潁州志·州考·集》：「董家集。在州北一百里。」

⑤吕景蒙《嘉靖潁州志·輿地·集（州）》：「中村。南七十里。」李宜春《嘉靖潁州志·州考·集》：「中村集。在州南七十里。」

⑥吕景蒙《嘉靖潁州志·輿地·集（州）》：「紅林。南一百一十里。」李宜春《嘉靖潁州志·建置·集》無。

⑦吕景蒙《嘉靖潁州志·輿地·集（州）》：「功立橋。南九十里。」李宜春《嘉靖潁州志·州考·集》：「功立橋集。在州南九十里。」

⑧吕景蒙《嘉靖潁州志·輿地·集（州）》：「艾亭。南一百七十里。」李宜春《嘉靖潁州志·州考·集》：「艾亭集。在州南一百七十里。」

⑨前目録作「關梁濟渡附」。

⑩吕景蒙《嘉靖潁州志·輿地·關廂（州）》：「東關。宜陽門外。」李宜春《嘉靖潁州志·州考·關》：「東關。在州宜陽門外，潁川驛在焉。是隸渡馬頭，同知劉節所砌。」

⑪吕景蒙《嘉靖潁州志·輿地·關廂（州）》：「西關。宜秋门外。」李宜春《嘉靖潁州志·州考·關》：「西關。在州宜秋门外西。」

⑫吕景蒙《嘉靖潁州志·輿地·關廂（州）》：「南關。迎薰门外。」李宜春《嘉靖潁州志·州考·關》：「南關。在州迎薰门外南，軍人所住。」

⑬吕景蒙《嘉靖潁州志·輿地·關廂（州）》：「北關。承恩門外，潁河之濱。以上關廂爲里者四。」李宜春《嘉靖潁州志·州考·關》：「北關。在州達淮、通下二門外。商賈交集，一大都會也。」

正廳前，左廂。監牢。在正廳前，右廂。大門。在正廳前。巡檢宅。在正廳後。①

椒陂鎮。在州南六十里，潤河上。前代置鎮，有碑存。實宋仁宗寶元二年（1039）己卯正月立石，推知置鎮又在立碑之前。今鎮廢而規制尚存。②

姜寨。在州西沈丘鄉，去城一百里。漢光武帝討巨寇王尋，自蔡州追奔至是，賊屯於寨。及戰於坡，漢兵不支，尋亦北走。後人因呼「强寨」。今訛爲「姜寨」云。③

包家寨。在州西六十五里，小河北岸。孤崗坦夷。相傳：宋將劉錡募敢死士，負藥毒潁上流，以困金虜兀朮。民結義聚於寨，以俟策應。後人因呼爲寨云。④

南關橋。在南城門外，跨城南隍池。路通城南官道。⑤

西關橋。在南城西門外，跨城西隍池。通州西官道。⑥

白龍溝橋。在北城西北隅，跨西湖，下流白龍溝。成化中，僧濟拳募修，有記立石。⑦

七星橋。在州南五十里，跨潤河。水中生石七拳，如北斗。土人架梁石上，通衢。⑧

楊橋。在州西九十里，跨延河口。路通沈丘之官道。⑨

驛口橋。在州西一百里，古馬驛前。通汝寧官道。又云：建橋時一虎守料，故又名一虎橋。⑩

油店橋。在州西南一百四十里，跨谷河。唐劉大師經過，改名迎僊橋。⑪

夷陵橋。在州東六十二里，板橋東。坡水下流大澗，路通官道。⑫

---

①吕景蒙《嘉靖潁州志·輿地·鎮（州）》：「沈丘。西一百八十里。疑即沈子之丘墓。巡檢司在焉。」李宜春《嘉靖潁州志·州考·鎮》：「沈丘鎮。在州西一百八十里。巡檢司在焉。」

②吕景蒙《嘉靖潁州志·輿地·鎮（州）》：「椒陂。南六十里。今廢。」李宜春《嘉靖潁州志·州考·鎮》：「焦陂鎮。在州南六十里，潤河上。宋寶元置鎮，有碑存焉。今廢。」

③吕景蒙《嘉靖潁州志·輿地·寨（州）》：「姜。西二百里。舊傳：光武討賊不克，後人呼爲强寨。今訛云姜。」李宜春《嘉靖潁州志·輿勝·寨》：「姜寨。在州西二百里。光武屯處。」

④吕景蒙《嘉靖潁州志·輿地·寨（州）》：「包家。西六十五里。宋劉錡破兀朮，民聚此以應錡。」李宜春《嘉靖潁州志·輿勝·寨》：「包家寨。在州西六十五里。民聚應劉錡。」

⑤吕景蒙《嘉靖潁州志·建置·橋（州）》：「南關。迎薰門外。」李宜春《嘉靖潁州志·建置·橋》：「南關橋。在州迎薰門外。」

⑥吕景蒙《嘉靖潁州志·建置·橋（州）》：「西關。宜秋門外。」李宜春《嘉靖潁州志·建置·橋》：「西關橋。在州宜秋門外。」

⑦吕景蒙《嘉靖潁州志·建置·橋（州）》：「白龍溝。承恩門外，跨西湖水。」李宜春《嘉靖潁州志·建置·橋》：「白龍溝橋。在州承恩門外，跨西湖中。同知劉節有記。」

⑧《大明一統志·中都·潁州（關梁）》：「七星橋。在潁州南鄉五十里，形似北斗。」吕景蒙《嘉靖潁州志·建置·橋（州）》：「七星。南五十里。」李宜春《嘉靖潁州志·建置·橋》：「七星橋。在州南五十里，水中生七石如北斗。土人架梁於上。」

⑨吕景蒙《嘉靖潁州志·建置·橋（州）》：「楊。西九十里。」李宜春《嘉靖潁州志·建置·橋》：「楊橋。在州西九十里。」

⑩吕景蒙《嘉靖潁州志·建置·橋（州）》：「驛口。西一百里。」李宜春《嘉靖潁州志·建置·橋》：「驛口橋。在州西一百里。」

⑪吕景蒙《嘉靖潁州志·建置·橋（州）》：「油店。西南一百四十里。」李宜春《嘉靖潁州志·建置·橋》：「油店橋。在州西南一百四十里。」

⑫吕景蒙《嘉靖潁州志·建置·橋（州）》：「夷陵。東六十二里。」李宜春《嘉靖潁州志·建置·橋》：「夷陵橋。在州東六十二里。」

楊宅橋。在州西南一百一十里，跨谷河。前代建有碑石，剝落。①

功立橋。在州南一百里，跨谷河。土人建，以便商旅。橋南有集。②

七旗橋。在州南七旗崗北，跨谷河。土人建，以通官倉。③

賈道人橋。在州西小河北，跨雙溝。土人建橋，便農商。④

板橋。在州東南七十里，跨潤河。土人架木梁，便南北行旅。⑤

磚橋。在州南四十里，跨潤河。前代建，以便南北行旅。橋北，小店、客戶二十餘家。⑥

站溝橋。在州東六十里，跨陳村下流。土人架梁，以便行旅。通舊馬驛官道。⑦

東關口渡。在北城東北隅，潁川驛後。渡通蒙城、亳縣。⑧

三里灣渡。在州東三里，潁水舊與黄河會處。渡通東北鄉、蒙、亳二縣。⑨

毛家窩渡。在州北舊黄河上。渡通蒙、亳。⑩

官擺渡。在州西十五里，王莊鋪前潁河。渡通太和。⑪

私擺渡。古名老婆灣。在州西十六里，過潁河，南北要津。宋紹興十年（1140），金龍虎大王等敗，退軍至此留營，爲副留守劉錡所敗。⑫

茨河渡。在州西二十五里，石羊鋪前。渡通太和縣。⑬

谷河口渡。在州東南谷河入淮處。渡通宣湾。⑭

---

①吕景蒙《嘉靖潁州志・建置・橋（州）》：「楊宅。西南一百一十里。」李宜春《嘉靖潁州志・建置・橋》：「楊宅橋。在州西南一百一十里。」

②吕景蒙《嘉靖潁州志・建置・橋（州）》：「功立。南一百里。」李宜春《嘉靖潁州志・建置・橋》：「功立橋。在州南一百里。」

③吕景蒙《嘉靖潁州志・建置・橋（州）》：「七旗。南七十五里。」李宜春《嘉靖潁州志・建置・橋》：「七旗橋。在州南七十五里。」

④吕景蒙《嘉靖潁州志・建置・橋（州）》與李宜春《嘉靖潁州志・建置・橋》均無。

⑤吕景蒙《嘉靖潁州志・建置・橋（州）》：「板。東南七十里。」李宜春《嘉靖潁州志・建置・橋》：「板橋。在州東南七十里。」

⑥吕景蒙《嘉靖潁州志・建置・橋（州）》：「磚。南四十里。」李宜春《嘉靖潁州志・建置・橋》：「磚橋。在州南四十里。」

⑦吕景蒙《嘉靖潁州志・建置・橋（州）》：「站溝。東六十里。」李宜春《嘉靖潁州志・建置・橋》：「站溝橋。在州東六十里。」

⑧吕景蒙《嘉靖潁州志・輿地・渡（州）》：「東關口。潁川驛之後。」李宜春《嘉靖潁州志・建置・渡》：「東關口渡。在州潁川驛後。」

⑨吕景蒙《嘉靖潁州志・輿地・渡（州）》：「三里灣。東二里，潁河與黄河會處。」李宜春《嘉靖潁州志・建置・渡》：「三里灣渡。在州東二里，潁河與黄河會處。」

⑩吕景蒙《嘉靖潁州志・輿地・渡（州）》：「毛家窩。州北。」李宜春《嘉靖潁州志・建置・渡》：「毛家窩渡。在州北。」

⑪吕景蒙《嘉靖潁州志・輿地・渡（州）》：「官擺。西十五里，潁河。」李宜春《嘉靖潁州志・建置・渡》：「官擺渡。在州西十五里，潁河。」

⑫吕景蒙《嘉靖潁州志・輿地・渡（州）》：「私擺。西六十里，潁河。」李宜春《嘉靖潁州志・建置・渡》：「私擺渡。在州西六十里，潁河。」

⑬吕景蒙《嘉靖潁州志・輿地・渡（州）》：「茨河。西二十五里。」李宜春《嘉靖潁州志・建置・渡》：「茨河渡。在州西北二十五里。」

⑭吕景蒙《嘉靖潁州志・輿地・渡（州）》：「谷河口。州東。」李宜春《嘉靖潁州志・建置・渡》：「谷河口渡。在州東南。」

劉家渡。在州東南一百一十里水臺東，淮水。渡通霍丘。①

中村崗渡。在州南七十里谷河。渡通安舟崗，逾淮河。②

朱皐渡。在州南一百二十里，蒙、汝入淮處。渡通固始。③

留陵渡。在州東留陵驛後，潁河。渡通東鄉。④

靳家渡。在州北一百二十里，淝河。渡通蒙、亳。⑤

岳廟渡。在州北一百二十里，淝河。渡通張村鋪並亳縣。⑥

裴家渡。在州西九十里，潁河。渡通南北行旅。⑦

張老人渡。在州西六十五里。渡通南北通衢。太和粮税從此上船。⑧

黄連渡。在州西九十里，潁河。宋劉錡募敢死士毒上流，以困兀朮在此。⑨

①吕景蒙《嘉靖潁州志·輿地·渡（州）》：「劉家。東南一百一十里，淮河。」李宜春《嘉靖潁州志·建置·渡》：「劉家渡。在州東南一百一十里，淮河。」

②吕景蒙《嘉靖潁州志·輿地·渡（州）》：「中村崗。南七十里，谷河。」李宜春《嘉靖潁州志·建置·渡》：「中村崗渡。在州南七十里，谷河。」

③吕景蒙《嘉靖潁州志·輿地·渡（州）》：「朱阜。在州南一百二十里，汝河。」李宜春《嘉靖潁州志·建置·渡》：「朱阜渡。在州南一百二十里，汝河。」

④吕景蒙《嘉靖潁州志·輿地·渡（州）》：「留陵。州東，潁河。」李宜春《嘉靖潁州志·建置·渡》：「留陵渡。在州東，潁河。」

⑤吕景蒙《嘉靖潁州志·輿地·渡（州）》：「靳家。北一百二十里，淝河。」李宜春《嘉靖潁州志·建置·渡》：「靳家渡。在州東北九十里，淝河。」恐誤。

⑥吕景蒙《嘉靖潁州志·輿地·渡（州）》：「岳廟。北一百二十里，淝河。」李宜春《嘉靖潁州志·建置·渡》：「岳廟渡。在州北一百二十里，淝河。」

⑦吕景蒙《嘉靖潁州志·輿地·渡（州）》：「裴家。西九十里，潁河。」李宜春《嘉靖潁州志·建置·渡》：「裴家渡。在州西九十里，潁河。」

⑧吕景蒙《嘉靖潁州志·輿地·渡（州）》：「張老人。西六十五里，潁河。」李宜春《嘉靖潁州志·建置·渡》：「張老人渡。在州西六十五里，潁河。」

⑨吕景蒙《嘉靖潁州志·輿地·渡（州）》：「黄連。西九十里，潁河。宋劉琦募敢死士毒上流，以困兀朮在此。」李宜春《嘉靖潁州志·建置·渡》：「黄連渡。在州西九十里，潁河。宋劉琦募敢死士毒上流，以困兀朮於此。」

潁州志卷之三

版圖

按《長編》，宋室不競，生民塗炭。建炎二年戊申（1128），高宗南巡，金酋奄潁昌①，遷其民於河北②，乃以其地畀劉豫③。紹興三年（1133）春三月，李横始復取之。④三月又爲豫所陷⑤，其後南侵⑥。豫子麟屯順昌，聞藕塘敗，始拔砦去。⑦及豫廢，金虜以故地歸宋。⑧順昌太守陳規撫綏遺民⑨，未幾虜敗盟猖獗⑩。岳飛、

①《三朝北盟會編·靖康中帙》：「（靖康元年即 1126 年十二月十六日丁丑）金人陷潁昌府，知府何志同先棄城走。《遺史》曰：『金人既破京師，駐兵城下，慮有四方勤王之兵，乃焚戮四輔州郡，以怠援兵之心。故分兵攻潁昌府，知府何志同棄城遁走。金人據其城，根括金銀物帛鞍馬不勝計。又三日，縱火殺人，死者十七八，遂屯於潁昌。』」

②《三朝北盟會編·炎興下帙》：「（建炎二年）二月二日丁巳，金人銀朮大王遷鄧州士民北去。《節要》曰：『銀朮之衆侵漢上，擄汝均房等州民以歸；銀朮已焚鄧州，乃給寄居官上戸車及牛各有差，遷之北去。』」

③《三朝北盟會編·炎興下帙》：「（建炎四年即 1130 年七月）二十七日丁卯，金人立劉豫於北京，國號齊。」

④《三朝北盟會編·炎興下帙》：「（紹興二年即 1132 年十二月一日丁亥）牛臯、李横及金人戰於汝州，克汝州。又戰於潁昌府，克潁昌府。」

⑤《三朝北盟會編·炎興下帙》：「（紹興三年）金人陷順昌府。」

⑥《三朝北盟會編·炎興下帙》：「（紹興四年，1134）九月十五日辛酉，劉豫率北軍南寇。」

⑦《三朝北盟會編·炎興下帙》：「（紹興六年即 1136 年十一月）張浚還闕。浚行狀曰：『是時劉豫令鄉兵僞服胡服，於河南諸州，十百爲羣，由此，聞者皆言處處有虜。豫又大張聲勢於淮東，阻韓世忠，承楚之兵不敢進。十一月，楊沂中抵濠州，劉光世駐軍與沂中接連相應。劉猊分麟兵之半，攻沂中，沂中大破猊於藕塘，降殺無遺，猊僅以身免。劉麟拔寨遁走。』《宋史·王德傳》：「（紹興）六年冬，劉豫遣麟、猊驅鄉兵三十萬，分東西道入寇，中外甚恐，議欲爲保江計。殿帥楊沂中、統制張宗顔、田師中及德等分兵禦之，大敗猊兵於藕塘，猊挺身走；麟在順昌聞之，亦拔砦遁。」

⑧《三朝北盟會編·炎興下帙》：「（紹興七年即 1137 年十一月）十八日丙午，金人廢劉豫。金人即執劉豫……丁未，金人率僞文武百官軍民僧道耆老等拜詔於宣德門下，詔曰：『勑行臺尚書省，朕丕席洪休，光宅諸夏，將俾内外，悉登太平，顧自濁河之南，以爲隣壤之界，灼見先帝舉合大公，罪則遄征，固不貪其土地，從而變置，庶共撫其生靈，建爾一邦，逮今八稔，尚勤吾戍，安用國爲！寧負而君，毋滋民患，已降帝號，别膺王封，罪有所歸，餘皆罔治……凡爾臣民，當體至意，所有其餘事件，即委所司……故兹詔示，想宜知悉。』」

⑨《三朝北盟會編·炎興下帙》：「（紹興十年即 1140 年五月二十五日戊戌）劉錡軍於順昌府。劉錡除東京副留守，以本部兵馬行，乃以舟船發老小輜重，而軍馬出陸方至順昌府。承朝旨，令分其兵將屯沿京州縣。未及，而鄜延路副總管劉光遠遁還，言金人敗盟事，時舟船已入潁河，遂急移順昌，錡會諸將統制，共議去留。或以謂去則遇虜人邀我歸路，其敗必矣！莫若堅守城，徐爲之計。知順昌府陳規亦贊守城之策，遂留順昌。」

⑩《三朝北盟會編·炎興下帙》：「（紹興十年三月）金人敗盟。兀朮率李成、孔彦舟、酈瓊、趙榮入寇。金人以還我三京河南地爲非便，因大悔悟，遂定議敗盟。復侵三京河南，以兀朮爲帥，提兵渡河……」

劉錡、王貴、岳雲，相繼拒禦。①奈何賊檜沮撓賣國，急詔岳武穆班師，淮北之民負戴從而南。②金虜兀朮忿中原難治，又驱從而北，於是河淮之界蕩爲荒墟。自時厥後，二百餘年，左衽淪汙。至正辛卯（1351），州人劉福通紅巾倡亂，陷潁州。③大明昌運，汝潁兵興，民之從龍者，席卷而行。及天下大定，故家舊人，寥寥村落。十餘年間，遺民稍復，又爲黄河蕩析。至是百年，河徙患息，流民歸聚，生齒雖日滋，而圖籍不復古矣。

洪武十四年辛酉（1381），人戶一千七百戶，分置十四里。④

洪武二十四年辛未（1391），一如舊額。

永樂元年癸未（1403），人戶一千五百五十戶。⑤

永樂十年壬辰（1412），人戶一千六百二十三戶。⑥

永樂二十年壬寅（1422），人戶一千六百三十八戶。⑦

宣德七年壬子（1432），人戶一千六百八十戶。⑧

正統七年壬戌（1442），人戶二千一十八戶。土居主戶一千六百八十戶，流移客戶三百三十八戶。⑨

景泰三年壬申（1452），人戶二千九百戶。土居主戶一千七百戶，流移客戶一千二百戶。⑩

天順六年壬午（1462），人戶四千六百三十八戶。土居主戶二千四百七十八戶，流移客戶二千一百六十戶。⑪

成化八年壬辰（1472），人戶六千一百八十二戶。土居主戶二千五百三十二戶，流移客戶三千六百五十戶。⑫

成化十八年壬寅（1482），人戶八千九百戶。土居主戶二千五百四十四戶，流移客戶六千三百五十六戶。⑬

---

①《三朝北盟會編·炎興下帙》：「（紹興十年五月）二十六日己亥，劉錡及金人龍虎大王、韓將軍、翟將軍戰於順昌府，敗之……六月十一日甲寅，劉錡及兀朮戰於順昌府城下，大破其軍，兀朮敗走……（閏六月）二十日壬辰，張憲克潁昌府……（七月）十四日乙卯，岳飛統制王貴、姚政敗兀朮於潁昌府。」……《岳侯傳》曰：『……紹興十年，金賊兀朮侵犯河南，朝廷詔諸路再舉……（侯）又遣王貴、董先、姚政、馮賽、岳雲等兵三萬，占據潁昌，爲久駐之計。』」

②《三朝北盟會編·炎興下帙》：「（紹興十年七月）二十一日壬戌，岳飛自郾城回軍。岳飛在郾城，衆請回軍，飛亦以不可留，乃傳令回軍。而軍士應時皆南嚮，旗靡轍亂不整。飛望之，口呿而不能合，良久曰：『豈非天乎！』又《林泉野記》曰：『飛，相州人……王貴、姚政敗兀朮潁昌。張憲、傅選、寇成敗之臨潁。飛乘勢欲深入，而秦檜議和，累詔班師，乃還……金人元帥第四書，書曰：……審議使副蕭毅等在江南時已蒙定論，據諸路所有北人，各於逐處沿邊州城，就近交割，望早爲應……有未曾發遣人數，今已盡數分付去人。應江南商賈，隔在淮以北者，已指揮所屬刷會，候供到人數，亦便發歸。所有海州泗州連水軍，今歲流移在南，百姓比及新正，竊望發過淮北，庶不廢一年耕作之計。』」

③《元史·順帝本紀》：「（至正十一年，1351）五月辛亥，潁州妖人劉福通爲亂，以紅巾爲號，陷潁州。」

④呂景蒙《嘉靖潁州志·食貨》：「高皇帝朝辛酉，州：戶，一千七百。口，闕。田地，闕。」

⑤呂景蒙《嘉靖潁州志·食貨》：「文皇帝朝癸未，州：戶，一千五百五十。口，闕。田地，闕。」

⑥呂景蒙《嘉靖潁州志·食貨》：「（文皇帝朝）壬辰，州：戶，一千六百二十三。口，闕。田地，闕。」

⑦呂景蒙《嘉靖潁州志·食貨》：「（文皇帝朝）壬寅，州：戶，一千六百三十八。口，闕。田地，闕。」

⑧呂景蒙《嘉靖潁州志·食貨》：「章皇帝朝壬子，州：戶，一千六百八十。口，闕。田地，闕。」

⑨呂景蒙《嘉靖潁州志·食貨》：「睿皇帝朝壬戌，州：戶，二千一百八十。口，闕。田地，闕。」

⑩呂景蒙《嘉靖潁州志·食貨》：「景皇帝朝壬申，州：戶，二千九百。口，闕。田地，闕。」

⑪呂景蒙《嘉靖潁州志·食貨》：「睿皇帝朝天順壬午，州：戶，四千六百三十八。口，闕。田地。闕。」

⑫呂景蒙《嘉靖潁州志·食貨》：「純皇帝朝壬辰，州：戶，六千一百八十二。口，闕。田地，闕。」

⑬呂景蒙《嘉靖潁州志·食貨》：「（純皇帝朝）壬寅，州：戶，八千九百。口，闕。田地，闕。」

收附流移年分

正统七年（1442）收編三里：西鄉三圖；北鄉二圖；沈丘四圖。①

景泰三年（1452）收編八里：東鄉二圖；西鄉四、五圖；北鄉三、四、五圖；沈丘五、六圖。②

天順六年（1462）收編七里：東鄉三、四圖；西鄉六、七、八圖；北鄉六、七圖。舊里分析添編八里：關廂三圖；東鄉五圖；西鄉九圖；南鄉六、七圖；北鄉八圖；沈丘七、八圖。③

成化八年（1472）收編十五里：東鄉六圖，七、八、九、十圖；西鄉一十、（十）一圖；南鄉八、九圖；北鄉九、十圖，十一、十二圖；沈丘九、十圖。又收附編青冊四里：東鄉十一圖；西鄉十二圖；南鄉十圖；沈丘十一圖。④

成化十八年（1482）收附流移，添編十六里，通舊里總爲七十五里，開載如左。⑤

謹詳，潁州疆域三百餘里，境内廢縣凡六七處。宋有百社，則前代人民庶矣。而今地里不加少，以烟竈計多至倍萬，但其間偷生、亡匿之徒不知其幾。正統以後收附流移，聽其自相結識編入圖籍，官司因循，奸民影射，至凡新添之里，人戶錯綜，五鄉善惡死徙不相關，丁業興敗不相知，裹粮催勾動踰旬日。成化癸巳（1473），劉節同知州事，至辛丑（1481），蓋歷九年。課農勸賑，徧詢鄉井，民之利害，實切於心，爰備下情，封章上達，祈得以近就便，改編圖甲，使丁業互知，臧否相勸。仰蒙頒下，俯順輿情，於是一鄉一井，自陳受廛，其間隱漏不免，而亦非良善矣。又考之《宋志》，前代里皆有名，景定中始遺之。今土民十四里尚存舊稱，特因宣和時易里爲社、爲保，故如西鄉一圖，則尚呼蔡村社之類。今凡新編之里，亦隨其地而名之，而通志其里之四至。至如收附流移緣由，今既改編，非如舊矣。然猶記某年增某里，見於《志》中，使來者知所考焉。

關廂一里。主戶。州城內外俱有。不開四至。

關廂二里。主戶。城內外俱有。不開四至。

關廂三里。主戶。城內外俱有。附補客戶。不開四至。

附郭一里。客戶。東十八里鋪，西三十里河，南十五里廟，北響水溝。

---

①李宜春《嘉靖潁州志·賦産》：「正統壬戌（1442），增三里。」

②李宜春《嘉靖潁州志·賦産》：「景泰壬申（1452），增八里。」

③李宜春《嘉靖潁州志·賦産》：「天順壬午（1462），增十五里。」

④李宜春《嘉靖潁州志·賦産》：「成化壬辰（1472），增十九里。」

⑤李宜春《嘉靖潁州志·賦産》：「（成化）壬寅（1482），增十六里。」

東一，楊灣里。主戶。南潤河，東爐熬，北雙塔，西南穆家莊。
東二，青丘里。客戶。東桃園店，西侯村，南釣魚臺，北北照寺。
東三，倒塔里。客戶。東愿鄉坡，西張家湖，南棗莊，北三十里河。
東四，古井里。客戶。東十八里河，西三里灣，南張家湖，北十里井。
東五，棗莊里。主戶六，客戶四。東淝河，西楊灣，南板橋，北雙塔。
東六，馬溝里。客戶。東梁莊，西伍名鋪，南撫軍廟，北車家店。
東七，梁莊里。客戶。東鄭倫營，西塘橋，南三十里河，北雙塔集。
東八，雙塔里。客戶。東雙塔，西華倫營，南梁莊，北桃園店。
東九，爐熬里。客戶。東淝河，西雙塔集，南棗莊，北馬家淺。
東十，板橋里。客戶。東留陵，西黄溝村，南潤河，北穆家莊。

西一，蔡村里。主戶。東茨河，西張仁埠，南潁河，北乾溝鋪。
西二，栗頭里。主戶。東義塘村，西定香，南長官店，北石澗。
西三，田村里。客戶。東陶中湖，西曹家營，南丘官廟，北舊黄河。

西四，陶湖里。客戶。東許家窩，西田村集，南陶中湖，北白楊湖。

西五，魚營社里。客戶。東新集，西其字溝，南夬臺，北稅絲鋪。

西六，長營里。客戶。東舊黄河，西雙溝，南東嶽廟，北五道溝。

西七，乾溝里。客戶。東茨河，西舊黄河，南石羊，北郭城坡。

西八，石羊里。客戶。東茨河，西蔡村溝，南潁河，北五輛車營。

西九，柳河里。客戶。東白廟兒，西張仁埠，南潁河，北雙溝。

西十，雙溝里。客戶。東喬家店，西石澗溝，南潁河，北河溝。

西十一，義塘里。客戶。東三十里河，西栗頭，南李旗屯，北潁河。

西十二，蠶方里。客戶。東七里河，西四埠頭，南雙塔坡，北三十里河。

西十三，高塘里。客戶。東四埠頭，西驛口橋，南栗林坡，北八十里店。

西十四，楊橋里。主、客混。東義塘，西魚水澗，南王老埠，北潁河。

西十五，蓮埠里。客戶。東栗頭，西大虫溝，南楊橋，北雙溝。

南一，宣灣里。主戶。東水臺，西崇灣，南淮河，北潤河。

南二，七旗里。主戶。東中村崗，西秋家莊，南淮河，北黄丘店。
南三，大同里。主戶。東陳村，西楊宅橋，南淮河，北盆白村。
南四，墨皂里。主戶。東才城，西地理城，南汝河，北黄花坡。
南五，艾亭里。主戶。東小店，西桃花店，南汝河，北黑塔坡。
南六，崇灣里。主戶八，客戶二。東高村，西建經，南淮河，北小潤河。
南七，遠城里。主戶。東才城，西田埠村，南汝河，北黄丘村。
南八，清波里。主戶三，客戶七。東老軍屯，西桃花店，南汝河，北黑塔坡。
南九，土陂里。客（戶）。東黄花坡，西老軍屯，南谷河，北栗林坡。
南十，黄花里。主戶一，客戶九。東海家溝，南谷河，西留莊，北黄丘。
南十一，桃河里。客戶。東井村，西秋家莊，南中村崗，北大潤河。
南十二，黄丘里。客戶。東秋家莊，西温家堰，南黄花坡，北蠶方。
南十三，潤河里。主戶一，客戶九。東磚橋，西黄丘，南大潤河，北小潤河。
南十四，金丘里。客戶。東中村崗，西狼頭店，南紅林，北大潤河。
南十五，椒陂里。客戶。東清河，西長營，南澮丘，北磚橋。

南十六，清河里。客戶。東高村，西古城，南水臺，北潤河。

北一，王市里。主戶。東淝河，西茨河，南伍名，北淝河。

北二，伍名里。客戶。東車家店，西茨河界，南施家廟，北鴨兒湖。

北三，分水里。客戶。東五樟林，西鴨兒湖，南馬家溝，北西城。

北四，鴨湖里。客戶。東分水廟，西茨河，東南楚家營，北黑風溝。

北五，五樟里。客戶。東三道溝，西分水廟，南五里莊，北魯盡營。

北六，西城里。客戶。東五樟林，西廟兒灣，南分水廟，北橫橋倉。

北七，橫橋里。客戶。東王市坡，西王六溝，南五樟林，北白魚港。

北八，淝河里。主戶。東小橋溝，西橫橋，南五樟林，北岳廟。

北九，白魚里。客戶。東周家圈，西柴埧溝，南母猪港，北龍德坡。

北十，岳廟里。客戶。東淝河，西皂溝，南母猪港，北鑾留灣。

北十一，金溝里。客戶。東大紫廟，西茨河，南三塔店，北淝河。

北十二，董集里。客戶。東左團寺，西三汊溝，南雙塔，北淝河。

沈一，延河里。主户。東楊橋，南栗林陂，西青陽館，北潁河。

沈二，阜陽里。主户。東范家湖，西八里灣，南閙店，北舒陽河。

沈三，鮦陽里。主户。東瓦店，西七里白，南延河，北界溝。

沈四，留莊里。客户。東汴家溝，西趙家埠，南南市，北潁河。

沈五，貨丘里。客户。東沈丘，西乳香臺，南流湖集，北乾柳樹集。

沈六，流湖里。客户。東九里溝，西響張埠，南草廟，北潁河。

沈七，瓦店里。主户。東長官店，西馬廠，南迎僊店，北界溝。

沈八，姜寨里。主户。東沈丘，南楊埠，西趙家埠，北乾柳樹集。

沈九，青楊里。客户。東范家湖，西阜楊［陽］城，南瓦店，北沈丘。

沈十，沈丘里。客户。東定香，西丁家營，南草廟，北潁河。

沈十一，楊官里。主户六，客户四。東驛口橋，西瓦店，南黑塔坡，北定香。

沈十二，驛口里。客户。東四埠頭，西長官店，南栗林坡，北范家湖。

沈十三，范湖里。客户。東四埠頭，西長官店，南栗林坡，北定香。

河北一，黄溝里。客戶。東蝗虫廠，西添子塚，南潁河，北雙溝。

河北二，楊村里。客戶。東大柳樹，西乾柳樹，南黄溝，北舒陽河。

河北三，舒陽里。客戶。東曹真營，西鄭家湖，南楊村，北界溝。

河北四，賈橋里。客戶。東楊橋，西大柳樹，南潁河水出，北黄河。

河北五，界溝里。客戶。東白楊湖，西觀音堂，南田中集，北黄河。

貢　賦

按《書·禹貢·豫州》：「厥土惟壤，下土墳壚。」潁州，地之高者，皆沃壤；其下者，不能畜水。一雨，湖浸無際，雨止則涸，誠然壚踈。古賦在第二等，間出一等。近代稍輕，意者河患土確，制賦以貞。今河徙而土益壚，至於所載，貢物多非所出。是又因時之宜，此惟志其所有。徃古典章蕩然無考者。

賦

永樂二十年壬寅（1422）：夏税小麥四千一百二十石五升七合六勺；秋粮粳、粟米三千一百一十二石二斗五升八合八勺四抄三撮；馬草六千二百二十四包五斤四兩。①

宣德七年壬子（1432）：夏税小麥四千二百三十石五斗七升五合；秋粮粳、粟米三千一百八十石六斗一升八勺；馬草六千七百四十包五斤十一兩。②

正統七年壬戌（1442）：夏税小麥四千三百一十五石二斗五升三合八勺；秋粮粳、粟米三千二百六十五石五斗一升八勺；馬草六千九百五十四包二斤十二兩。③

景泰三年壬申（1452）：夏税小麥四千七百四十四石一斗七升九合九勺；秋粮粳、粟米三千四百一十一石六斗五合八勺；馬草七千七百九十七包八兩五錢。④

天順六年壬午（1462）：夏税小麥五千三百一十二石七升五合一勺；秋粮粳、粟米四千一百二石二斗三升三合五勺；馬草八千九百二十三包三斤八兩。⑤

成化八年壬辰（1472）：夏税小麥五千五百四十七石一斗六升一合九勺；秋粮粳、粟米四千三百三十二石六斗五合八勺；馬草九千一百六十七包一斤九兩。⑥

成化十八年壬寅（1482）：夏税小麥五千七百二十石八斗三升七合；秋粮糙、粳米三百一十二石一斗七升三合，粟米四千二⑦百一十一石二升一合；馬草九千二百五十二包三斤八兩。

貢

天順六年壬午（1462）：桑絲折絹四十五匹零二丈七寸。⑧

成化八年壬辰（1472）：桑絲折絹六十四匹零七尺八寸；帶毛硝熟貉皮一十五張；退毛硝熟羊皮五十二張；退毛硝熟獐皮一十五張；退毛硝熟牛犢皮一張；黃草根四十六斤。⑨

成化十八年壬寅（1482）：桑絲折絹七十二匹零一丈二寸；歲辨［辦］各色皮張共八十三張：帶毛硝

①呂景蒙《嘉靖潁州志·食貨·賦》：「永樂元年（1403）：州夏稅小麥四千一百二十石五升七合六勺；秋粮粳、粟米三千一百一十二石二斗五升八合八勺四抄三撮；馬草六千二百二十四包五斤四兩……二十年（1422）州、潁上，俱如前。」

②呂景蒙《嘉靖潁州志·食貨·賦》同。

③呂景蒙《嘉靖潁州志·食貨·賦》同。

④呂景蒙《嘉靖潁州志·食貨·賦》同。

⑤呂景蒙《嘉靖潁州志·食貨·賦》同。

⑥呂景蒙《嘉靖潁州志·食貨·賦》同。

⑦「二」字，呂景蒙《嘉靖潁州志·食貨·賦》作「三」。其餘文字同。

⑧呂景蒙《嘉靖潁州志·食貨·賦》：「天順六年：州絲折絹四十五匹零二丈七寸；帶毛硝熟貉皮一十五張；退毛硝熟羊皮五十二張；退毛硝熟獐皮一十五張；退毛硝熟牛犢皮一張；黃草根四十六斤；胖襖褲鞋一十四副。」

⑨呂景蒙《嘉靖潁州志·食貨·賦》：「成化八年：州絲折絹六十四匹零七尺八寸；餘如前。」

熟貉皮一十五張，退毛硝熟羊皮五十二張，退毛硝熟獐皮一十五張，退毛硝熟牛犢皮一張；黃草根四十六斤。①

課②

洪武十四年辛酉（1381）：無考。

洪武二十四年辛未（1391）：無考。

永樂元年癸未（1403）：無考。

永樂十年壬辰（1412）：無考。

永樂二十年壬寅（1422）：無考。

宣德七年壬子（1432）：無考。

正統七年壬戌（1442）：無考。

景泰三年壬申（1452）：無考。

天順六年壬午（1462）：官民戶口二萬一千一百八十五；食鹽鈔一十二萬六千八百一十八貫；諸色課鈔二千五百一十錠四貫二百八十文；稅課局鈔一千八百二十錠一貫八百四十文。③

成化八年壬辰（1472）：官民戶口二萬六千八百一十八；食鹽鈔一十五萬八千五十二貫；商稅課鈔五千二十三錠三貫九百文；門攤課鈔一百六十八錠一百二十文。④

成化十八年壬寅（1482）：官民上、中、下人戶八千九百戶，人口六萬六千一百七十九口，男子四萬七千二百一十五口，成丁二萬八千一十九口，不成丁一萬九千一百九十六口，婦女大、小一萬八千九百六十四口。食鹽鈔；商稅鈔；門攤鈔。⑤

廣積倉

按《元志》⑥，粮儲倉在水次，即今北城內西北隅。宣德中，以地狹，徙建南城故汝陰縣治，即今所也。正廳。在倉基中。後廳。在正廳後。大門。在正廳前。秋、收、冬、藏四字廒。在正廳東北。成化十三年（1477），同知劉節修。來、暑二字

---

①吕景蒙《嘉靖潁州志·食貨·賦》：「（成化）十八年：州絲折絹七十二匹零一丈二寸；餘如前。」

②吕景蒙《嘉靖潁州志·食貨·課》：「課。景泰以前無考。」

③吕景蒙《嘉靖潁州志·食貨·課》：「天順六年壬午：州食鹽鈔一十二萬六千八百一十八貫；諸色課鈔二千五百一十錠四貫二百八十文；稅課局鈔一千八百二十錠一貫八百四十文。」

④吕景蒙《嘉靖潁州志·食貨·課》：「成化八年：州食鹽鈔一十五萬八千五十二貫；商稅課鈔五千二十三錠三貫九百文；門攤課鈔一百六十八錠一百二十文；草場租銀二十三兩三錢六分。」

⑤吕景蒙《嘉靖潁州志·食貨·課》：「（成化）十八年：州、潁上，俱如前。」

⑥《元志》指元人所修《潁州志》，已佚。

厫。在正廳東。成化十三年，同知劉節鼎新創建。往字厫。在暑字厫北。成化十一年（1475），知州張夢輔創建。日、月二字厫。在正廳西南，收貯備荒雜粮。廳西北厫二連，原額潁川衛修。①

預備荒政六倉

按，宋、元《志》不載前代救荒、儲蓄之所。我朝宣德中，官於五鄉置倉，僅應故事，或曠野，或窪坡，隨修隨廢。成化十四年（1478），同知劉節措置財用，或置民地，或移官地，在高爽者，聽重新創建。每倉厫二座，官廳一所，廚庖一所，大門一座。舊皆覆草，今悉以陶瓦；舊壁以土坯，今悉以磚石。且必置於居民稠集處，使不致如往者陳村之溺死於渡航，王市凍斃於塔下，初欲濟之，而反禍之。後之救荒者幸念此心，而時葺之，吾民有望也。留陵倉。在東鄉留陵驛中。右廊作二厫，係新遷移。粟頭倉。在西鄉舊基上，去城六十里。七旗倉。在南鄉舊基上，去城七十里。橫橋倉。在北鄉橫橋舊鋪上，去城六十里。新遷移，以就高明。沈丘倉。在州西一百二十里沈丘巡檢司。下占沈亭基，淪入沈丘一圖。民人常明家勸置官倉。田村倉。在州西一百二十里。新買民田地起倉，蓋因相去各倉皆五六十里，民饑請給，往返俟候，故增置也。②

廢倉四③所

舊粮儲倉。在北城內西北隅。南至衛後堂，北至城基，東至時雍街，西至城隍巷，直北至城下。

舊預備小倉。在南城內十字大街東團倉街衙水池上。南北十一丈，東西七丈五尺。

陳村倉。在東鄉，去州五十里，與馬廠連，界東、南、北皆阻水。昔時民饑，渡水溺死。且四無居隣。原官地一頃十畝云。

王市倉。在北鄉，去州八十里。地最下，雨多則倉基皆水，蓋具故事爾。存窪地十畝。

沈丘倉。在舊縣土城中。基地十餘畝，與廢鋪相隣。

廢稅課局

在北城北門外。天順中以課額不多，故裁省。今爲社學基。④

①呂景蒙《嘉靖潁州志・建置》：「廣積倉。在鍾鼓樓之南，凡爲厫者四十楹。有門、有廳、有倉，官宅設官大使一人，副使一人，吏、攢、典一人。」李宜春《嘉靖潁州志・建置》：「廣積倉。在鼓樓之南，凡爲厫四十楹。嘉靖丙午，知州李宜春修。」

②呂景蒙《嘉靖潁州志・建置》：「預備倉七。一在廣積倉內，凡爲廒者三十，有二楹。一在留陵。（東鄉。）一在栗頭。一在沈丘。一在田村。（俱西鄉。）一在七旗。（南鄉。）一在横橋。（北鄉。鄉外六倉。今皆廢，獨存遺址。）」李宜春《嘉靖潁州志・建置》：「預備倉。在廣積倉內，凡三十二厫。嘉靖丁未，知州李宜春修。新建廳三楹，外大門一座，周以垣墉。其在東鄉曰留陵，其在西鄉曰栗頭，曰沈丘，曰田村，其在南鄉曰七旗，其在北鄉曰横橋。今已俱廢，遺址尚存。」

③據後所列，實爲五所，「四」字當誤。

④呂景蒙《嘉靖潁州志・建置》及李宜春《嘉靖潁州志・建置》均無。

土產

物貨部

絲。

綿。

繭。

綿紬。

綿花。

綿布。

紅花。

蜜。

油。

絹。

藍靛。

脂麻。

黑麻。

茄皮麻。

火麻。

綫麻。

白蠟。

蠟虫。

黄蠟。

山藥。

五穀部

鮮稻。

黑稻。

烏芒。

獐牙鮮。

西天旱。

山黄稻。

火旱稻。

紅芒稻。

望水白。

挨天黄。

虎皮糯。

飛上倉。

紅皮糯。

鯽魚糯。

龍骨早。

青芒稻。

七十日稻。

大麥。

小麥。

火麥。

蕎麥。

春麥。

黑黍。

黄黍。

大黄黍。

龍爪穀。

寒穀。

青穀。

糙穀。

蔔秫。

狼尾秫。

珍珠秫。

黑殼秫。

鳩眼秫。

金苗秫。

大、小黄豆。

滿塲白。

茶褐豆。

菉豆。

大、小黑豆。

黎小豆。

紅小豆。

白小豆。

紅江豆。

白江豆。

六月豆。

大豌豆。

小豌豆。

蠶豆。

羊眼豆。

花豆。

鴨蛋青小豆。

刀豆。

土豆。①

菜部

大、小葱。

蒜。

韭。

白菜。

蘿蔔。

赤根菜。

青菜。

芹菜。

灰菜。

生菜。

芥菜。

薺菜。

馬齒莧。

蔓菁菜。

白莧。

紅莧。

苦苿菜。

蓬蒿。

鷄頭菜。

茄子。

①吕景蒙《嘉靖潁州志·食貨·物産（五穀）》：「粳稻：有秈，有黑，有烏芒，有西天旱，有山黄，有火旱，有紅芒，有望水白，有挨天黄，有青芒，有龍骨早，有七十日，有飛上倉。糯稻：有虎皮，有馬鬃，有紅皮，有鯽魚。麥：多大，多小，多火，多蕎。有春。黍：多黄，多大黄。有黑。粟：有龍瓜，有寒，有紅，有兔蹄，有青，有糙。秫：多米，多狼尾，多珍珠，多黑燋殻，多紅燋殻，多鳩眼。有金苗。豆：多大小黄，多菉，多滿塲白，多大小黑，多青。有滚龍珠，有茶褐，有黎小，有紅小，有白小，有紅江，有白江，有六月，有大豌，有小豌，有白豆，有蠶，有羊眼，有刀，有土。」李宜春《嘉靖潁州志·賦産·土産（五穀）》：「秈稻，黑稻，烏芒稻，西天旱稻，山黄稻，火旱稻，紅芒稻，望水白稻，挨天黄稻，青芒稻，龍骨早稻，七十日稻，飛上倉稻，虎皮稻，馬鬃稻，紅皮稻，鯽魚稻，大麥，小麥，火麥，蕎麥，春麥，黄黍，大黄黍，黑黍，龍爪粟，寒粟，紅粟，兔蹄粟，青粟，糙粟，米秫，狼尾秫，珍珠秫，黑燋殻秫，紅燋殻秫，鳩眼秫，金苗秫，大小黄豆，菉豆，滿塲白豆，大小黑豆，青豆，滚龍珠豆，茶褐豆，黎小豆，紅小豆，白小豆，紅江豆，白江豆，六月豆，大豌豆，小豌豆，蠶豆，白豌豆，羊眼豆，刀豆，土豆。」

芫荽。

冬瓜。

菜瓜。

苦瓜。

西瓜。

蔄蓫菜。

均㴙。

胡蘿蔔。

王瓜。

甜瓜。

葫蘆。

瓠子。

絲瓜。

芋蕖。

蒲筍。

茭白。

藕絲。①

草部

蒲。根可食。

嬌瓜草。生食。

茅子草。根可食。

稗子草。實可食。

芭蕉。可食。

苜蓿。苗可食。

①吕景蒙《嘉靖潁州志·食貨·物産（菜）》：「多葱，多蒜，多韭，多白，多芥，多薺，多生，多灰，多馬齒莧，多菠菜，多芫荽，多萵苣，多茄，多白蘿蔔，多水蘿蔔，多胡蘿蔔，多冬瓜，多菜瓜，多苦瓜，多西瓜，多王瓜，多絲瓜，多葫蘆，多瓠子。有赤根，有芹，有蔓菁，有白莧，有紅莧，有鷄頭，有苦蕒，有白花，有茼蒿，有甜，有莙蓬，有蒲筍，有茭白，有藕。」李宜春《嘉靖潁州志·賦産·土産（菜類）》：「葱，蒜，韭菜，白菜，芥菜，薺菜，生菜，灰菜，馬齒莧菜，菠菜，芫荽菜，萵苣，茄，白蘿蔔，水蘿蔔，胡蘿蔔，冬瓜，菜瓜，苦瓜，西瓜，王瓜，絲瓜，葫蘆，瓠子，赤根菜，芹菜，蔓菁菜，白莧菜，紅莧菜，鷄頭菜，苦蕒菜，白花菜，茼蒿菜，甜菜，莙蓬菜，蒲筍，茭白，藕。」

葧薺草。頭可食。

穇子草。實可食。

芺苗草。根可食。

鷄爪草。根可食。

刺刺草。可食。

茅芽草。可食。

白蓬草。嫩可食。

牛尾蒿。

藹蘭草。

麥蘭草。

水葫蘆草。①

果部

桃。夏、秋、冬有熟，惟秋熟者佳。

櫻桃。味酸。

核桃。仁瘦。

栗子。少實而小。

柿子。數種，大者八兩。

銀杏。少實。

石榴。子小，微酸。

杏子。小而微酸。

李。數種，紫色者。

李梅。實少。

沙果。小而味淡。

梨子。剝接者味佳，無楂。

棗。核大肉薄。

①吕景蒙《嘉靖潁州志·食貨·物産（草）》：「多蒲，多紅花，多茅子，多葧薺，多穇子，多芙苗，多刺刺，多茅芽。有稗子，有芭蕉，有苜蓿，有鷄瓜，有白蓬，有牛尾蒿，有藹蘭，有麥蘭，有靛。」李宜春《嘉靖潁州志·賦産·土産（草類）》：「蒲草，紅花草，茅草，葧薺草，穇草，芙苗，刺刺，茅芽，稗草，芭蕉，苜蓿，鷄瓜草，白蓬草，牛尾蒿，藹蘭，麥蘭，靛草。」

軟棗。顆小。

葡萄。

木瓜。太硬。

賴葡萄。臭。

桑葚子。

梧桐。少結。

花紅。顆小味淡。

蓮子。

菱角。小而刺。

藕。有楂。

茨菰。小而味澁。

芡。

無花果。①

木部

栢。
槐。
榆。
松。
桑。
柳。
柘。
楮。
椿。

①吕景蒙《嘉靖潁州志·食貨·物産（果）》：「多桃，（夏、秋、冬熟，惟秋熟者佳。）多柿子，多杏，多李，多棗。有櫻桃，有核桃，有栗子，有銀杏，有石榴，有李梅，有沙果，有榠樝，有軟棗，有梨，有葡萄，有花紅，有蓮子，有菱角，有芡，有無花果。」李宜春《嘉靖潁州志·賦産·土産（果類）》：「桃，柿，杏，李，棗，櫻桃，核桃，栗，銀杏，石榴，李梅，沙果，榠樝，梨，軟棗，葡萄，花紅，芡，蓮子，菱角，無花果。」

桐。

櫟。

棣。

楸。

青楊。

白楊。

紫荊。

水荊。

苦楝。

冬青。

皂角樹。

棠梨。①

竹部

筀竹。

紫竹。

斑竹。

水竹。

苦竹。

小竹。②

花部

牡丹。

薔薇。

芍藥。

鷄冠。

①吕景蒙《嘉靖潁州志·食貨·物産（木）》：「多栢，多槐，多榆，多桑，多柳，多楮，多椿，多白楊，多水荊。有棠棣，有松，有柘，有桐，有櫟，有楸，有青楊，有紫荊，有苦練，有冬青。」李宜春《嘉靖潁州志·賦産·土産（木類）》：「柘，槐，榆，桑，柳，楮，椿，白楊，水荊，棠棣，松，栢，桐，櫟，楸，青楊，紫荊，苦練，冬青。」

②吕景蒙《嘉靖潁州志·食貨·物産（竹）》：「有筀，有紫，有斑，有水，有苦，有小。」李宜春《嘉靖潁州志·賦産·土産（竹類）》：「筀竹，紫竹，斑竹，水竹，苦竹，小竹。」

石竹花。

鳳僊。

木槿。

芙蕖。

月桂。

山丹。

紅花。

甘菊。

萱花。

龍鬚。

千葉桃。

刺縻。

紅綿花。間産。

青綿花。間産。

千葉榴。

川草花。

山茶花。

百種菊。

四種葵。①

藥部

何首烏。

櫻粟殼。

生地黃。

荊芥。

---

①吕景蒙《嘉靖潁州志·食貨·物産（花）》：「多鳳僊，（數種。）多地棠，（二種。）多木槿，多罌粟，多玉簪，多紅，多菊，（有數種。）多六月菊，多剪春羅，多夜落錦，多金盞，多萱草，多刺蘼，多珍珠，多蜀葵，多葵花，（數種。）多馬蘭。有牡丹，有薔薇，有芍藥，有鷄冠，有石竹，（數種。）有芙蓉，有月季，有山丹，有捲丹，有龍鬚，有紫羅，有千葉榴，有千葉桃。」李宜春《嘉靖潁州志·賦産·土産（花類）》：「鳳僊花，地棠，木槿花，菊，罌粟花，玉簪花，紅花，六月菊，剪春羅，夜落錦，金盞花，萱草，海棠，鷄冠花，刺蘼花，紫薇花，珍珠，蜀葵花，葵花，馬蘭花，牡丹花，薔薇花，芍藥，石竹花，芙蓉花，桂花，山丹花，捲丹花，龍鬚花，紫羅花，千葉榴花，千葉桃花。」

苦參。
紫蘇。
破故芷。
地骨皮。
天南星。
大黄。
半夏。
薄荷。
覆盆子。
馬鞭草。
香附子。
川芎。
芍藥。
蒔蘿。

白扁豆。

黑扁豆。

桑白皮。

芫花。

郁李。

茴香。

黑牽牛。

枸杞子。

蒼耳草。

杏仁。

木瓜。

地榆。

化骨草。

透骨草。

枳實。

枳殼。

茱萸。

土椒。

車前草。

桃仁。

秫梗。

麥門冬。①

羽部

天鵝。

鴈。

鴿。

鶺鴒。

水鷄。

水鴨。鷗。鶬。鸛。鴇。雕。鷺。鴟梟。青鶄。

①吕景蒙《嘉靖潁州志·食貨·物産（藥）》：「多何首烏，多生地黄，多紫蘇，多薄荷，多馬鞭草，多香附子，多蒔蘿，多黑牽牛，多枸杞子，多茴香，多杏仁，多透骨草，多枳殻，多茱萸，多車前草，多桃仁。有罌粟殻，有荊芥，有苦參，有破故紙，有地骨皮，有天南星，有大黄，有半夏，有覆盆子，有芍藥，有白扁豆，有桑白皮，有郁李，有黑扁豆，有蒼耳草，有木瓜，有地榆，有化骨草，有枳實，有土椒，有麥門冬，有楮實，有菖蒲，有瓜蔞，有槐子，有芫花，有艾，有蟬脱，有栢子仁，有地丁，有茅香，有桔梗，有草烏。」李宜春《嘉靖潁州志·賦産·土産（藥類）》：「何首烏，生地黄，紫蘇，薄荷，馬鞭草，香附子，蒔蘿，黑牽牛，枸杞子，茴香，杏仁，透骨草，枳殻，茱萸，車前子，桃仁，罌粟殻，荊芥，苦參，破故紙，地骨皮，天南星，大黄，半夏，覆盆子，芍藥，白扁豆，桑白皮，郁李，黑扁豆，蒼耳草，木瓜，地榆，化骨草，枳實，土椒，麥門冬，楮實，菖蒲，瓜蔞，槐子，芫花，艾，蟬脱，栢子仁，地丁，茅香，桔梗，草烏。」

鵝。

鴨。

鷄。

雀。

鵚鶩。

鸕鷀。

倉鷹。

鷂。

鶻。

鴿。

魚鷹。

浮鵝。

鷦鷯。

鳩。

烏。

鴉。

鶻鴿。

鵜。俗呼爲水拖車。

鴛鴦。

江四兩。

鶯。

紫燕。

江燕。

鵲。

銅嘴。

斲木。

布穀。

鵪鶉。

白鷴。

錦鷄。

雉鷄。

紅鶴。

翡翠。

告田。①

毛部

鹿。

獐。

狼。

虎。

玃。

貉。

貍。

狐。

兔。

馬。

騾。

驢。

獺。

山羊。

綿羊。

刺猬。

水牛。

①吕景蒙《嘉靖潁州志·食貨·物産（羽）》：「多鴿，多鵪鶉，多雀，多鳩，多鴉，多告田，多紫燕。有天鵝，有鴈，有水鷄，有水鴨，有鷗，有鶴，有鸛，有鵰，有鷺，有鴟梟，有青鵻，有鵚鶖，有鸕鷀，有蒼鷹，有鷂，有鶻，有鴰，有魚鷹，有浮鵝，有鶬鶊，有鶺鴒，有鵜，（俗呼爲水拖車。）有鴛鴦，有江四兩，有鶯，有江燕，有鵲，有銅嘴，有斲木，有鵓鴿，有錦鷄。」李宜春《嘉靖潁州志·賦産·土産（羽類）》：「鴿，鵪鶉，雀，鳩，鴉，告田，紫燕，鴈，天鵝，水鷄，水鴨，鷗，鶴，鸛，鵰，鷺，鴟梟，青鵻，鵚鶖，鸕鷀，蒼鷹，鷂，鶻，鴰，魚鷹，浮鵝，鶬鶊，鶺鴒，鵜，鴛鴦，江四兩，鶯，江燕，鵲，銅嘴鳥，斲木鳥，鵓鴿，錦鷄。」

黄牛。①

鳞部

黄鲇。

黄。

魴。

鱘。

鱖。

鯇。

青鯉。

金鯉。

黑鯉。

鰱。

鱅。

鯖。

白魚。小而味美。

妖魚。

祭刀。

鯽。

鮎。

鰍。

馬郎。

河豚。

比目。

鱔。

鰻。

①吕景蒙《嘉靖潁州志·食貨·物産（六畜）》：「多馬，多騾，多驢，多水牛，多黄牛，多山羊，多綿羊，多豕，多犬，多貓，多鵝，多鴨，多鷄。（六畜，馬、牛、羊、鷄、犬、豕也。）」又《食貨·物産（毛）》：「多兔。有狐，有狸，有獺，有刺猬。」李宜春《嘉靖潁州志·賦産·土産（六畜）》：「馬，騾，驢，水牛，黄牛，山羊，綿羊，豕，犬，貓，鷄，鵝，鴨。」又《賦産·土産（毛類）》：「兔，狸，狐，獺，刺猬。」

鱞。①

甲部

龜。

白眼龜。有毒，食之殺人。

鱉。

蟹。

蛤蚌。大者七八寸徑，舊傳産珍珠。

蝸牛。

鼋。

螺。

鰕。②

蟲部

蠶。

蜜蜂。

黃蜂。

烏蜂。

螟蛉。

蝦蟆。

蚰蜒。

促織。

蟋蟀。

蝶。

蟬。

蛙。

①吕景蒙《嘉靖潁州志·食貨·物産（鱗）》：「多鯉，多鰱，多鯖，多鯽，多馬郎。有黃魪，有鯿，有魴，有鱖，有鯇，有鱅，有白，有妖，有祭刀，有鮎，有鰍，有鱔，有鰻，有鱓，有鮬，有鮨，有鱧。」李宜春《嘉靖潁州志·賦産·土産（鱗類）》：「鯉魚，鰱魚，鯖魚，鯽魚，馬郎魚，黃魪魚，鯿魚，魴魚，鱖魚，鯇魚，鱅魚，白魚，妖魚，祭刀魚，鮎魚，鰍魚，鱔魚，鰻魚，鱓魚，鮬魚，鮨魚，鱧魚。」

②吕景蒙《嘉靖潁州志·食貨·物産（介）》：「多龜，多黿，多蚌。有白眼龜，有蝸牛，有鼈，有蠏，有螺，有鰕。」李宜春《嘉靖潁州志·賦産·土産（介類）》：「龜，黿，蚌，白眼龜，蝸牛，鼈，蠏，螺，鰕。」

蜉蝣。

蜈蚣。長七八寸，能殺人。

螳螂。

蛸蛸。

蛜蝛。

刀郎。

蝎。

蝎虎。①

害苗稼蟊賊之類猶多，不足記。

孳牧②

①呂景蒙《嘉靖潁州志·食貨·物産（虫）》：「多蜜蜂，多黄蜂，多蜘蛛，多蝦蟇，多促織，多蚯蚓，多蜻蜓，多蜈蚣，多蝎，多蠶。有鳥蜂，有螟蛉，有蚰蜒，有蟋蟀，有蝶，有蟬，有蛇，有蜉蝣，有螳螂，有蛸蝞，有蛜蝛，有刀螂，有蝎虎，有蠟虫。」李宜春《嘉靖潁州志·賦産·土産（虫類）》：「蜜蜂，黄蜂，蜘蛛，蝦蟇，促織，蚯蚓，蜻蜓，蜈蚣，蝎，蠶，鳥蜂，螟蛉，蚰蜒，蟋蟀，蝶，蟬，蛇，蜉蝣，螳螂，蛸蝞，蛜蝛，刀螂，蝎虎，蠟虫。」

②此類，原文無具體内容。吕景蒙《嘉靖潁州志·食貨·孳牧》：「孳牧。洪武六年（1373），滁州設太僕寺。凡民，每家養馬一匹，歲納一駒。二十三年（1390），始定五家共養馬一匹，歲納一駒。若缺一駒，納鈔七百貫。惟養牛者，每家養母牛一隻，納犢一隻。初牧養馬牛，軍民俱屬監羣［郡］提調。二十八年（1395），革去監羣［郡］，撥屬有司。永樂六年（1408），始添設管馬官。州則州判，縣則主簿。近亦裁革。佐二官帶管，而總之於太僕寺。每五丁養牝馬一匹，三丁養牡馬一匹，二年納孳生駒一匹。弘治五年（1492），奉例每十丁養牡馬一匹，十五丁養牝馬一匹，每十丁養牛一隻。州：原額種兒騍馬七百五十有九，兒馬一百五十匹，騍馬六百有九匹，犍母牛一百五十有一隻，犍牛三十有八隻，母牛一百一十有三隻。」李宜春《嘉靖潁州志·賦産·孳牧》：「孳牧。洪武六年，滁州設太僕寺。凡民，每家養馬一匹，歲納一駒。二十三年，始定五家共養馬一匹，歲納一駒。若缺一駒，納鈔七百貫。惟養牛者，每家養母牛一隻，納犢一隻。初牧養馬牛，軍民屬監郡提調。二十八年，革去監郡，撥屬有司。永樂六年，始添設管馬官。州則判官，縣則主簿。近亦裁革。佐二官帶管，而總之於太僕寺。每五丁養牝馬一匹，三丁養牡馬一匹，二年納孳生駒一匹。弘治五年，奉例每一十丁養牡馬一匹，十五丁養牝馬一匹，每十丁養牛一隻。州：兒馬一百五十匹，騍馬六百有九匹，犍牛三十有八隻，母牛一百一十有三隻。」

潁州志卷之四

名宦

戰國楚

孫儋。叔敖之子，楚莊王封爲寢丘長。①

漢

夏侯嬰。開國功臣。初定元勳十八人位次，夏侯嬰第八，封汝陰侯。②

灌嬰。開國功臣。位次十八，一云第九，封爲潁陰侯。文帝召，拜相。③

虞延。建武初爲細陽令。每歲時伏臘，輒休遣徒繫，各使歸家。莫不感其恩德，應期而還。④

---

①《史記・滑稽列傳・優孟傳》：「孫叔敖……於是莊王謝優孟，乃召孫叔敖子，封之寢丘四百戶，以奉其祀。」

②見《漢書・高惠高后文功臣表》。《大明一統志・徐州・人物》：「夏侯嬰。沛（今江蘇沛縣）人，爲沛廐司御。以太僕從高祖入蜀，定三秦，又從擊項羽。及高祖受圍平城，既開一角出，嬰徐行，持滿外向，卒得脱。後事文帝，封東平侯。」吕景蒙《嘉靖潁州志・封爵・漢》：「汝陰侯夏侯嬰。開國功臣。初定元勳十八人位次，嬰第八，封汝陰侯。」

③見《漢書・高惠高后文功臣表》。《大明一統志・歸德府・人物》：「灌嬰。睢陽（今河南商丘）人。嘗以販繒爲業，從高帝定天下，封潁陰侯。後與周勃平諸吕，共立文帝，以功進太尉、右丞相。卒謚曰懿侯。」按，此條誤收。吕景蒙《嘉靖潁州志・凡例・正誤》：「《封爵》中潁陰侯灌嬰，按《史記》，潁陰縣屬潁川。今陳州南潁縣西北十三里，潁陰故城是也，非汝陰地。不宜收入《人物》中。如灌夫，實潁陰人，父張孟給事潁陰侯，遂蒙灌姓。《舊志》皆收入，誤也。」李宜春《嘉靖潁州志・傳疑》：「灌嬰。《舊志》：『封爲潁陰侯於此。』按《史記》註解，今陳州南潁縣西北十三里，乃潁陰故城。」

④《漢書・虞延傳》：「虞延字子大，陳留東昏（今河南蘭考）人也……建武初，仕執金吾府，除細陽令。每至歲時伏臘，輒休遣徒繫，各使歸家，並感其恩德，應期而還。有囚於家被病，自載詣獄，既至而死，延率掾吏，殯於門外，百姓感悦之。」《南畿志・鳳陽府・宦蹟（漢）》：「虞延。建武初爲細陽令。每歲時伏臘，輒休遣囚徒，各使歸家，皆感其恩，應期而還。」《大明一統志・中都・潁州（名宦）》：「虞延。建武初細陽令。每歲時伏臘，輒休遣徒繫，各使歸家。莫不感其恩德，應期而還。」《成化中都志・名宦・潁州（漢）》：「虞延。建武初爲細陽令。每歲時伏臘，輒休遣囚徒，各使歸家。並感其恩，如期而還。拜公車令，遷司徒。細陽，漢縣，在州西四十里。」吕景蒙《嘉靖潁州志・職官・東漢》：「虞延。傳見《名宦》。」同書《名宦・東漢》：「虞延。字子大，陳留人。建武初，仕執金吾府，除細陽令。每歲時伏臘，輒遣徒繫，各使歸家，並感其恩，應期而還。有囚於家被病，自載詣獄，既至而死，延率吏掾史，殯於門外，百姓感悦之。」李宜春《嘉靖潁州志・宦業・漢》直接抄録吕景蒙《嘉靖潁州志・名宦》，惟於最後省去一個「之」字。

何比干。汝陰縣決曹掾，平活數千人，號何公。①

①《後漢書·何敞傳》：「何敞字文高，扶風平陵（今陝西咸陽）人也。其先家於汝陰。六世祖比干，學《尚書》於晁錯。」註引《何氏家傳》：「（六世）祖父比干，字少卿，經明行脩，兼通法律。爲汝陰縣獄吏決曹掾，平活數千人。後爲丹陽都尉，獄無冤囚，淮汝號曰何公。征和三年（公元前90）三月辛亥，天大陰雨，比干在家，日中夢貴客車騎滿門，覺以語妻。語未已，而門有老嫗可八十餘，頭白，求寄避雨，雨甚而衣履不霑濆。雨止，送出門，乃謂比干曰：『公有陰德，今天錫君策，以廣公之子孫。』因出懷中符策，狀如簡，長九寸，凡九百九十枚，以授比干，子孫佩印綬者當如此算。比干年五十八，有六男，又生三子。本始元年（公元前73），自汝陰徙平陵，代爲名族。」《南畿志·鳳陽府·人物（漢）》：「何比干，汝陰人也。爲汝陰獄吏決曹掾，平活數千人。武帝時爲廷尉正，時張湯持法深，而比干務仁恕，所濟活者以千數。後爲丹陽都尉，獄無冤囚，淮汝號曰何公。」《大明一統志·中都·潁州（名宦）》：「何比干。汝陰縣決曹掾，平活數千人，時號何公。」《成化中都志·名宦·潁州（漢）》：「何比干。汝陰縣決曹掾，平活數千人，時號何公。詳見《人才》類。」同書《人才·潁州（漢）》：「何比干。字少卿，汝陰人。學《尚書》於晁錯，經明行脩，兼通法律。爲汝陰縣獄吏決曹掾，平活數千人。武帝時爲廷尉正，時張湯持法深，而比干務仁恕，所濟活者以千數。後爲丹陽都，獄無冤囚，淮汝號曰何公。《何氏家傳》云：『征和三年，忽有老嫗至門，問比干曰：君先出自後稷，佐堯至晉有陰德，及公之身又鞠獄平怒。今天賜策，以廣公之子孫。因出懷中符策，凡九百九十枚，以授比干。曰：子孫佩印符者，當如此算。嫗忽不見。比干九子。本始元年，自汝徙家平陵，累世榮盛，皆符嫗言。』出《東漢書·何敞傳》註，若幾於怪誕，然史所載，姑録之。」呂景蒙《嘉靖潁州志·职官·東漢》：「何比干。傳見《鄉賢》。」同書《鄉賢·漢》：「何比干。字少卿，汝陰人。學《尚書》於晁錯，經明行脩，兼通法律。爲汝陰縣獄吏決曹掾，平活數千人。武帝時爲廷尉正，時張湯持法深，而比干務存仁恕，所濟活者以千數。後遷丹陽都，獄無冤囚，淮汝號曰何公。按，《何氏家傳》云：『征和三年，忽有老嫗至門，問比干曰：君先出自後稷，佐堯至晉有陰德，及公之身又鞠獄平怒。今天賜策，以廣公之子孫。因出懷中符策，幾九百九十枚，以授比干。曰：子孫佩印符者，當如此算。嫗忽不見。比干九子。本始元年，自汝徙居平陵，累世榮盛，皆符嫗言。』出《東漢書·何敞傳》註。」李宜春《嘉靖潁州志·人物·循吏（漢）》：「何比干。字少卿，汝陰人。學《尚書》於晁錯，經明行脩，兼通法律。爲汝陰縣獄吏決曹掾，平活數千人。武帝時爲廷尉正，時張湯持法深，而比干務存仁恕，所濟活者以千數。後遷丹陽都尉，獄無冤囚，淮汝號曰何公。」

宋登。汝陰縣令。爲政明能，號稱神父。後卒於家，汝陰人配社祠之。①

陰慶。鮦陽侯，光武時受封。盡推其居第、田園、奴婢與其第［弟］員及丹，已惟佩印歸，封疆而已。有詔曰：「恂恂苗胤，傳龜襲紫。」②

徐弘。汝陰令。弘爲政嚴明。縣多大姓兼並，弘誅鋤奸桀，豪强斂手。③

劉伯麟。慎縣令。少罹艱苦，身服田畝。舉孝廉，除郎中，辟從事司徒掾。遷慎縣令，卒於官。有惠於民，其《墓銘》有

---

①《後漢書·宋登傳》：「宋登字叔陽，京兆長安（今陝西西安）人也。父由，爲太尉。登少傳《歐陽尚書》，教授數千人。爲汝陰令，政爲明能，號稱神父。遷趙相，入爲尚書僕射。順帝以登明識禮樂，使持節臨太學，奏定典律，轉拜侍中。數上封事，抑退權臣，由是出爲潁川太守。市無二價，道不拾遺。病免，卒於家，汝陰人配社祠之。」《南畿志·鳳陽府·宦蹟（漢）》：「宋登。」《大明一统志·中都·潁州（名宦）》：「宋登。汝陰令。爲政明能，號稱神父。後卒於家。汝陰人配社祠之。」《成化中都志·名宦·潁州（漢）》：「宋登。字叔陽，京兆長安人也。汝陰令，政爲明能，號曰神父。嘗入爲尚書僕射。順帝以登明識禮樂，使持節臨太學，奏定典律，轉拜侍中。數上封事，抑退權臣，由是出爲潁川太守。市無二價，道不拾遺。病免，卒於家，汝陰人配社祀之。」吕景蒙《嘉靖颍州志·职官·東漢》：「宋登。傳見《名宦》。」同書《名宦·東漢》：「宋登。字叔陽，京兆長安人。爲汝陰令，爲政能明，號稱神父。後卒於家，汝陰人配社祀之。」李宜春《嘉靖潁州志·宦業·東漢》：「宋登。字叔陽，京兆長安人。爲汝陰令，爲政能明，號稱神父。遷趙相。及卒，汝陰人配社祀之。」

②《後漢書·陰識傳》：「陰識字次伯，南陽新野（今屬河南）人……弟興……（光武）封興子慶爲鮦陽侯，慶弟博爲濦强侯，博弟員、丹並爲郎。慶推田宅、財物悉與員、丹……」《韻府羣玉·下平聲·十二侵》：「慶爲鮦陽侯，並推其居第、園田、奴婢與弟員及丹，已佩印而已。」吕景蒙《嘉靖潁州志·封爵·漢》：「鮦陽侯陰慶。興之子也，以父蔭受封。」李宜春《嘉靖潁州志·秩官·漢》：「陰慶。興之子也，以蔭封鮦陽侯。」

③《藝文類聚》卷十九引《會稽典録》曰：「徐弘。字聖通，爲汝陰令。誅鋤姦桀，道不拾遺。民歌之曰：『徐聖通，爲汝陰。平刑罰，姦宄空。』」《南畿志·鳳陽府·宦蹟（漢）》：「徐弘。漢汝陰令。弘爲政嚴明。縣多大姓兼並，弘誅鋤奸桀，豪右斂手。」《成化中都志·名宦·潁州（漢）》：「徐弘。漢汝陰令。弘爲政嚴明。縣多大姓兼並，弘誅鋤奸桀，豪右斂手。」吕景蒙《嘉靖颍州志·职官·东漢》：「徐弘。出《中都志》。」李宜春《嘉靖潁州志·宦業·東漢》：「徐弘。汝陰令，爲政嚴明。縣多大姓兼並，弘誅鋤奸桀，豪右斂手。」

曰：「忠孝正直，高明柔克。」又曰：「志激後昆，人皆有云。貴終譽兮，垂名著兮。」①

三國

鄭渾。字次公。魏初爲下蔡長，教民耕桑。及通判汝陰，重去子之令，民男女以鄭爲字。後遷沛郡太守。②

---

①歐陽脩《集古録·後漢愼令劉君墓碑（建寧四年，171）》：「右漢愼令」劉君墓碑……其《銘》曰：「於惟君德，忠孝正直。至行通洞，高明柔克……忽然輕舉，志激拔葵。人皆有亡，貴終譽兮。歿而不朽，垂名著兮。」《南畿志·鳳陽府·宦蹟（漢）》：「劉伯麟。愼縣令，有惠於民。」《成化中都志·名宦·潁上縣（漢）》：「劉伯麟。漢人。舉孝廉，除郎中，辟司徒掾，遷愼縣令，卒官，有惠於民。其《墓銘》曰：『忠孝正直，高明柔克。』愼故城在潁上西北。」吕景蒙《嘉靖潁州志·名宦·漢》：「劉伯麟。漢人。舉孝廉，除郎中，辟司徒掾，遷愼縣令，卒於官，有惠於民。其《墓銘》曰：『忠孝正直，高明柔克。』可以見其爲人矣。」李宜春《嘉靖潁州志·宦業·漢》：「劉伯麟。舉孝廉，除郎中，辟司徒掾，遷愼縣令，卒於官，有惠於民。按，愼縣晋時始隸汝陰，而伯麟則漢令也。細陽又非屬邑，今故地在西北四十里。難以槩列，故别而存之焉尔。」

②《三國志·魏志·鄭渾傳》：「鄭渾字文公，河南開封人也……太祖聞其篤行，召爲掾，復遷下蔡長、邵陵令。天下未定，民皆剽輕，不念産殖；其生子無以相活，率皆不舉。渾所在奪其漁獵之具，課使耕桑，又兼開稻田，重去子之法。民初畏罪，後稍豐給，無不舉贍；所育男女，多以鄭爲字。」《南畿志·鳳陽府·宦蹟（三國）》：「鄭渾。開封人。下蔡長，時天下未定，民不念生殖。産子無以自活，皆不舉。渾課使耕桑，兼開稻田，重去子之法。民稍豐給，所育男女，多以鄭爲字。」《大明一統志·中都·潁州（名宦）》：「鄭渾。魏下蔡長。時天下未定，民皆剽輕，不念産殖。渾課使耕桑，兼開稻田，民以豐給。」《嘉靖許州志·宦蹟·郾城縣（三國）》：「鄭渾。字文公，興玄孫，泰弟。獻帝時擢爲召陵長，時天未定，民皆不念生殖。渾課使耕桑，重去子之法。民漸豐給，所育男女，多以鄭爲字。建國間，累官魏郡太守。乏材木，乃課百姓種榆爲籬。子崇，爲郎中。」按，此條誤收。吕景蒙《嘉靖潁州志·凡例·正誤》：「鄭渾。按《三國志》，並無通判汝陰，《舊志》所載皆下蔡長時事。」李宜春《嘉靖潁州志·傳疑》：「鄭渾。《舊志》載：『魏初爲下蔡長，教民耕桑，及通判汝陰，重去子之令，民男女以鄭爲姓。』按《三國志》：『乃遷下蔡、邵陵令事。』其通判汝穎，本傳不載。」

盧毓。魏文初以黃門侍郎左遷汝陰典農校尉。躬爲民擇安居美田，百姓賴之。及遷譙郡太守，上表徙民入汝陰，就沃衍。後封容城侯。①

徐邈。魏初爲譙郡相，政績著稱。遷汝陰太守，明能撫下。再遷安平，所在著稱。卒謚穆侯。②

①《三國志·魏志·盧毓傳》：「盧毓字子家，涿郡涿（今河北涿州）人也……魏國既建，爲吏部郎。文帝踐阼，徙黃門侍郎。出爲濟陰相，梁、譙二郡太守。帝以譙舊鄉，故大徙民充之，以爲屯田。而譙土地墝瘠，百姓窮困，毓愍之，上表徙民於梁國就沃衍，失帝意……正元三年（256），疾病，遜位。遷爲司空，固推驃騎將軍王昶、光祿大夫王觀、司隸校尉王祥。詔使使者即授印綬，進爵封容城侯，邑二十三百戶。」《南畿志·鳳陽府·宦蹟（三國）》：「盧毓。涿人，植之子。魏譙郡太守。文帝以譙舊鄉，大徙民充之，以爲屯田。而譙土地磽瘠，百姓窮困。毓上表徙民於梁國就沃衍。」《大明一統志·中都·潁州（名宦）》：「盧毓。魏譙郡太守。文帝以譙舊鄉，大徙民充之，以爲屯田。而譙土地磽瘠，百姓窮困。毓上表徙民於梁國，就沃衍。」《成化中都志·名宦·亳州（三國）》：「盧毓。字子家，魏譙郡太守。文帝以譙舊鄉，大徙民充之，以爲屯田。而譙土地磽瘠，百姓窮困。毓上表徙民於梁國就沃衍。後遷安平、廣平太守，所在有惠化。進位僕射，封容城侯。卒，謚成。」按，此條誤收。呂景蒙《嘉靖潁州志·凡例·正誤》：「盧毓。按《魏志》：『文帝踐阼，徙黃門侍郎，出爲濟陰相。』非汝陰也。」李宜春《嘉靖潁州志·傳疑》：「盧毓。《舊志》：『魏初以黃門侍郎左遷汝陰典農校尉，躬爲民擇居美田，百姓賴之。』按《魏志》：『文帝踐阼，徙黃門侍郎，出爲濟陰相，梁、譙二郡太守。因議徙民，失帝意，左遷爲睢陽典農校尉。』乃載是事。」

②《三國志·魏志·徐邈傳》：「徐邈字景山，燕國薊（今北京）人也。太祖平河朔，召爲丞相軍謀掾……文帝踐阼，歷譙相，平陽、安平太守，潁川典農中郎將，所在著稱，賜爵關內侯……嘉平元年（249），年七十八，以大夫薨於家，用公禮葬，謚曰穆侯。」《南畿志·鳳陽府·宦蹟（三國）》：「徐邈。薊人。魏譙相，政績著聞。」《大明一統志·中都·潁州（名宦）》：「徐邈。魏譙郡相，有政績著稱。」《成化中都志·辯疑》：「徐邈。《潁州志》云：『魏汝陰太守。』按《三國志·列傳》：『邈，太祖時爲丞相，軍謀掾，遷尚書郎。文帝踐阼，歷譙相，平陽、安平太守，潁川典農中郎將。明帝時爲梁州刺史，領護羌校尉，遷司隸校尉，拜司空。固辭不受，卒。』未嘗守汝陰也。」呂景蒙《嘉靖潁州志·凡例·正誤》：「徐邈。按《魏志》：『文帝踐阼，歷譙相，平陽、安平太守，潁川典農中郎將。』《傳》云：『車駕幸許昌，問邈云云。』可證是許州，非潁也。《舊志》『汝陰太守』，誤矣。李宜春《嘉靖潁州志·傳疑》：徐邈。《舊志》：『爲譙郡相，遷汝陰太守，明能撫下。』按《魏志》：『文帝踐阼，歷譙相，平陽、安平太守，潁川典農中郎將，所在著稱。』」

晋

鄧殷。汝陰太守。先是，夢行水邊，見一女子，猛獸從其後。占曰：「水邊女，汝字；獸，守也；當作汝陰。」果然。有惠利及民。①

①《晋書·鄧攸傳》：「鄧攸，字伯道，平陽襄陵（今山西襄汾）人也。祖殷，亮直强正。鍾會伐蜀，奇其才，自黽池令召爲主簿。賈充伐吴，請殷爲長史。後授皇太子詩，爲淮南太守。夢行水邊，見一女子，猛獸自後斷其盤囊。占者以爲水邊有女，汝字也，斷盤囊者，新獸頭代故獸頭也，不作汝陰，當汝南也。果遷汝陰太守。後爲中庶子。」《大明一統志·中都·潁州（名宦）》：「鄧殷。汝陰太守。先是夢行水邊，見一女子，猛獸從其後。占曰：『水邊女，汝字；獸，守也；當作汝陰。』果然。」《成化中都志·名宦·潁州（晋）》：「鄧殷。平陽襄陵人也。攸之祖也。亮直强正。鍾會伐蜀，召爲主簿。後授皇太子詩，爲淮南太守。王隱《晋書》云：『殷爲淮南太守，夢行水邊，見一女，虎自後斷其盤囊。占者以爲水邊女，是汝字，斷盤囊者，是新虎頭代舊虎頭也。不作汝南，當作汝陰。果遷汝陰太守。』後爲中庶子。」吕景蒙《嘉靖潁州志·職官·東晋》：鄧殷。汝陰太守。先是夢行水邊，見一女子，猛獸從其後。占曰：『水邊女，汝字；獸，守也；當作汝陰。』果然。李宜春《嘉靖潁州志·秩官·晋》：「鄧殷。襄陵人。《晋書》云：『殷爲淮南太守，夢行水邊，見一女虎，自後斷其盤囊。占者以爲水邊女，是汝字，斷盤囊者，是新虎頭代舊虎頭也，不作汝南，當作汝陰。果遷汝陰守。』」

齊［陳］

楊寶安。信州刺史。宣帝大［太］建十一年（579），後周梁士彦等寇淮南北。寶安力不支，移鎮白下。於是信、譙等九郡之民，並自拔還江南。至是，江北之地盡没於周。①

唐

柳寶積。永徽中刺史潁州，威惠並行，下民畏愛。脩椒陂塘，引潤河水溉田二百頃，民甚利之。②

---

①《陳書・宣帝紀》：「（宣帝太建）十一年（579）……十一月甲午，周遣柱國梁士彦率衆至肥口……十二月乙丑，南北兖、晉三州，及盱眙、山陽、陽平、馬頭、秦、歷陽、沛、北譙、南梁等九州［郡］，並自拔還京師。譙、北徐州又陷。自是淮南之地盡没於周矣……癸酉，遣平北將軍沈恪、電威將軍裴子烈鎮南徐州。開遠將軍徐道奴鎮柵口，前信州刺史楊寶安鎮白下。戊寅，以中領軍樊毅爲鎮西將軍、都督荆郢巴武四州水陸諸軍事。」《資治通鑒・陳紀・高宗宣皇帝》：「（宣帝太建）十一年（579）……十一月辛卯大赦。周韋孝寬分遣公亮自安陸攻黄城，梁士彦攻廣陵。甲午，士彦至肥口……乙丑，南北兖、晉三州，及盱眙、山陽、陽平、馬頭、秦歷、陽沛、北譙、南梁等九郡民，並自拔還江南。周又取譙、北徐州。自是江北之地盡没於周……癸酉，遣平北將軍沈恪、電威將軍裴子烈鎮南徐州。開遠將軍徐道奴鎮柵口，前信州刺史楊寶安鎮白下。戊寅，以中領軍樊毅都督荆郢巴武四州水陸諸軍事。」《江南通志・職官志・文職》：「楊寶安。信州刺史。」

②《新唐書・地理志・潁州》：「潁州汝陰郡……貞觀元年（627）省清丘、潁陽，皆入汝陰。南三十五里有椒陂塘，引潤水溉田二百頃，永徽中刺史柳寶積脩。」《南畿志・鳳陽府・宦蹟（唐）》：「柳寶積，永徽中爲潁州刺史。脩焦陂塘，引潤水溉田二百頃，民利之。」《大明一統志・中都・潁州（名宦）》：「柳寶積。永徽中潁州刺史。脩椒陂塘，引潤水溉田二百頃，民利之。」吕景蒙《嘉靖潁州志・職官・唐》：「柳寶積。傳見《名宦》。」同書《名宦・唐》：「柳寶積。永徽中潁州刺史。脩椒陂塘，引潤水溉田二百頃，爲民永利。（出唐《地理志》。）」李宜春《嘉靖潁州志・秩官・唐》：「柳寶積。永徽中爲潁州刺史。見《宦業》。」同書《宦業・唐》：「柳寶積。永徽中爲潁州刺史。脩焦陂塘，引潤水溉田二百頃，爲民永利。」

陸子才。吴人。信州刺史，有幹畧。①

李岵。潁州刺史。在郡興利除害，得百姓歡心。②

鄭惲。初爲下蔡長，遷汝陰通判，勸課耕桑。吴元濟初平，招安亡散，民皆仰之。③

---

①《成化中都志・名宦・潁州（唐）》：「陸子才。吴人，信州刺史。有幹畧。」吕景蒙《嘉靖潁州志・職官・唐》：「陸子才。吴人。有幹畧。出《中都志》。」李宜春《嘉靖潁州志・秩官・唐》：「陸子才。吴人，爲信州刺史。有幹畧。」

②《新唐書・令狐彰傳》：「令狐彰字伯陽……（彰）然猜阻忮忍，忤者輒死。怒潁州刺史李岵，遣姚奭代之，戒曰：『不時代殺之。』岵知其謀，因殺奭，死者百餘人。奔汴州，上書自言。彰亦劾之。河南尹張延賞畏彰，留岵使，故彰書先聞，斥岵夷州，殺之。」《南畿志・鳳陽府・宦蹟（唐）》：「李岵。潁州刺史。在郡興利除害，得民歡心。」《大明一統志・中都・名宦》：「李岵。潁州刺史。在郡興利除害，得民歡心。」《成化中都志・名宦・潁州（唐）》：「李岵。潁州刺史。在郡興利除害，得民歡心。」吕景蒙《嘉靖潁州志・職官・唐》：「李岵。詳見《郡紀》。」同書《郡紀》：「大歷四年（769），殺潁州刺史李岵。（出《本紀》。）時令狐彰爲滑、亳、魏節度使，性猜阻忮忍，忤者輒死。潁州刺史李岵，遣姚奭代之，戒曰：『不時殺之。』岵知其謀，因殺奭，死者百餘人。奔汴州，上書自言。彰亦劾之。河南尹張延賞畏彰，留岵使不遣，故彰書先聞，斥岵夷州，殺之。（出《彰傳》。）」李宜春《嘉靖潁州志・秩官・唐》：「李岵。大曆中，在州興利除害，得百姓心。時令狐彰爲滑、亳、魏節度使，性猜阻忌忍，忤者惶死。怒潁州刺史李岵，遣姚奭代之，戒曰：『不時殺之。』岵知其謀，因殺奭，死者百餘人。奔汴州，上書自言。彰亦劾之。河南尹張延賞畏彰，留岵使不遣，故彰書先聞，斥岵夷州，殺之。」

③《南畿志・鳳陽府・宦蹟（唐）》：「鄭惲。初爲下蔡長，遷汝陰通判，勸課耕桑。吴元濟初平，招集亡散，民皆仰之。」《大明一統志・中都・潁州（名宦）》：「鄭惲。下蔡長。至縣，奪民漁獵之具，使務耕桑。」

鄭誠［誠］。潁州刺史，甚有時名。①

李廓。潁州刺史。督獲光火賊七人，自言前後殺人，必食其肉。獄具，廓問食人之故。其首言：「某等受教於巨盜。食人肉者，夜入人家，必使之昏沉。或有魘不寤者，故不得不食。」兩京逆旅中，多進鸜鵒及茶碗。賊謂之鸜鵒辣者，記其嘴所向；碗子辣者，亦示其緩急也。廓乃榜於通衢，以破其計。②

五代

王祚。漢潁州刺史。均部內租税，補實流徙。及疏導通商渠之湮塞，以通舟楫。郡無水患。③

---

①《成化中都志·名宦·潁州（唐）》：「鄭誠。潁州刺史。甚有名。」吕景蒙《嘉靖潁州志·職官·唐》：「鄭誠。見《中都志》。」李宜春《嘉靖潁州志·秩官·唐》：「鄭誠。乾寧中任（刺史）。」

②《酉陽雜組·盗俠》：「李廓，在潁州獲光火賊七人，前後殺人，必食其肉。獄具，廓問食人之故。其首言：『某受教於巨盜。食人肉者，夜入人家，必昏沉。或有魘不悟者，故不得不食。』兩京逆旅中，多畫鸜鵒及茶碗。賊謂之鸜鵒辣者，記嘴所向；碗子辣者，亦示其緩急也。」吕景蒙《嘉靖潁州志·職官·唐》：「李廓。出《舊志》。有捕盗功。」李宜春《嘉靖潁州志·秩官·唐》：「李廓。乾寧中任（刺史）。有捕盗功。」

③《宋史·王溥傳》：「王溥字齊物，并州祁（今山西太原）人。父祚……顯德初，置華州節度，以祚爲刺史。未幾，改鎮潁州。均部內租税，補實流徙，以出舊籍。州境舊有通商渠，距淮三百里，歲久湮塞，祚疏導之，遂通舟楫，郡無水患。」《南畿志·鳳陽府·宦蹟（五代）》：「王祚。漢潁州刺史。均部內税租，補實流徙，疏導通商渠，以利舟楫。郡無水患。」《大明一统志·中都·潁州（名宦）》：「王祚。漢潁州刺史。均部內税租，補實流徙，及疏導通商渠湮塞，以通舟楫。郡無水患。」《成化中都志·名宦·潁州（五代）》：「王祚。漢潁州刺史。均部內税租，補實流徙，疏導湮塞，以通舟楫。郡無水患。仕周，爲潁州團練使。子溥，爲宋宰相。祚有賓客，溥常朝服侍立，客坐不安席。祚曰：『豚犬，不足爲起。』」吕景蒙《嘉靖潁州志·職官·五代》：「王祚。并州祁人。」同書《名宦·五代》：「王祚。并州祁人。漢華州刺史，改鎮潁州。均部內税租，補實流徙，以出舊籍。州境舊有通商渠，距淮三百里，歲久湮塞。祚疏導，遂通舟楫，郡無水患。子溥，相宋。（出《宋史·溥傳》。）」李宜春《嘉靖潁州志·宦業·五代》：「王祚。并州祁人。漢華州刺史，改鎮潁州。均部內税租，補實流徙，以出舊籍。州境舊有通商渠，距淮三百里，歲久湮塞。祚疏導之，遂通舟楫，郡無水患。」

司超。周初爲守禦都指揮使，屯下蔡。劉仁贍守壽州，防備益嚴。超移屯潁州，屢與淮人戰，有功。①

宋

畢士安。知潁州。有治政，以嚴正見稱。②

①《宋史·司超傳》：「司超，大名元城（今河北大名）人。初事邢帥安叔千。漢祖在太原，超徃依之，隸帳下爲小校。漢祖将渡河，遣超先領勁騎，由晋、絳趨河陽。及入汴，以超爲鄆州必敵指揮使。時京東諸州·盜充斥，以超爲宋、宿、亳三州遊奕巡檢使。改宿州西固鎮守禦都指揮使，移屯潁州下蔡鎮。屢與淮人戰，有功。」《南畿志·鳳陽府·宦蹟（五代）》：「司超。大名元城人。侍周，爲宿州禦守都指揮使。移屯潁州下蔡鎮。屢與南唐戰，有功。」《大明一统志·中都·潁州（名宦）》：「司超。周時爲宋、宿、亳二［三］州遊奕巡檢使。改宿州、固鎮守禦都指揮使，移屯潁州下蔡鎮。屢與淮人戰，有功。」吕景蒙《嘉靖潁州志·職官·五代》：「司超。傳見《名宦》。」同書《名宦·五代》：「司超。大名元城人。漢祖在太原，超徃依之。爲宋、宿、亳三州遊奕指揮使。改宿州西固鎮守禦都指揮使，移屯潁州下蔡鎮。屢與淮人戰，有功。（出《宋史》本傳。）」李宜春《嘉靖潁州志·秩官·五代》：「司超。元城人。見《宦業》。」同書《宦業·五代》：「司超。大名元城人。漢祖在太原，超徃依之。爲宋、宿、亳三州遊奕巡檢使。改宿州西固安守禦都指揮使，移屯潁州下蔡鎮。屢與淮人戰，有功。」

②《宋史·畢士安傳》：「畢士安字仁叟，代州雲中（今山西大同）人……（淳化）三年（992），與蘇易簡同知貢舉，加主客郎中，以疾請外，改右諫議大夫，知潁州。」《南畿志·鳳陽府·宦蹟（宋）》：「畢士安。代州人，知潁州。以嚴正見稱。後爲名相。」《大明一統志·中都·潁州（名宦）》：「畢士安。知潁州。有治政，以嚴正見稱。」《成化中都志·名宦·潁州（宋）》：「畢士安。字仁叟，代州人。知潁州，以嚴正見稱。後相真宗，雖貴，奉養無異平素。不殖産爲子孫計，天下稱其清，卒謚文簡。」吕景蒙《嘉靖潁州志·職官·宋》：「畢士安。傳見《名宦》。」同書《名宦·宋》：「畢士安。知潁州。有治政，以嚴正見稱。（《舊志》。）」李宜春《嘉靖潁州志·秩官·宋》：「畢士安。淳化三年以右諫議大夫知潁州。見《宦業》。」同書《宦業·宋》：「畢士安。字仁叟，代州雲中人。淳化三年，以右諫議大夫知潁州，有治政。所至以嚴明稱。」

曹翰。通判潁州。政令大行，教化浹洽，時人稱其能名。①

王旭。使相王旦弟。知潁州，卓有政績。②

①按，曹翰出判潁州，乃是以高職出任潁州知州，稱「判潁州」，而非任潁州通判。《宋史·曹翰傳》：「曹翰，大名（今屬河北）人。少爲郡小吏，好使氣陵人，不爲鄉里所譽……開寶二年（969）……録功遷桂州觀察使，判潁州。」《大明一統志·大名府·人物（宋）》：「曹翰。大名人。少爲郡小吏，多知數。飲酒數斗，不亂。仕周，至樞密承旨。宋初，從太祖征澤潞，及平江南。太宗時，又從下太原，征幽州，皆有功，累遷左千牛衛上將軍。攻幽州時，士卒掘土，得蟹以獻。翰曰：『蟹水物，而陸居失所也。且多足，彼援將至，不可進拔之象。況蟹者，解也。其班師乎？』已而果驗。」吕景蒙《嘉靖潁州志·職官·宋》：「曹翰。大名人。詳本傳。」李宜春《嘉靖潁州志·秩官·宋》：「曹翰。大名人。開寶二年，録功遷桂州觀察使，判潁州。（太平）興國五年（980），從幸大名，拜威武塞軍節度使，仍判潁州。」

②《宋史·王祐傳》後附傳：「旭字仲明。嚴於治內，恕以接物，尤篤友義……王矩嘗薦旭材堪治劇，真宗召旦謂曰：『前代弟兄同居要地者多矣，朝廷任才，豈以卿故屈之邪？』命授京府推官，旦固辭，改判南曹。由判國子監出知潁州，荒政脩舉。大中祥符間，旦既薨，敭歷中外，卓有政績，由兵部郎中出知應天府。」《大明一統志·東昌府·人物（宋）》：「王旭。祐季子。嚴於治內，恕以接物。以蔭知緱氏、雍邱縣，三遷至殿中丞。自兄旦居宰府，以嫌不任職。及旦卒，颺歷中外，卓有政績，後以兵部郎中知應天府。子質，舉進士，歷官天章閣待制，知陝州。」《成化中都志·名宦·潁州（宋）》：「王旭。王旦弟。累遷殿中丞，卓有政績，以兵部郎中知應天府。」吕景蒙《嘉靖潁州志·職官·宋》：「王旭。大名莘人。」同書《名宦·宋》：「王旭。字仲名，大名莘（今屬山東）人。父祐，見本傳。旭嚴於治內，恕以接物，尤篤友義。以蔭補太祝，嘗知緱氏，改雍丘，遷殿中丞。由判國子監出知潁州，荒政修舉。」李宜春《嘉靖潁州志·秩官·宋》：「王旭。治平中任（知州）。見《宦業》。」同書《宦業·宋》：「王旭。字仲名，大名莘人。以父蔭補太祝，遷殿中丞。由判國子監出知潁州，荒政脩舉。其敭歷中外，卓有政績。」

柳植。知潁州。公明愛民，客寓淡然。雖蔬果亦不妄採，家無長物，時稱其廉。①

晏殊。罷使相，知潁州。以政事聞於一時。公餘手不釋卷。時邵亢爲推官，殊諉之以事。②

①《宋史·柳植傳》：「柳植字子春，真州（今江蘇儀征）人。少貧，自奮爲學……舉進士甲科，爲大理評事、通判滁州。遷著作郎、直集賢院、知秀州。除三司度支判官，出知宣州。擢脩起居注、知制誥。求知蘇州，徙杭州，累遷尚書工部員外、郎中。召還，爲翰林學士，遷諫議大夫、御史中丞。既而以疾辭，改侍讀學士、知鄧州。遷給事中、移潁州……歷知壽、亳、蔡、揚四州，分司西京，遂致仕。累遷吏部侍郎，卒。植平居畏慎，寡言笑。所至官舍，蔬果不輒採，家無長物，時稱其廉。」《南畿志·鳳陽府·宦蹟（宋）》：「柳植。真州人。舉進士，歷知壽、亳州。平居畏慎，所至官舍蔬果不輒採，家無長物，時稱其廉。」《大明一統志·中都·潁州（名宦）》：「柳植。知潁州，後又歷知壽、亳州。所至官舍蔬果亦不妄採，家無長物，時稱其廉。」《成化中都志·名宦·潁州（宋）》：「柳植。知潁州，又歷知壽、亳州。所至官舍蔬果亦不妄採，家無長物，時稱其廉。」吕景蒙《嘉靖潁州志·職官·宋》：「柳植。傳見《名宦》。」同書《名宦·宋》：「柳植。字子春，真州人。少貧，自奮爲學。從祖開頗器之。舉進士甲科，累官諫議大夫、御史中丞。以疾辭，改侍讀學士、知鄧州。遷給事中、移潁州。（出本傳。）公明愛民，客寓瀟然。雖蔬菜亦不妄採，家無長物，時稱其廉。（《舊志》。）」李宜春《嘉靖潁州志·秩官·宋》：「柳植。乾興年，以給事中移潁州。見《宦業》。」同書《宦業·宋》：「柳植。字子春，真州人。舉進士甲科，累官諫議大夫、御史中丞。以疾辭，改侍讀學士、知鄧州。遷給事中、移潁州。公明惠愛，客寓瀟然。雖蔬菜亦不妄採，家無長物，時稱其廉。」

②晏殊（991—1055），字同叔，撫州臨川（今屬江西）人。十四歲以神童應試，被賜進士出身。仕至右諫議大夫、同平章事。封臨淄公，卒謚元獻。《宋史·晏殊傳》：「晏殊字同叔，撫州臨川人……降工部尚書，知潁州。」《南畿志·鳳陽府·宦蹟（宋）》：「晏殊。臨川人。罷相，知潁州，以政事聞於一時。公餘手不釋卷。」《大明一統志·中都·潁州（名宦）》：「晏殊。知潁州，以政事聞於一時。公餘手不釋卷。時邵亢爲推官，殊諉之以事。」《成化中都志·名宦·潁州（宋）》：「晏殊。字同叔，橅州臨川人。相仁宗，罷爲工部尚書，知潁州。以政事聞於一時。少篤學，公餘手不釋卷。時邵亢爲推官，公諉之以事。徙知河南府，兼西京留守。卒贈司空兼侍中，謚元獻。」吕景蒙《嘉靖潁州志·職官·宋》：「晏殊。傳見《名宦》。」同書《名宦·宋》：「晏殊。字同叔，撫州臨川人。相仁宗，罷爲工部尚書，知潁州，以政事聞於一时。自少篤學，公餘手不釋卷。时邵亢爲推官，公諉以事。徙知河南府，兼西京留守。卒贈司空兼侍中，謚元獻。」李宜春《嘉靖颍州志·秩官·宋》：「晏殊。明道中任（知州）。見《宦業》。」同書《宦業·宋》：「晏殊。字同叔，撫州臨川人。相仁宗，罷爲工部尚書，知潁州。以政事聞於時，公餘手不釋卷。時邵亢爲推官，悉諉之以事。卒謚元獻。」

夏竦。知潁州。以不苟爲政，革去宿弊，人甚德之。又知亳州，立保伍法，有政聲。盜賊不發，田里晏然。①

蔡齊。知潁州，明恕直易。仁宗景祐四年丁丑（1037）正月詔下，凡非藩鎮不立學。時齊以潁在畿内爲大郡，乞立學。從之。他所建置，爲民猶多。及卒於官，故吏朱宷至潁，吏民見宷，泣指其所嘗更歷施爲，曰：「此蔡使君之蹟也。」其仁恩感人如此。②

---

①夏竦（985—1051），字子喬，德安（今屬江西）人。真宗朝舉賢良方正，仕至同中書門下平章事。《宋史·夏竦傳》：「夏竦，字子喬，江州德安人……太后崩，罷爲禮部尚書，知襄州，改潁州……其爲郡有治績，喜作條教，於閭里立保伍之法，至盜賊不敢發，然人苦煩擾。」《大明一統志·中都·潁州（名宦）》：「夏竦。知潁州，以不苟爲政，革去前弊，人甚德之。又知亳州，立保伍法，有政聲。盜賊不發，田里晏然。」《成化中都志·名宦·潁州（宋）》：「夏竦。字子喬，江州德安人。天聖七年（1029）參知政事，明道二年（1033）罷爲禮部尚書，知襄州，尋改知潁州。以不苟爲政，革去前弊，人甚德之。又知亳州，立保伍法，有政聲。賊盜不發，田里晏然。累官樞密使，同平章事，封鄭國公。慶曆八年（1048），罷爲武寧節度使，兼侍中。卒贈太師中書令。謚文莊。」《南畿志·鳳陽府·宦蹟（宋）》：「夏竦。德安人。知潁州。以不苟爲政，革去前弊。又知亳州。立保伍法，盜賊不作，田里晏然。」呂景蒙《嘉靖潁州志·職官·宋》：「夏竦。德安人。罷禮部尚書知潁州。詳本傳。」李宜春《嘉靖潁州志·秩官·宋》：「夏竦。德安人。景祐中，罷禮部尚書知潁州。以不苟爲政，革去前弊，人甚德之。」

②蔡齊（988—1039），字子思，萊州膠水（今山東平度）人。大中祥符八年（1015）進士第一，仕至參知政事。《宋史·蔡齊傳》：「蔡齊，字子思，其先洛陽人也……舉進士第一。儀狀俊偉，舉止端重，真宗見之，顧宰相寇準曰：『得人矣。』尋出知潁州，卒，年五十二，贈兵部尚書，謚曰文忠。潁人見其故吏朱采［宷］會喪，猶號泣思之。」《大明一統志·中都·潁州（名宦）》：「蔡齊。知潁州，卒於官。故吏朱宷至潁，吏民見宷，泣指其所嘗更歷施爲，曰：『此蔡使君之迹也。』其仁恩如此。」《成化中都志·名宦·潁州（宋）》：「蔡齊，字子思，其先洛陽人，徙萊州。舉進士第一。真宗覽其文，曰：『宰相器也。』累官給事中，參知政事。罷爲吏部侍郎，知潁州。卒於官。故吏朱宷至潁。吏民見宷泣，指公所嘗更歷施爲曰：『此蔡使君之蹟也。』其仁恩如此。贈兵部尚書，謚文忠。」《南畿志·鳳陽府·宦蹟（宋）》：「蔡齊。萊州人。罷參政，知潁，卒於官。故吏朱宷會喪，潁人見之，泣指齊所嘗更歷施爲，曰：『此蔡使君蹟也。』」呂景蒙《嘉靖潁州志·職官·宋》：「蔡齊。傳見《名宦》。」同書《名宦·宋》：「蔡齊。字子思，其先洛陽人，徙蔡州。舉進士第一。以吏部侍郎知潁州事，請立學校，政以惠成，後卒於官。故吏朱宷至潁，吏民見宷，泣指公所嘗更歷施爲，曰：『此蔡使君蹟也。』其感民有如此者。贈兵部尚書，謚文忠。」李宜春《嘉靖潁州志·秩官·宋》：「蔡齊。景祐中任（知州）。見《宦業》。」同書《宦業·宋》：「蔡齊。字子思，其先洛陽人，徙蔡州。舉進士第一。儀狀俊偉，舉止端重。真宗見之，顧寇準曰：『得人矣。』後以戸部侍郎出知潁州，請立學校，政以惠成，卒於官。潁人見其故吏朱宷會喪，猶號泣思之，指公所嘗更歷施爲，曰：『此蔡使君蹟也。』其仁恩如此。贈兵部尚書，謚文忠。」

韓琦。知潁州。公忠政治。嘗與程明道、范文正泛舟遊西湖。有屬吏求見韓公，公既以見之，退而不悦。曰：「謂其以職事來也，乃求薦舉耳。」程子曰：「公爲州太守，不能求之，顧使人求君乎？」范公曰：「子之固，每若是也。夫今世之仕者，求舉於其上，蓋常事耳。」程子曰：「是何言也！不有求者，則遺而不及知也。是以使之求之歟？」韓公無以語，悔且愧者久之。程子顧范公曰：「韓公可謂能服義矣。」①

江楫。慶曆初潁州團練推官。材行有稱於時。遷大理寺丞。②

①此條誤收。《成化中都志・辯疑》：「韓琦。《潁州志》云：『韓琦，知潁州。與程明道、范文正泛舟西湖。』按，朱子《宋名臣言行録》引《程氏遺書》載：『伊川先生與韓持國、范夷叟泛舟於潁川西湖。』持國，忠憲公之子維；夷叟，文正公之子純禮也。《朱子語録》亦云：『韓維與二先生善，屈致於潁昌，暇日同遊西湖。』乃許州之西湖，非潁州之西湖也。《潁川志》云：『西湖在州城西北，方八九里。』歐陽公《春日西湖寄謝法曹歌》註云：『西湖者，許昌勝地也。』蘇東坡亦有《許州西湖》詩。國朝纂修《性理大全》，誤以韓爲韓琦，修志者遂傳訛而録之。又誤以潁昌爲潁州，范公爲仲淹，程子爲明道。按史傳，魏公平生未嘗仕潁。文正皇祐四年（1052）有潁州之命，而道卒於徐。是時，明道年二十一，伊川年二十，皆不同時。謬之甚也。」吕景蒙《嘉靖潁州志・凡例・正誤》：「韓琦。未嘗知潁。《中都志》辯之詳矣，《舊志》誤也。」李宜春《嘉靖潁州志・傳疑》：「韓琦。《舊志》：『知潁州。公忠政治，嘗與程明道、范文正泛舟遊西湖。』按《宋史》，琦未嘗知潁。《程氏遺書》載：『伊川先生與韓持國、范夷叟泛舟於潁昌西湖。』《朱子語録》載：『韓維與一[二]先生善，屈致於潁昌，暇日同遊西湖。』即今之許州西湖。」

②《歐陽脩集》中有《潁州推官江楫可大理寺丞制》一文。《成化中都志・名宦・潁州（宋）》：「江楫。慶曆初潁州團練推官。有稱於時。遷大理寺丞。」吕景蒙《嘉靖潁州志・職官・宋》：「江楫。團練推官。傳見《名宦》。」同書《名宦・宋》：「江楫。慶曆初潁州團練推官。有稱於時。遷大理寺丞。」李宜春《嘉靖潁州志・秩官・宋》：「江楫。慶曆初爲團練推官。有稱於時。」

邵雍。自將作監主簿遷潁州團練推官。卒贈著作郎，謚康節。①

邵亢。潁州團練推官。有才略，事至立決，人憚而服。②

①此條誤收。《大明一統志·河南府·流寓》：「邵雍。其先范陽人。雍遊河南，葬其親伊水上，遂家焉。受學李之才，探賾索隱，遂衍先天之旨，尤精數學。著書十餘萬言。富弼、司馬光、吕公著、二程子雅敬雍，爲市園宅，自名其居曰安樂窩。春秋時乘小車出遊城中，賢者悦其德，不肖者服其化。舉遺［逸］士，補潁州團練推官，不就。卒謚康節。」吕景蒙《嘉靖潁州志·凡例·正誤》：「邵雍。舉逸士，補潁州團練推官，固辭。《舊志》以爲：『自將作監主簿，遷潁州團練推官，卒。』亦誤。」同書《職官·宋》：「邵雍。其先范陽人。雍遊河南，葬其親伊水上，遂爲河南人。舉逸士，補潁州團練推官，固辭不拜。」李宜春《嘉靖潁州志·傳疑》：「邵雍。《舊志》：『自將作監主簿遷潁州團練推官。』《近志》引《宋史》：『雍舉逸士，補潁州團練推官，固辭不拜。』猶列之《職官》，何邪？」

②邵亢（1011—1071），字興宗，丹陽（今屬江蘇）人。仕至樞密使。事見《宋史》本傳。《成化中都志·名宦·潁州（宋）》：「邵亢。字興宗，潤州丹陽人。爲潁州團練推官。有才略，事至立決，人憚服之。神宗朝遷龍圖閣直學士，累官樞密副使。卒謚安簡。」《南畿志·鳳陽府·宦蹟（宋）》：「邵亢。丹陽人，爲潁州團練推官。轉運使欲加取民税，亢言不可，遂止。」吕景蒙《嘉靖潁州志·職官·宋》：「邵亢。團練推官，傳見《名宦》。」同書《名宦·宋》：「邵亢。字興宗，丹陽人。幼聰廢［發］過人，方十歲，日誦書五千言，賦詩豪縱，鄉先生見者皆驚偉之。再試開封，當第一，以賦失韻，弗取。范仲淹舉亢茂才異等，除建康節度推官。或言亢對策字少，不應式，宰相張士遜與之姻家，故得預選，遂報罷。而士遜子實娶他邵。士遜既不能直，亢亦不自言。元昊反，獻《兵説》十篇。召試秘閣，授潁州團練推官。時晏元獻爲守，一以事委之。民税舊輸陳、蔡，轉運使又欲覆折緡錢，且多取之。亢言：『民之移輸，勞費已甚。方仍歲水旱，又從而加取，無乃不可乎？』遂止。累官樞密副使，引疾，知越州。歷鄭、鄆、亳三州。卒贈吏部尚書，謚安簡。（本傳。）事至立決，人憚而服。（《舊志》。）」李宜春《嘉靖潁州志·秩官·宋》：「邵亢。明道間任（推官）。見《宦業》。」同書《宦業·宋》：「邵亢。字興宗，丹陽人。范仲淹舉亢茂才異等，除建康節度推官。元昊反，獻《兵説》十篇。召試秘閣，授潁州團練推官。時晏殊爲守，一以事委之。民税舊輸陳、蔡，轉運使又欲覆折緡錢，且多取之。亢言：『民之移輸，勞費已甚。方仍歲水旱，又從而加取，無乃不可乎？』遂止。事至立決，人憚而服。累官樞密副使，卒贈吏部尚書，謚安簡。」

曾肇。知潁州。興學勸農，時稱良守。①

楊察。康定中知潁州。遇事明决，勤於吏職。人不敢以非理聞。②

①曾肇（1047—1107），字子開，曾鞏之弟。治平四年（1067）進士，仕至中書舍人、翰林學士兼侍讀。《宋史·曾鞏傳》附其傳：「肇，字子開……（元祐四年）以寶文閣待制知潁州，徙鄧、齊、陳州、應天府。」《大明一統志·建昌府·人物（宋）》：「曾肇。鞏弟。自幼力學，爲文温潤有法。治平間舉進士，歷事三朝，更十一州，所至有聲。入爲中書舍人，遷翰林學士，與兄布同時居翰苑。人以爲榮。龜山楊時稱其『立朝端嚴，有大臣體』。卒謚文昭。」《成化中都志·名宦·潁州（宋）》：「曾肇。字子開，南豐人。元祐四年（1089），由給事中左遷寶文閣待制，知潁州。浚清河，興學勸農，時稱良守。更十一州，所至有聲。入爲中書舍人，遷翰林學士。卒謚文昭。《新志》云『仁宗朝知潁』，誤也。龜山楊時曰：『曾子開，不以颜色假借人，慎重得大臣體。於今可以庶幾前輩風流，惟此一人耳。』」《南畿志·鳳陽府·宦蹟（宋）》：「曾肇。南豐人。以寶文閣待制知潁州。浚清河，興學勸農，時稱良守。」吕景蒙《嘉靖潁州志·職官·宋》：「曾肇。傳見《名宦》。」同書《名宦·宋》：「曾肇。字子開，南豐人。元祐四年（1089），由給事中左遷寶文閣待制，知潁州。浚清河，興學勸農，時稱良守。更十一州，所至有聲。入爲中書舍人，遷翰林學士。卒謚文昭。龜山楊時曰：『曾子開，不以顏色假借人，慎重得大臣體。於今可以庶幾前輩風流，惟此一人耳。』」李宜春《嘉靖潁州志·秩官·宋》：「曾肇。慶曆中任（知州）。見《宦業》。」同書《宦業·宋》：「曾肇。字子開，南豐人。元祐四年（1089），由給事中左遷寶文閣待制，知潁州。浚清河，興學勸農，時稱良守。更十一州，所至有聲。入爲中書舍人，遷翰林學士。卒謚文忠［昭］。」

②楊察，字隱甫，合肥（今屬安徽）人。景祐元年（1034）進士，仕至禮部侍郎、戶部侍郎。《宋史》有傳。《大明一統志·中都·潁州（名宦）》：「楊察。景祐中，通判宿州。後又歷知潁、壽二州。遇事明决，勤於吏職。」同書《廬州府·人物（宋）》：「楊察。合肥人，舉進士。累官至户部侍郎，充三司使。察美風儀，敏於爲文。其爲制誥，若不用意，及藁成，皆雅緻有體。遇事明决，勤於吏職。卒贈禮部尚書，謚宣懿。」《成化中都志·名宦·潁州（宋）》：「楊察。康定中知潁州。遇事明决，人不敢以非理干。」《南畿志·鳳陽府·宦蹟（宋）》：「楊察。景祐中，通判宿州。後歷知潁、壽二州。遇事明决，勤於吏職。」吕景蒙《嘉靖潁州志·職官·宋》：「楊察。傳見《名宦》。」同書《名宦·宋》：「楊察。字隱甫。先是晋人，再遷廬州合肥。景祐元年（1034），舉進士甲科，除將作監丞、通判宿州。遷秘書省著作郎、直集賢院，出知潁、壽二州。（本傳。）遇事明决，人不敢以非理干。（《舊志》《中都志》。）」李宜春《嘉靖潁州志·秩官·宋》：「楊察。景祐中任（知州）。見《宦業》。」同書《宦業·宋》：「楊察。字隱甫，合肥人。景祐元年（1034），舉進士甲科，除將作監丞、通判宿州。遷秘書省著作郎、直集賢院，出知潁、壽二州。遇事明决，勤於吏職。」

歐陽脩。知潁州。公恕坦易，明不致察，寬不致縱。因灾傷奏免黄河夫萬餘人，築陂堰以通西湖，引西湖水以灌溉民田。建書院以教民之子弟。由是，潁人始大興於學。①

①歐陽脩（1007—1072），字永叔，號六一居士，廬陵（今江西吉安）人。仕至行尚書左丞、參知政事、觀文殿學士、太子少師等。卒謚文忠，贈太尉、太師，追封康國公、兖國公、秦國公等。《宋史》有傳。本書卷四《流寓》有傳。《南畿志·鳳陽府·流寓》：「歐陽脩。本廬陵人，知潁州。嘗因災傷奏免黄河夫萬餘人，脩陂水以通西湖，民甚利之。樂其風土，慨然有終老之意。致仕，遂家焉。」《大明一統志·中都·潁州（流寓）》：「歐陽脩。本宋廬陵人。初知潁州，因災傷奏免黄河夫萬餘人，脩陂水以通西湖，民得其利。皇祐初，自維揚來潁，樂其風土，慨然有終老之意。致仕，遂家焉。」《成化中都志·人才·潁州（宋）》：「歐陽脩。字永叔，吉州永豐人。皇祐五年（1053）知潁州，樂西湖之勝，將卜居焉。熙寧元年（1068）築第於潁，致仕後居潁，號六一居士。終於潁濱。有《文集》傳於世。蘇軾序公集曰：『歐陽子，論大道似韓愈，論事似陸贄，記事似司馬遷，詩賦似李白，此非予言，天下之言也。』詳見《名宦》類。子棐，字叔弼，能以文章世其家。脩卒，始仕。入元祐黨籍，罷居潁。」同書《名宦·潁州（宋）》：「歐陽脩。皇祐元年（1049），知潁州。嘗因災傷奏免黄河夫萬餘人，脩陂水通西湖，民德其利。嘉祐五年（1060），拜樞密副使，累遷推忠協謀同德佐理功臣、特進、行尚書左丞、參知政事、上柱國、樂安郡開國公。治平四年（1067），罷以觀文殿學士、刑部尚書，知亳州，改賜推誠保德崇仁翊戴功臣。熙寧元年（1068），轉兵部尚書，知青州，充京東東路安撫使。是歲，築第於潁。三年（1070），改知蔡州。四年（1071），以觀文殿學士、太子少師致仕。歸，卒於潁。謚文忠。元豐三年（1080），贈太尉。八年（1085），贈太師，追封康國公。紹聖三年（1096），追封兖國公。崇寧三年（1104），追封秦國公。政和三年（1113），追封楚國公。」吕景蒙《嘉靖潁州志·職官·宋》：「歐陽脩。傳見《名宦》。」同書《名宦·宋》：「歐陽脩。字永叔，廬陵人。皇祐元年，知潁州。嘗因災傷奏免黄河夫萬餘人，築塞白龍溝，註水西湖，灌溉腴田，以爲民利。仍建書院，教民子弟，由是潁人咸知向學。嘉祐五年，拜樞密副使，累遷推忠協謀同德佐理功臣、特進、行尚書左丞、參知政事、上柱國、樂安郡開國公。治平四年，罷以觀文殿學士、刑部尚書，知亳州，改賜推誠保德崇仁翊戴功臣。熙寧元年，轉兵部尚書，知青州，充京東東路安撫使。是歲，築第於潁。三年，改知蔡州。四年，以觀文殿學士、太子少師致仕。歸，卒於潁，謚文忠。元豐三年，贈太尉。八年，贈太師，追封康國公。紹聖三年，追封兖國公。崇寧三年，追封秦國公。政和三年，追封楚國公。」李宜春《嘉靖潁州志·秩官·宋》：「歐陽脩。皇祐中任（知州）。見《宦業》。」同書《宦業·宋》：「歐陽脩。字永叔，廬陵人。皇祐元年，以龍圖閣直學士知制誥徙知潁州。嘗因災傷奏免黄河夫萬餘人，築塞白龍溝，註水西湖，灌溉腴田，以爲民利。仍建書院，教民子弟，由是潁人咸知向學。因愛其風土淳厚，將卜家焉。嘉祐五年，拜樞密副使。治平四年，罷以觀文殿學士、刑部尚書，知亳州。熙寧元年，轉兵部尚書，知青州，充京東東路安撫使。是歲，築第於潁。三年，改知蔡州。四年，以觀文殿學士、太子少師致仕。歸，卒於潁。謚文忠，累封楚國公。其詳載在《宋史》。」

蘇頌。知潁州。時通判趙至忠本邊徼降者，所至與守兢。頌待之以禮，具盡誠意。至忠感泣，曰：「身雖夷人，然見義則服。平生誠服者，惟公與韓魏公耳。」潁自五季後，版籍、賦輿、法制失實。頌每因治訟，旁問里隣，丁産多寡，悉得其詳。一日，召鄉老更定户籍。民有自占不實者，頌曰：「汝家尚有某丁某産，何不自言？」相顧而驚，無敢隱者。一郡以爲神明。①

吕公著。通判潁州，郡守歐陽公與爲講學之友。後知是州，民愛戴之。皇祐中拜相。②

蘇軾。知潁州。豪爽不羈。凡可以利民者，推誠爲之。修清波塘，開清溝以引汝水，溉民田六十餘里。遊賞賦詠甚多。③

①蘇頌（1020—1101），字子容，泉州（今厦門同安）人。慶曆二年（1042）進士。曾任刑部尚書、吏部尚書、太子少師等。卒，贈司空，封魏國公。謚正簡。《宋史》有傳。《南畿志·鳳陽府·宦蹟（宋）》：「蘇頌。泉州人。歷知亳、濠二州。亳有豪婦被罪當杖，以病未決。每旬檢之，未愈。淮薄鄧元孚謂頌子曰：『尊公高明，豈可爲一婦所給。但論醫者如法檢，彼自不誣矣。』頌子白之。頌曰：『萬事付公義，何容心焉？若言語輕重，則人有觀望，或致有悔。』既而婦死，元孚大慚，服曰：『我輩狹小，豈測公之用心也哉。』」《大明一統志·中都·潁州（名宦）》：「蘇頌。知潁州。通判趙至忠本邊徼降者。所至與守競。頌待之以禮，且盡誠意。至忠感泣曰：『身雖夷人，然見義則服。平生説服者，惟公與韓魏公耳。』後又歷知亳、濠二州。」同書《泉州府·人物（宋）》：「蘇頌。紳子。徙居丹陽。舉進士，累官右僕射、兼中書門下侍郎。以太子少師致仕，卒贈司空。頌器局宏遠，於書無所不通。爲相，務在奉行故事，使百官遵職，杜絶僥倖之源。深戒疆埸之臣要功生事。晚年巍然獨立，爲時雅德君子云。」《成化中都志·名宦·潁州（宋）》：「蘇頌。字子容，泉州人，徙潤州。中進士第，爲集賢校理。不幹榮利，力求外，以便親養，遂除知潁州。宰相富弼遺書曰：『若吾子出處，可謂真古君子矣。』通判趙至忠本邊徼降者，所至與守競。頌待之以禮，且盡誠意。至忠感泣曰：『身雖夷人，然見義則服。平生誠服者，惟公與韓魏公耳。』後又歷知亳、濠二州。歷事四朝，後相哲宗。紹聖中致仕。獨巍然不爲羣邪所汙。」吕景蒙《嘉靖潁州志·職官·宋》：「蘇頌。傳見《名宦》。」同書《名宦·宋》：「蘇頌。字子容，泉州南安人。父紳，葬潤州丹陽，因徙居之。第進士，歷宿州觀察推官，知江寧縣。調南京留守推官，召舘閣校勘。同知太常禮院，遷賢校理，編定書籍。其知江寧也，定民户籍，民不敢隱。划剗夙蠹，簡而易行，諸令視以爲法。及調南京留守，歐陽脩委以政，曰：『子容處事精審，一經閲覽，則脩不復省

矣。』時杜衍老居睢陽，見頌，深器之，曰：『如君，真所謂不可得而親疏者。』遂自小官以至爲侍從。宰相所以設施出處，悉以語頌，曰：『以子相知，且知子異日必爲此官，老夫非以自矜也。』富弼嘗稱頌爲古君子，及與韓琦爲相，同表其廉，退以知潁州。同知趙至忠本邊徼降者，所至與守競。頌待之以禮，且盡誠意。至忠感泣曰：『身雖夷人，然見義則服。平生誠服者，惟公與韓魏公耳。』仁宗崩，建山陵，有司以不時難得之物厲諸郡。頌曰：『遺詔務從儉約，豈有土不産而可强賦乎？』量其有無，事亦隨集。英宗即位，召提點開封府界諸縣鎮公事，屢遷屢出。紹聖四年（1097），拜太子少師，致仕。巍然不爲羣邪所汙。世稱其明哲保身云。」李宜春《嘉靖潁州志·秩官·宋》：「蘇頌。至和中任（知州）。見《宦業》。」同書《宦業·宋》：「蘇頌。泉州南安人，徙居丹陽。第進士，歷宿州觀察推官。富弼嘗稱頌爲古君子，及與韓琦爲相，同表其廉，退以知潁州。通判趙至忠本邊徼降者，所至與守競。頌待之以禮，且盡誠意。至忠感激曰：『身雖夷人，然見義則服。平生誠服者，惟公與韓魏公耳。』仁宗崩，建山陵，有司以不時難得之物厲諸郡。頌曰：『遺詔務從儉約，豈有土不産而可强賦乎？』量其有無，事亦隨集。」

②吕公著（1018—1089），字晦叔，壽州（今安徽鳳臺）人。吕夷簡子。第進士。曾任御史中丞、司空、平章軍國事等。卒贈太師，封申國公，謚正獻。《宋史》有傳。《大明一統志·中都·名宦（宋）》：「吕公著。通判潁州。郡守歐陽脩與爲講學之友。後知是州，民愛戴之。子希純，亦嘗知是州。」同書《中都·人物（宋）》：「吕公著。夷簡子。幼嗜學，至忘寢食。夷簡器異之，曰：『他日必爲公輔。』寓居洛陽，舉進士，累官御史中丞。元祐初，拜尚書右僕射，兼中書侍郎，與司馬光同心輔政。後進司空。卒贈申國公，謚正獻。」《成化中都志·名宦·潁州（宋）》：「吕公著。字晦叔，靖公子。中進士第，神宗朝拜御史中丞，論事與王安石不協，帝語執政，吕公著嘗言『韓琦將興晋陽之甲，以除君側之惡』，安石因傳致其罪，以翰林侍讀學士知潁州。後相哲宗，拜司空，同平章軍國事。卒贈太師，封申國公，謚正獻。公先嘗通判潁州，郡守歐陽脩與爲講學之友。後知州，人愛戴之。『興晋陽之甲』，乃孫覺之言，帝誤以爲公著也。」吕景蒙《嘉靖潁州志·職官·宋》：「吕公著。傳見《名宦》。」同書《名宦·宋》：「吕公著。字晦叔，文靖公子。中進士第。神宗朝拜御史中丞，論事與王安石不合，以翰林侍讀學士知潁州。後相哲宗，拜司空，同平章事。卒，贈太師，封申國公。謚正獻。先嘗通判潁州，郡守歐陽脩與爲講學之友。人愛戴之。」李宜春《嘉靖潁州志·秩官·宋》：「吕公著。熙寧中任（知州）。見《宦業》。」同書《宦業·宋》：「吕公著。字晦叔，文靖公子。中進士第。神宗朝拜御史中丞，論事與王安石不合，誣以惡語，以翰林侍讀學士知潁州。先嘗通判潁州，郡守歐陽脩與爲講學之友。及知是州，人愛戴之。」

③蘇軾（1037—1101），字子瞻，眉州眉山（今屬四川）人。嘉祐二年（1057）進士。曾任兵部尚書、端明殿侍讀學士。卒贈太師，謚文忠。《宋史》有傳。《大明一統志·中都·潁州（名宦）》：「蘇軾。知潁州。嘗乞賞汝陰尉李直方捕賊功，不報。會郊恩當轉官，即奏移以賞之。」同書

《眉州・人物（宋）》：「蘇軾。洵長子。弱冠，博通經史。爲文渾涵光芒，雄視百世。舉制科，累官至翰林學士、兵部尚書。初，軾貶黄州，築室東坡，號東坡居士。卒謚文忠。軾器識閎偉，議論卓犖，挺挺大節，羣臣無出其右。所著有《易書傳》《論語説》《東坡集》《奏議内外制》數百卷。子三：邁、迨、過，俱善爲文。孫符，禮部尚書。」《南畿志・鳳陽府・宦蹟（宋）》：「蘇軾。眉州人。以龍圖學士出知潁州。先是，治水吏不究本末。將至，遣吏以水平準之，淮之漲水高於新溝幾一丈，若鑿黄堆，淮水顧流潁地爲患。軾言於朝，從之。郡有宿賊尹遇等，捕不獲，軾召汝陰尉李直方，慰遣緝捕，獲遇及其黨。」《成化中都志・名宦・潁州（宋）》：「蘇軾。字子瞻，眉州人。元祐六年（1091），以龍圖閣學士知潁州。其冬久雪，人饑，先生奏發義廩積穀數千石，並賣作院炭數萬秤，酒務柴數十萬秤，以濟饑寒。又奏乞罷黄河夫萬人，開本州溝瀆，從之。七年（1092），改知揚州。累官兵部尚書、端明侍讀學士，知定州。謫嶺南，建中靖國元年（1101）召還，復朝奉郎。卒，累贈太師，謚文忠。」吕景蒙《嘉靖潁州志・職官・宋》：「蘇軾。傳見《名宦》。」同書《名宦・宋》：「蘇軾。字子瞻，眉州人。元祐六年，以龍圖閣學士出知潁州。是冬久雪，潁饑，公奏發義廩積穀數千石，並賣作院炭數萬秤，酒務柴數十萬秤，以濟饑寒。先是，開封諸縣多水患，吏不究本末，決其陂澤，注之惠民河，河不能勝，致陳亦多水。又將鑿鄧艾溝與潁河並，且鑿黄堆欲注之於淮。軾始至潁，遣吏以水平準之，淮之漲水高於新溝幾一丈，若鑿黄堆，淮水顧流潁地爲患。軾言於朝，從之。郡有宿賊尹遇等，爲一方患。公召汝陰尉李直方曰：『君能擒此，當力言於朝，乞行優賞；不獲，且罪。』直方有母且老，與母訣而後行。緝知盗所，分捕其黨與，手戟刺遇，獲之。公奏移合賞官，不報。又請以已之年勞，當改朝散，爲直方賞，不從。其後吏部爲軾當遷，以符會其考，又不報。七年，改知揚州。累官兵部尚書、端明侍讀學士，知定州。謫嶺南，建中靖國元年召還，復朝奉郎。卒，累贈太師。謚文忠。（出本傳。）」李宜春《嘉靖潁州志・秩官・宋》：「蘇軾。康定中任（知州）。見《宦業》。」同書《宦業・宋》：「蘇軾。字子瞻，眉州人。元祐六年，以龍圖閣學士出知潁州。是冬久雪，潁饑，公奏發義廩積穀數千石，並賣作院炭數萬秤，酒務柴數十萬秤，以濟饑寒。先是，開封諸縣多水患，吏不究本末，決其陂澤，注之惠民河，河不能勝，致陳亦多水。又將鑿鄧艾溝與潁河並，且鑿黄堆欲注之於淮。軾始至潁，遣吏以水平準之，淮之漲水高於新溝幾一丈，若鑿黄堆，淮水顧流潁地爲患。軾言於朝，從之。郡有宿賊尹遇等，數刼殺人，又殺捕盗吏。公召汝陰尉李直方曰：『君能擒此，當力言於朝，乞行優賞；不獲，亦以不職奏免君矣。』直方有母且老，與母訣而後行。乃緝知盗所，分捕其黨與，手戟刺遇，獲之。公奏移合賞，不報。又請以已之年勞，當改朝散階，爲直方賞，不從。其後吏部爲軾當遷，以符會其考。軾謂已許直方，又不報。累官兵部尚書、端明殿侍讀學士。卒謚文忠。」

李直方。汝陰尉。除鋤奸暴，吏民畏服。以捕盜有功，潁州太守蘇軾奏乞賞之，不報。會郊恩，軾當轉官，即奏移以賞之。①

燕肅。知潁州。精於刻漏，時刻不差。尤有善政。臨去，吏民莫不攀戀。②

①事見《宋史·蘇軾傳》。《南畿志·鳳陽府·宦蹟（宋）》：「李直方。汝陰縣尉。潁有劇賊尹遇，爲一方患。蘇文忠公守潁，命直方擒之。直方多設方畧，悉獲其黨。」《成化中都志·名宦·潁州（宋）》：「李直方。以進士及第，授汝陰縣尉。潁有劇賊尹遇等，爲一方患。蘇文忠公守潁，命直方擒之。直方多設方畧，悉獲其黨與。公奏移合轉官，以賞之，不報。」吕景蒙《嘉靖潁州志·職官·宋》：「李直方。汝陰太尉，有捕盜功。太守蘇軾奏賞之，不報。會郊恩，軾當轉官，即奏移以賞之。詳《軾傳》。」李宜春《嘉靖潁州志·秩官·宋》：「李直方。康定中任汝陰尉，有捕盜功。見《蘇軾傳》。」

②燕肅（961—1040），字穆之，青州益都（今山東益都）人。舉進士。曾任龍圖閣直學士、禮部侍郎、左諫議大夫等。《宋史》有傳。《大明一統志·中都·潁州（名宦）》：「燕肅。知潁州。精於刻漏，時刻不差。有善政。臨去，吏民莫不攀戀。」同書《青州府·人物（宋）》：「燕肅。青州人。舉進士。累官龍圖閣直學士。歷知數州，皆有善政。知審刑院，冤獄盡釋。肅性巧，嘗造指南、記里鼓二車及欹器、蓮花漏，人服其精。子度，第進士，累官諫議大夫，知潭州。孫瑛，官至戶部尚書。」《南畿志·鳳陽府·宦蹟（宋）》：「燕肅。知潁州。精於刻漏，時刻不差。猶有善政。」《成化中都志·名宦·潁州（宋）》：「燕肅。青州人，舉進士。累官龍圖閣直學士。嘗知潁州，有善政。知審刑院，冤獄盡釋。肅性巧，嘗造指南、記里鼓二車及欹器、蓮花漏，人服其精。」吕景蒙《嘉靖潁州志·職官·宋》：「燕肅。傳見《名宦》。」同書《名宦·宋》：「燕肅。青州人。舉進士。累官龍圖閣直學士。嘗知潁州，有善政。知審刑院，冤獄盡釋。」李宜春《嘉靖潁州志·秩官·宋》：「燕肅。元豐中任（知州）。見《宦業》。」同書《宦業·宋》：「燕肅。字穆之，益都人。舉進士。累官龍圖閣直學士，知潁州，有善政。知審刑院，冤獄盡釋。性巧，嘗造指南、記里鼓二車及欹器、蓮花刻漏，人服其精。」

錢象先。吳人，舉進士。自許州別駕遷知潁州，多善政，以經術勉士人。後入爲天章閣待制。①

呂希純。公著子。知潁州，推廣父政，風化大行。②

彭訢。字樂道，廬陵人，宋政和中任順昌知府。有惠政，民懷去思。③

①錢象先，字資元，蘇州人。舉進士。曾任龍圖閣直學士、吏部侍郎、天章閣侍講等。《宋史》有傳。《南畿志・鳳陽府・宦蹟（宋）》：「錢象先。吳人。知潁州，多善政。以經術勉士人。」《成化中都志・名宦・潁州（宋）》：「錢象先。吳人。舉進士。自許州別駕遷知潁州，多善政。以經術勉士人。後入爲天章閣待制。」呂景蒙《嘉靖潁州志・職官・宋》：「錢象先。吳人。由許州別駕遷知潁州。詳《舊志》。」李宜春《嘉靖潁州志・秩官・宋》：「錢象先。建中靖國間由許州別駕任（知州）。見《宦業》。」同書《宦業・宋》：「錢象先。吳人。舉進士。自許州別駕遷知潁州，多善政。以經術勉士人。後入爲天章閣待制。」

②呂希純，字子進，京師（今河南開封）人。呂公著子。《宋史・呂公著傳》附其傳。《成化中都志・名宦・潁州》：「呂希純。字子進，公著第三子。嘗知潁州，推廣父政，教化大行。」呂景蒙《嘉靖潁州志・職官・宋》：「呂希純。公著第三子。傳見《名宦》。」同書《名宦・宋》：「呂希純。字子進，公著第三子。嘗知潁州，推廣父政，教化大行。其後，位至宰輔。而父子、兄弟俱以賢用。故君子稱爲世濟其美云。」李宜春《嘉靖潁州志・秩官・宋》：「呂希純。建中靖國間任（知州）。見《宦業》。」同書《宦業・宋》：「呂希純。字子進，公著第三子。嘗知潁州，推廣父政，教化大行。其後，位至宰輔。而父子、兄弟俱以賢用。故君子稱世濟其美。然皆陷於崇寧黨禍，何君子之不幸歟！」

③《南畿志・鳳陽府・宦蹟（宋）》：「彭訢。廬陵（今江西吉安）人。政和中知順昌府。有惠政，民思之。」《成化中都志・名宦・潁州》：「彭訴［訢］。字樂道，廬陵人。政和中知順昌府。有惠政，民思之。」呂景蒙《嘉靖潁州志・職官・宋》：「彭訴［訢］，廬陵人。出《中都志》。」李宜春《嘉靖潁州志・秩官・宋》：「彭訴［訢］。字樂道，廬陵人。政和中知順昌府。有惠政，民思之。」

陳規。順昌太守。紹興中，諜報金虜陷東京。適東京副留守劉錡至，規留之，各以忠義致勉。錡雖兵少，慷慨自任。規轉給餉饋，卒敗兀朮，城以無虞。①

---

①陳規（1072—1141），字元則，密州安丘（今屬山東）人。中明法科，曾任徽猷閣直學士、顯謨閣直學士等官。卒贈右正議大夫，追封忠利侯，後加謚智敏。《宋史》有傳。《南畿志·鳳陽府·宦蹟（宋）》：「陳規。安丘人。知順昌府，廣糴粟麥以實倉廩。金兀朮攻城，規與錡行城，勉激諸將。時方劇暑，規謂錡毋多出軍，第更隊易器，以逸制勞。伺金兵疲，則城中兵爭奮，斬獲無算。兀朮宵遁。」《成化中都志·名宦·潁州（宋）》：「陳規。安丘人。中明法科，爲人端毅寡言，以忠義自許。紹興十年（1140）知順昌府，得報虜錡入東京，規以報示新除東京副留守劉錡。錡曰：『吾軍遠來，力不可支，事急矣。城中有糧，則能與君共守。』規曰：『有米數萬斛。』錡曰：『可矣。』規亦力留錡共守，遂斂兵入城，爲捍禦計，人心稍安。虜退，改知廬州。」呂景蒙《嘉靖潁州志·職官·宋》：「陳規。傳見《名宦》。」同書《名宦·宋》：「陳規。安丘人。中明法科。紹興十年，知順昌府，葺城壁，招流亡，立保伍。會劉錡領兵赴東京留守，過郡境，規出迎。坐未定，傳金人已入京城，即告錡城中有粟數萬斛，勉同爲死守計。相與登城區畫，分命諸將守四門，且明斥候，募土人鄉導間諜。布設粗畢，金遊騎已薄城矣。既至，金龍虎大王者提重兵踵至。規躬擐甲冑，與錡巡城督戰，用神臂弓射之。稍引退，復以步兵邀擊，溺於河者甚衆。規曰：『敵志屢挫，必思出奇困我，不若潛兵斫營，使彼晝夜不得休，可養吾鋭也。』錡然之，果刼中其砦，殲其兵甚衆。金人告急於兀朮。規大饗將士，酒半問曰：『兀朮擁精兵且至，策將安出？』諸將或謂今已累捷，宜乘勢全師而歸。規曰：『朝廷養兵十五年，正欲爲緩急用，况屢挫其鋒，軍聲稍振。規已分一死，進亦死，退亦死，不如進爲忠也。』錡叱諸將曰：『府公文人，猶誓死守，况汝曹耶！兼金營近三十里，兀朮來援，我軍一動，金人追及，老幼先亂，必至狼狽，不獨廢前功，致兩淮侵擾，江、浙震驚。平生報君，反成誤國，不如背城一戰，死中求生可也。』已而兀朮至，親循城，責諸酋用兵之失，衆跪曰：『南兵非昔比。』兀朮下令晨飯府庭，且折箭爲誓，並兵十餘萬攻城，自將鐵浮屠軍三千遊擊。規與錡行城，勉激諸將，流矢及衣無懼色，軍殊死鬭。時方劇暑，規謂錡毋多出軍，第更隊易器。以逸制勞，蔑不勝矣。每清晨輒堅壁不出，伺金兵暴烈日中，至未申，氣力疲，則城中兵爭奮，斬獲無算，兀朮宵遁。錡奏功，詔褒諭之，遷樞密直學士。規至順昌，即廣糴粟麥會［實］倉廩。會計議司移粟赴河上，規請以金帛代輸，至是得其用，成錡功者，以規足食故也。」李宜春《嘉靖潁州志·秩官·宋》：「陳規。紹興中任（知府）。見《宦業》。」同書《宦業·宋》與呂景蒙《嘉靖潁州志·名宦·宋》畧同。

劉錡。紹興初東京副留守。之鎮過順昌，聞虜陷東京，即鑿舟誓軍士，無去意。寘家寺中，積薪於門。戒守者曰：「脫有不幸，即焚吾家，毋辱敵手也。」乃募土人爲間探，分命諸將修戰具，守諸門。城外民居數千家，撫之入城，悉焚其廬舍。措未畢，虜至。多方設伏迎戰，皆敗之。兀朮在汴，聞而惧，帥千萬衆親援，至則圍城。錡揮衆出西、南門夾戰，大敗之。金虜沮喪遁去，城得全。未幾，詔錡還朝。錡慷慨剛毅，有儒將風。①

汪若海。紹興中通判順昌府。金人奄至。劉錡兵不滿一萬，遣人丐援於朝，無敢往。若海毅然請行，朝廷從之。援未至，金已敗去。三君皆可謂見危受命者。②

岳雲。飛子。紹興十年（1140），金兀朮南侵，圍順昌，爲劉錡所敗。至秋，攻郾城，又爲武穆所敗。先是，武穆遣裨將王貴將大軍援錡，屯於順昌，自將輕騎駐郾城。兀朮技窮，與龍虎、蓋天二酋並力來攻。飛遣子雲直貫虜軍，戰數十合，大敗之。兀朮忿甚，夜遁。飛謂雲曰：「賊必還攻潁昌，汝宜速援王貴。」既而，兀朮果至。貴將遊奕，雲將背嵬，戰於城西，殺兀朮婿夏金吾，又大敗之。兀朮僅以身免，遁還汴。及賊檜沮忌飛功，屢詔班師。雲、貴、錡等皆南還，順昌從此陷於胡虜。③

趙葵。破虜大將軍。理宗開慶中，賊金爲胡元凌滅，不支。宋軍入信州，留屯以俟策應。尋以粮盡兵少退還，民亦念之。④

---

①劉錡（1098—1162），字信叔，德順軍（今寧夏隆德）人。瀘川軍節度使仲武第九子。曾任宣撫司統制、東京副留守、太尉、魏武軍節度使等。卒贈開府儀同三司，後謚武穆。《宋史》有傳。《南畿志·鳳陽府·宦蹟（宋）》：「劉錡。爲東京副留守。至順昌，諜報金人陷東京，錡斂兵入城，沉舟，示無去意。金兵圍城，錡連擊破之。兀朮來援，又爲錡所敗。兀朮平日所恃以爲强者，什捐七八。金人震恐喪魄。」《大明一統志·中

都・潁州（名宦）》：「劉錡。以東京副留守抵順昌。守臣陳規得報，金兵已入東京。錡知，鑿舟沉之，示無去意，屢率衆極力與戰，殺其衆五千，金人大敗而遁。」《成化中都志・名宦・潁州（宋）》：「劉錡。字信叔，秦州成紀人。紹興十年（1140），由主管侍衛馬軍司爲東京副留守，奉旨隨軍，家口留屯順昌。中夏抵順昌，得報兀朮已入東京。錡謂衆曰：『錡本赴官留守司，今東京既陷，幸全軍至此，有城池可守，機不可失，當同心力，以死報國。』即鑿舟沉之，示無去意。親督工，治戰具，修壁壘。六日粗畢，而金之遊騎已渡河至城下矣。虜衆三萬餘攻城，錡擊却之，復夜刼其寨，殲之甚衆。虜馳詣東京告急，兀朮引兵來援攻城，凡十余萬。騎［錡］所部不滿二萬，可出戰者僅五千人，皆殊死鬭，虜大敗，殺其衆五千，横屍滿野。兀朮移寨城西，掘塹百衛。夜遣兵刼之，虜退走。以功授武泰軍節度使、侍衛親軍都虞侯。高宗賜御札曰：『卿之偉績，朕所不忘。』尋以淮西制置使權知順昌府，以代陳規。洪皓時在燕山，密奏曰：『順昌之役，虜震懼喪魄，燕之寶貨悉取而北，意欲捐燕以南棄之。王師亟還，自失機會，可惜也。』錡累官太尉，卒謚武穆。」吕景蒙《嘉靖潁州志・過賓・宋》：「劉錡。字信叔，德順軍人。瀘川軍節度使仲武第九子也。美儀狀，善射，聲如洪鐘。高宗即位，録仲武後，錡得召見，奇之。紹興十年，金人歸三京，充東京副留守，節制軍馬。所部八字軍纔三萬七千人，將發，益殿司三千人，皆攜其孥，將駐於汴，家留順昌。錡自臨安泝江絶淮，二千二百里。至渦口，方食，暴風拔坐帳，錡曰：『此賊兆也，主暴兵。』即下令兼程而進，未至。五月，抵順昌三百里，金人果敗盟來侵。錡與將佐舍舟陸行，先趨城中。庚寅，諜報金人入東京。知府事陳規見錡問計，錡曰：『城中有糧，則能與君共守。』規曰：『有米數萬斛。』錡曰：『可矣。』時所部選鋒、遊奕兩軍及老稚錙重相去尚遠，遣騎趣之，四鼓乃至。及旦得報，金騎已入陣。規與錡議斂兵入城，爲守禦計，人心乃安。召諸將計事，皆曰：『不可敵也，請以精鋭爲殿，步騎遮老小順流還江南。』錡曰：『吾本赴官留司，今東京雖失，幸全軍至此，有城可守，奈何棄之？吾意已決，敢言去者斬！』惟部將許清，號夜叉者奮曰：『太尉奉命副守汴京，軍士扶攜老幼而來，不如相與努力一戰，於死中求生也。』議與錡合。錡大喜，鑿舟沉之，示無去意。寘家寺中，積薪於門，戒守者曰：『脱有不利，即焚吾家，毋辱敵手也。』分命諸將守諸門，明斥堠，募土人爲間探。於是軍士皆奮，男子備戰守，婦人礪刀劍，爭呼躍曰：『平時人欺我八字軍，今日當爲國家破賊立功。』時守備一無可恃，錡於城上躬自督厲，取偽齊所造癡車，以輪轅埋城上；又撤民戶扉，周匝蔽之；城外有民居數千家，悉焚之。凡六日粗畢，而遊騎已涉潁河至城下。壬寅，金人圍順昌，錡豫於下城設伏，擒千戶阿黑等二人，詰之，云：『韓將軍營白沙渦，距城三十里。』錡夜遣千餘人擊之，連戰，殺虜頗衆。既而三路都統葛王褒以兵三萬，與龍虎大王合兵薄城。錡令開諸門，金人疑不敢近。初，錡傅城築羊馬垣，穴垣爲門。至是，與清等蔽垣爲陣，金人縱矢，皆自垣端軼著於城中，或止中垣上。錡用破敵弓翼以神臂、强弩，自城上或垣門射敵，無不中，敵稍卻。復以步兵邀擊，溺河死者不可勝計，破其鐵騎數千。特授鼎州觀察使、樞密副都承旨、沿淮制置使。時順昌受圍已四日，金兵益盛，乃移砦於東村，距城二十里。錡遣驍將閻充募壯士五百人，夜斫其營。是夕，天欲雨，電光四起，見辮髮者輒殲之。金兵退十五里。錡復募百人往，或請銜枚。錡笑曰：『無以枚也。』命折竹爲嘂，如市井兒以爲戲者，人持一以爲號，直犯金營。電所燭則奮擊，電止則匿不動，敵衆大亂。百人者聞吹嘂聲即聚，金人益不能測，終夜自戰，積屍盈野，還［退］軍老婆灣。兀朮在汴聞之，即索靴上馬，過淮寧留一宿，治戰具，備糗糧，不七日至順昌。錡聞兀朮至，會諸將於城上問策，或謂今已屢捷，宜承此勢，具舟全軍而歸。錡曰：『朝廷養兵十五年，正爲緩急之用。況已挫賊鋒，軍聲稍振，雖衆寡不侔，然有進無退。且敵營甚邇，而兀朮又來，吾軍一動，彼躡其後，則前功俱廢。使敵侵軼兩淮，震驚江浙，則平生報國之志，反成誤國之罪。』衆皆感動思奮，曰：『惟太尉命。』錡募得曹成等二人，諭之曰：『遣汝作間，事捷重賞。今置汝綽路騎中，汝遇敵則佯墜馬，敵所得。敵師問我何如人，則曰：太平邊帥子，喜聲伎，朝廷以兩國講好，使守東京圖逸樂耳。』已而二人果遇敵被執，兀朮問之，對如前。兀朮喜曰：『此城易破耳。』即置鵝車炮具不用。翌日，錡登城，望見二人遠來，縋而上之，乃敵械成等歸，以文書一卷繫於械。錡懼惑軍心，立焚之。兀朮至城下，責諸將喪師，衆皆曰：『南朝用兵，非昔之比，元帥臨城自見。』錡遣耿訓以書約戰，兀朮怒曰：『劉錡何敢與我戰，以吾力破爾城，直用靴尖趯倒耳。』訓曰：『太尉非但請與太子戰，且謂太子不敢濟河，願獻浮橋五所，濟而大戰。』兀朮曰：『諾。』乃下令明日府治會食。遲明，錡果爲五浮橋於潁河上，敵由之以濟。錡遣人毒水上流及草中，戒軍士雖渴死，毋得飲於河；飲者，夷其族。敵用長勝軍嚴陣以待，諸酋各居一部。衆請先擊韓將軍，錡曰：『擊韓雖退，兀朮精兵尚不可當。法當先擊兀朮，兀朮一動，則餘無能爲矣。』時天大暑，敵遠來疲敝，錡士氣閒暇，敵晝夜不解甲，錡軍皆番休更食羊馬垣下。敵人馬饑渴，食水草者輒病，往往困乏。方晨氣清涼，錡按兵不動，逮未、申間，敵力疲氣索，忽遣數百人出西門接戰。俄以數千人出南門，戒令勿喊，但以鋭斧犯之。統制官趙撙、韓直身中數矢，戰不肯已，殊死戰，入其陣，刀斧亂下，敵大敗。是夕大雨，平地水深尺餘。乙卯，兀朮拔營北去，錡遣兵追之，死者萬數。方大戰時，兀朮被白袍，乘甲馬，以牙兵三千督戰，兵皆重鎧甲，號鐵浮圖，戴鐵兜牟，周匝綴長簷。三人爲伍，貫以韋索，每進一步，即用拒馬擁之，人進一步，拒馬亦進，退不可卻。官軍以長標去其兜牟，大斧斷其臂，碎其首。敵又以鐵騎分左右翼，號拐子馬，皆女真爲之，號長勝軍，專以攻堅，戰酣然後用之。自用兵以來，所向無前；至是，亦爲錡軍所殺。戰自辰至申，敵敗，遽以拒馬木障之。少休，城上鼓聲不絶，乃出飯羹，坐餉軍士如平時，敵披靡不敢近。食已，撤拒馬木，深入斫敵，又大破之。棄屍斃馬，血肉枕藉，車旗器械，積如山阜。兀朮平日所恃以爲强者，十損七八。至陳州，數諸將之罪，韓常以下皆鞭之，遂還汴。既而洪皓自金密奏：『順昌之捷，金人震恐喪魄，燕之重寶珍器悉徙而北，意欲捐燕以南棄之。』捷聞，帝甚喜，授錡武泰軍節度使、侍衛馬軍都虞侯、知順昌府、沿淮制置使。故議者謂：『是時，諸將協心，分路追討，則兀朮可擒，汴京可復，而王師亟還，自失幾［機］會，良可惜也。』李宜春《嘉靖潁州志·流寓·宋》：「劉錡。字信叔，德順軍人。紹興十年，金人歸三京，充東京副留守，節制軍馬。所部八字軍纔三萬七千人，將發，益殿司三千人，皆攜其孥，將駐於汴，家留順昌。錡自臨安泝江絶淮，凡二千二百里。至渦口，方食，暴風拔坐帳，錡曰：『此賊兆也，主暴兵。』即下令兼程而進，未至，五月，抵順昌三百里，金人果敗盟來侵。錡與將佐舍舟陸行，先趨城中。庚寅，諜報金人入東京。知府陳規見錡問計，錡曰：『城中有糧，則能與君共守。』規曰：『有米數萬斛。』錡曰：『可矣。』時所部選鋒、遊奕兩軍及老稚錙重，相去尚遠，遣騎趣之，四鼓乃至。及旦得報，金騎已入陣。規與錡議斂兵入城，爲守禦計，人心乃安。召諸將計事，皆曰：『金兵不可敵也，請順流還江南。』錡曰：『吾本赴官留司，今東京雖失，幸全軍至此，有城可守，奈何棄之？吾意已決，敢言去者斬！』乃鑿舟沉之，示無去意。寘家寺中，積薪於門，戒守者曰：『脱有不利，即焚吾家，毋辱敵手也。』分命諸將守諸門，明斥堠，募土人爲間探。於是軍士皆奮，男子備戰守，婦人礪刀劍，爭呼躍曰：『平時人欺我八字軍，今日當爲國家破賊立功。』時守備一無可恃，錡於城上躬自督厲，取偽齊所造癡車，以輪轅埋城上，又撤民戶扉，周匝蔽之。凡六日粗畢，而遊騎已涉潁河至城下。壬寅，金人圍順昌，錡豫下城設伏，擒千戶阿黑等二人，詰之，云：『韓將軍營白沙渦，距城三十里。』錡夜遣千餘人擊之，連戰，殺虜頗衆。既而三路都統葛王褒以兵三萬，與龍虎大王合兵薄城。錡令開諸門，金人疑不敢近。初，錡傅城築羊馬垣，穴垣爲門。至是，與清等蔽垣爲陣，金人縱矢，皆自垣端軼著於城中，或止中垣上。錡用破敵弓翼以神臂、强弩，自城上或垣門射敵，無不中，敵稍卻。復以步兵邀擊，溺河死者不可勝計，破其鐵騎數千。時受圍已四日，金兵益盛，移砦東村，距城二十里。錡遣驍將閻充募壯士五百人，夜斫其營。是夕，天欲雨，電光四起，見辮髮者輒殲之。金兵退十五里。錡復募百人往，命折竹爲嘂，如市井兒以爲戲者，人持一以爲號，直犯金營。電所燭則奮擊，電止則匿不動，敵衆大亂。百人者聞吹嘂聲即聚，金人益不能測，終夜自戰，積屍盈野，退軍老婆灣。兀朮在汴聞之，即索靴上馬，不七日至順昌。錡聞兀朮至，募得曹成二人，諭之曰：『遣汝作間，事捷重賞。今置汝綽路騎中，汝遇敵則佯墜馬，敵執，問我何如人，則曰：太平邊帥子，喜聲伎，朝廷以兩國講好，使守東京圖逸樂耳。』已而果遇敵被執，兀朮問之，對如前。兀朮喜曰：『城易破耳。』即置鵝車炮具不用。翌日，錡登城，望見二人械而來，縋而上之。乃遣耿訓以書約戰，兀朮怒曰：『劉錡何敢與我戰，以吾破彼，直用靴尖趯倒耳。』訓曰：『太尉非但與太子戰，且謂太子不敢濟河，願獻浮橋五所。』兀朮曰：『諾。』乃下令明日。遲明，錡果爲五浮橋於潁河上，遣人毒水上流及草中，戒軍士雖渴死，毋飲於河。衆請先擊韓將軍，錡曰：『當先擊兀朮，兀朮一動，則韓將軍無能爲矣。』時天大暑，敵遠來疲敝，錡士氣閒暇，敵晝夜不解甲，錡軍皆番休更食。敵人馬饑渴，食水草者輒病困。方晨氣清涼，錡按兵不動，逮未、申間，敵力疲氣索，忽遣數百人出西門接戰。俄以數千人出南門，戒令勿喊，但以鋭斧犯之。統制官趙撙、韓直身中數矢，戰不肯已，士殊死戰，入其陣，刀斧亂下，敵大敗。是夕大雨，平地水深尺餘。乙卯，兀朮拔營北去，錡遣兵追之，死者萬數。方大戰時，兀朮被白袍，乘甲馬，以牙兵三千督戰，兵皆重鎧甲，號鐵浮圖，戴鐵兜牟，周匝綴長簷。三人爲伍，貫以韋索，每進一步，即用拒馬擁之，人進一步，拒馬亦進，退不可卻。官軍以槍標去其兜牟，大斧斷其臂，碎其首。敵又以鐵騎分左右翼，號拐子馬，皆女真爲之，號長勝軍，專以攻堅，戰酣然後用之。自用兵以來，所向無前；至是，亦爲錡軍所殺。戰自辰至申，敵敗，遽以拒馬木障之。少休，城上鼓聲不絶，乃出飯羹，坐餉軍士如平時，敵披靡不敢近。食已，撤拒馬木，深入斫敵，又大破之。棄屍斃馬，血肉枕藉，車旗器械，積如山阜。兀朮平日所恃以爲强者，十損七八。至陳州，數諸將之罪，韓常以下皆鞭之，遂還汴。時洪皓在燕密奏：『順昌之捷，金人震恐喪魄，燕之重寶珍器，悉徙而北，意欲捐燕以南棄之。』捷聞，帝甚喜，授錡武泰軍節度使、侍衛馬軍、都虞候、知順昌府、沿淮制置使。」

②汪若海（1101—1161），字東叟，歙縣（今屬安徽）人。曾任承奉郎、聞檢院、承議郎、直秘閣等。《宋史》有傳。《大明一統志·中都·潁州（名宦）》：「汪若海。紹興中，通判順昌府。金人奄至。劉錡衆不滿三萬，遣人丐援於朝，無敢往者。若海毅然請行，朝廷從之。金兵果敗去。」《南畿志·鳳陽府·宦蹟（宋）》：「汪若海。歙人。紹興中，通判順昌府。金人奄至。太尉劉錡衆不滿三萬，遣人丐援於朝，無敢往者。若海毅然請行，具述錡明方畧，善用兵，以偏師濟之，必有成功。朝廷從之。金兵果敗去。」《成化中都志·名宦·潁州（宋）》：「汪若海。紹興中，通判順昌府。金人犯順昌。劉錡衆不滿二萬，遣人求援於朝，無敢往者。若海毅然請行，朝廷以錡爲樞密副都承旨、沿淮制置使，使禦虜。金兵敗去。仍命若海通判順昌。」吕景蒙《嘉靖潁州志·職官·宋》：「汪若海。傳見《名宦》。」同書《名宦·宋》：「汪若海。字東叟，歙人。未弱冠，遊京師，入大［太］學。靖康元年（1126），金人侵擾，朝廷下詔求知兵者，若海應詔，未三刻而文成，擢高第。時已割河北地。其年冬，再犯京師。若海言：『河北國家重地，當用河北以攬天下之權，不可怯懦以自守，閉關養敵，坐受其弊。』屬康王起兵相州，乃上書樞密曹輔，請立王爲大元帥，擁撫河北，以掎金人之後，則京城之圍自解。輔大喜，即以其書進欽宗，用爲參謀，遣如康王所。宰相何栗執異議，以道梗爲辭，不果遣。京城失守，及二帝北行，袖書抗粘罕，請存趙氏。縋而出，謁康王於濟州，謂神器久虛，異姓僭竊，宜蚤即位，以圖中興。一日三被顧問，補修職郎，充帳前差使。高宗既即位，推恩改承奉郎。（以上雖非治潁事，而大勢關宋存亡，故特詳之。）自是更歷中外，所至有聲。紹興九年（1139），遷承議郎、通判順昌府。金人奄至，大［太］尉劉錡甫至，衆不滿三萬，議遣人丐援於朝，無敢往者。若海毅然請行，具述錡明方畧，善用兵，以偏師濟之，必有成功。朝廷從之。金兵果敗去。辟淮北宣撫司主管機宜文字。以勞兩轉至朝散郎、通判洪州。未上，

丁内艱，判信州。秩滿，遷知道州。陛辭得對，上曰：『久不見卿，卿向安在？』授直秘閣、知江州。丁父憂。時方經畧中原，朝廷議起若海，而若海死矣。若海豁達高亮，深沉有度。恥爲世俗章句學，爲文操紙筆立就，蹈厲風發。高宗嘗以片紙書若海名諭張浚曰：『似此人材，卿宜收拾。』會浚去國，不果召。」李宜春《嘉靖潁州志·秩官·宋》：「汪若海。紹興間任（通判）。見《宦業》。」同書《宦業·宋》：「汪若海。字東叟，歙人。未弱冠，入太學。靖康元年，金人侵擾，朝廷下詔求知兵者，若海應詔，未三刻而文成，擢高第。紹興九年，遷承議郎、通判順昌府。金人奄至。太尉劉錡甫至，衆不滿三萬，議遣人乞援於朝，無敢往者。若海毅然請行，具述錡明方畧，善用兵，以偏師濟之，必有成功。朝廷從之。金兵果敗去。若海豁達高亮，深沉有度。恥爲世俗章句學，爲文操紙筆立就，蹈厲風發。高宗嘗以片紙書若海名諭張浚曰：『似此人才，卿宜收拾。』會浚去國，不果召。」

③岳雲（1119—1142），岳飛養子。《宋史·岳飛傳》附其傳。按，此條誤收。吕景蒙《嘉靖潁州志·凡例·正誤》：「岳雲。按《飛傳》及《雲傳》俱云潁昌，並無順昌字。《舊志》云：『紹興十年（1140），金兀朮南侵，圍順昌，爲劉錡所敗。至秋，攻郾城，又爲武穆所敗。先是，武穆遣裨將王貴援錡，屯於順昌，自是輕騎駐郾城。兀朮計窮，與龍虎、蓋天二酋並力來攻。飛遣子雲直貫虜軍，戰數十合，大敗之。兀朮忿甚，夜遁。飛謂雲曰：賊必還，攻潁昌，汝宜速援王貴。既而，兀朮果至。貴將雲奕，雲將背嵬，戰於城西，殺兀朮婿夏金吾，又大敗之。兀朮僅以身免，遁還汴。及賊檜沮忌飛功，屢詔班師。雲、貴、錡等皆南還，順昌從此陷於胡虜。』」其所謂《舊志》，即是本書。李宜春《嘉靖潁州志·傳疑》：「岳雲。飛子。《舊志》：『紹興十年，金兀朮圍順昌，爲劉錡所敗。攻郾城，又爲岳飛所敗。先是，飛遣裨將王貴將大軍授錡，屯於順昌。又遣子雲直貫虜軍，戰數十合，大敗之。』按《宋史》：『飛大軍在潁昌，諸將分道出戰。飛自以輕騎駐郾城，兵勢甚鋭。兀朮大懼。方郾城再捷，飛謂雲曰：賊屢敗，必還攻潁昌，汝宜速援王貴。既而，兀朮果至。貴將遊奕，雲將背嵬，戰於城西。雲以兵八百決戰，步軍張左、右翼繼之，殺兀朮婿夏金吾，兀朮始遁。』」

④趙葵（1186—1266），字南仲，衡山（今屬湖南）人。京湖制置使方之子。曾任右丞相兼樞密使、少師、武安軍節度使等，卒贈太傅，謚忠靖。《宋史》有傳。按，此條誤收。吕景蒙《嘉靖潁州志·凡例·正誤》：「趙葵。按本傳與潁州並無干。《舊志》誤收，且曰：『破虜大將軍。開慶中，賊金爲胡元凌滅，不支。宋軍入信州，留屯以俟策應。尋以粮盡兵少退還。民亦念之。』」李宜春《嘉靖潁州志·傳疑》：「趙葵。《舊志》：『爲破虜大將軍。開慶中，賊金爲胡元凌滅，不支。宋軍入信州，留屯以俟策應。尋以粮盡，兵還。民亦念之。』」按《宋史》，葵紹定中知滁州，端平中知應天府，嘉熙中知揚州。後以特受樞密使兼參知政事，督視江淮、京西、湖北軍馬。未嘗爲破虜將軍。」

元

歸暘。至順初，同知潁州事。鉏奸擊强，人不敢以年少易之。嘗奏添置潁水縣於南鄉。①

①歸暘（1305—1367），字彦溫，汴梁（今河南開封）人。曾任翰林直學士、禮部尚書、刑部尚書等官。《元史》有傳。《南畿志・鳳陽府・宦蹟（元）》：「歸暘。至順間，同知潁州事。鉏奸擊强，人不敢以年少易之。」《大明一統志・中都・潁州（名宦）》：「歸暘。至順初同知潁州事。鉏奸擊强，人不敢以年少易之。」《成化中都志・名宦・潁州（元）》：「歸暘。汴梁人。至順初，舉進士。同知潁州事。鉏奸擊强，人不敢以年少易之。累官刑部尚書、集賢學士，兼國子祭酒。」呂景蒙《嘉靖潁州志・職官・元》：「歸暘。傳見《名宦》。」同書《名宦・元》：「歸暘。字彦溫，汴梁人。至順元年（1330），舉進士第，授同知潁州事。鉏奸擊强，人不敢以年少易之。山東鹽司遣奏差至潁，恃勢爲不法，暘執以下獄。時州縣奉鹽司甚謹，頤指氣使，輒奔走之，暘獨不爲屈。又嘗奏添置潁水縣於南鄉。累官刑部尚書、集賢學……（以下原書缺失）」李宜春《嘉靖潁州志・秩官・元》：「歸暘。至順中任（同知）。見《宦業》。」同書《宦業・元》：「歸暘。字彦溫，汴梁人。至順元年，舉進士第，授同知潁州事。鉏奸擊强，人不敢以年少易之。山東鹽司遣奏差至潁，恃勢爲不法，暘執以下獄。時州縣奉鹽司甚謹，頤指氣使，輒奔走之，暘獨不爲屈。又嘗奏添置潁水縣於南鄉。」《雍正河南通志・人物・元》：「歸暘。字彦温，汴梁人。學無師傳，而精敏過人。登至順初進士第，授潁川［州］同知。時杞縣人范孟謀不軌，詐爲詔使，召官屬署而用之，强暘北守黄河口，力拒不從，賊怒，繫於獄。暘無懼色，及賊敗，汚賊者，皆獲罪，獨暘免。拜國子學士，累遷刑部尚書、集賢學士，兼國子祭酒。卒，年六十二。」

本朝

李添祐。洪武元年（1368），同知州事。時初經喪亂，百事草創。添祐招撫流亡，救養顛沛，遺民稍稍歸復。①

王敬。洪武三年（1370），知州事。避亂之民困窘萬狀，敬能撫安招集之。②

方玉。合肥人。洪武六年（1373），知潁州，有才幹。凡遷移治所，多其規度。③

---

①《南畿志·鳳陽府·宦蹟（國朝）》：「李添祐。洪武元年同知潁州事。時兵亂之後，百事草創。添祐隨宜經理，招撫流亡，遺民復歸。」《成化中都志·名宦·潁州（國朝）》：「李添祐。洪武元年同知州事。時兵亂之後，百事草創，添祐隨宜經理，招撫流亡，遺民復歸。」吕景蒙《嘉靖潁州志·職官·皇明（同知）》：「李添祐。傳見《名宦》。」同書《名宦·皇明》相關部分缺失。李宜春《嘉靖潁州志·秩官·明》：「李添祐。洪武元年任（同知）。見《宦業》。」同書《宦業·明》：「李添祐。洪武元年同知州事。時兵亂之後，百爾草創。添祐隨宜經理，招撫流亡，遺民歸復。」

②《成化中都志·名宦·潁州（國朝）》：「王敬。洪武三年知州。撫安招集避兵之民，復安生業。」吕景蒙《嘉靖潁州志·職官·皇明（知州）》：「王敬。傳見《名宦》。」同書《名宦·皇明》相關部分缺失。李宜春《嘉靖潁州志·秩官·明》：「王敬。洪武三年任（知州）。見《宦業》。」同書《宦業·明》：「王敬，洪武三年，知州事。撫安招集避兵之民，卒復生業。」《嘉慶廬州府志·人物志·名臣（明）》：「王敬。字惟瞻，廬江人。景泰間貢監。任大理評事，力白三原王恕之冤，衆論多之。陞本寺副。（《江南通志》。）」

③《成化中都志·名宦·潁州（國朝）》：「方玉。合肥人，洪武六年任（知州）。有才幹。凡遷置公宇，多其規度。」吕景蒙《嘉靖潁州志·職官·明》：「方玉。傳見《名宦》。」同書《名宦·明》相關部分缺失。李宜春《嘉靖潁州志·秩官·明》：「方玉。合肥人，洪武六年任（知州）。有才幹。凡遷置公宇，多其規度。」《嘉慶廬州府志·選舉表·貢生（明）》：「（宏［弘］治）方玉。西華訓導。」

游兆。福建人。洪武二十五年（1392），潁州判官。勤能愛民。修築清波［陂］塘，民利之。①

李韶。山西潞州人。由進士，永樂中潁州判官，有治事才。②

孫景明。富陽人。由進士，監察御史左遷，再陞知潁州。興學校，嚴祀禮。是時黄河初徙，民物富庶。景明廉静牧民，得爲治體。③

---

①《南畿志·鳳陽府·宦蹟（國朝）》：「游兆。福建人。洪武間潁州判官。脩築清陂塘，民永賴之。」吕景蒙《嘉靖潁州志·職官·皇明（判官）》：「游兆。傳見《名宦》。」同書《名宦·皇明》相關部分缺失。李宜春《嘉靖潁州志·秩官·明》：「游兆。福建人，洪武二十五年任（判官）。見《宦業》。」同書《宦業·明》：「游兆。福建人。洪武七年（1374），任判官。勤能愛民，修築清陂塘，民永賴之。」《乾隆福建通志·選舉·明》：「游兆。欽州府判官。以上俱以孝廉舉。」

②吕景蒙《嘉靖潁州志·職官·明（判官）》：「李韶。山西潞州人。」李宜春《嘉靖潁州志·秩官·明》：「李韶。山西潞州人，進士。永樂中任（判官）。有治事才。」

③《南畿志·鳳陽府·宦蹟（國朝）》：「孫景明。富陽人。正統間，知潁州。興學校，嚴禮祀。以廉静牧民，得爲治體。」《大明一統志·中都·潁州（名宦）》：「孫景明。正統間知潁州。興學校，嚴禮祀。以廉静牧民，得爲治體。（《南畿志》。）」《成化中都志·名宦·潁州（國朝）》：「孫景名［明］。浙江富陽縣人。由進士任監察御史，改歷揚州、臨江二府推官。正統六年（1441）升知州。修理學校、壇壝、養濟院，爲政有聲。」吕景蒙《嘉靖潁州志·職官·皇明（知州）》：「（正統）孫景名。傳見《名宦》……（成化）孫景明。」同書《名宦·皇明》相關部分缺失。李宜春《嘉靖潁州志·秩官·明》：「孫景名［明］。浙江富陽人。正統六年任（知州）。見《宦業》」同書《宦業·明》：「孫景名［明］。浙江富陽人。永樂戊戌（1418）進士，以御史左遷。正統六年再陞知潁州，興學校，嚴祀禮，修養濟院，廉静牧民，甚有聲稱。」《光緒富陽縣志·選舉表·明（舉人）》：「孫景明。洋漲里人。中（永樂）十二年甲午（1414）浙江鄉試一百六十三名。」同書《選舉表·明（進士）》：「孫景明。登（永樂）十六年戊戌（1418）李騏榜。」同書《仕進表·明（永樂）》：「孫景明。由進士，歷官福建道監察御使，潁川［州］太守。有傳。」同書《人物志·明》：「孫景明。字克正，洋漲人。孫鍾之裔。登永樂戊戌進士第。擢福建道監察御使，改揚州府推官。調臨江，折獄詳慎，治無冤民。有瑞蓮生廳事沼中，陞知涿州。惠政及民，蝗不入境。調潁州，興學校，恤流逋。麥秀至三五歧，民歌頌之。《舊》仍。」

黃亨。江西豐城人。由舉人，正統中同知潁州。守官有聲。①

劉節。江西人。由舉人，同知潁州。政聲大著，士民悦服。②

張賢。浙江人。由舉人，任學正。教士多成，文風大振。③

---

①吕景蒙《嘉靖潁州志·職官·皇明》：「黃亨。江西豐城人。（正統）五年（1440）任（同知）。」李宜春《嘉靖潁州志·秩官·明》：「黃亨。江西豐城人，貢士。正統中任（同知）。守官有聲。」《雍正江西通志·選舉·明》：「黃亨。豐城人。潁州同知。」《道光豐城縣志·人物志·文科》：「黃亨。槎熫人。潁州同知。」

②吕景蒙《嘉靖潁州志·職官·皇明（同知）》：「劉節。江西廬陵（今江西吉安）人。貢士。（成化）十三年（1477）任（同知）。有政聲，民至於今稱之。」李宜春《嘉靖潁州志·秩官·明》：「劉節。江西廬陵人。成化十三年任（同知）。見《宦業》。」同書《宦業·明》：「劉節。江西廬陵人。成化十三年，由貢士任同知。惓惓然以淑人心，敦教化爲務。嘗伐石砌東關馬頭，百廢具舉。纂修《州志》，允爲實録。議請撫按置縣於谷家莊，已相地度基，因節卒，遂寢。」

③吕景蒙《嘉靖潁州志·職官·皇明（學正）》：「張賢。傳見《名宦》。」同書《名宦·皇明》相關部分缺失。李宜春《嘉靖潁州志·宦業·明》：「張賢。浙江臨海人。成化四年（1468）任（學正）。嚴立課程，勤於講訓。士多所成就。」《康熙臨海縣志·選舉志·舉人》：「（成化四年戊子科）張賢。字時用。任潁州學正，轉國子學録。」《雍正浙江通志·選舉·明（举人）》：「（成化四年戊子科）張賢。臨海人，國子學録。」

流寓

灌夫。父爲潁陰侯灌嬰舍人。得幸，進之二千石，故蒙灌氏姓，就嬰所置第居之。喜任俠，交遊豪傑。家累千萬，食客日數十百人。性剛直，使酒流風，至今有之。①

袁宏〔閎〕。父安，仕至司徒。漢末，諸袁漸跋扈。宏〔閎〕避居汝陰，苦身脩飾，以講學爲業。暇日坐釣潁濵，朝廷累召不起。②

畢卓。爲吏部郎。以罪謫居鮦陽郡，因家焉。所居前有大池，今俗呼畢卓池。塟鮦陽城東，墓存。③

歐陽脩。廬陵人。宋仁宗朝出守潁州，愛其風土淳厚，因卜家焉。治潁甫再越寒暑，移留守南京。又明年，皇祐壬辰（1052）三月壬戌，丁母夫人憂，歸潁守喪。五年癸巳（1053）護母喪，歸塟吉水之瀧岡。是冬，復至潁。蓋公生於綿，長於隨，雖世家於吉，而未嘗一日居之。及登仕版，以官爲家。而公故居吉水瀧岡，又僻在深山瘴癘中，故凡墳墓，託之宗族。曁主守之人以其居址爲西陽宫，召道士住持，置祠堂其中，歲時道士奉祠，今爲四百年。公之子孫，流落不可知。族屬之在吉者尚繁，而瀧岡之派，亦未有聞。西陽宫尚在，而道士之奉祠猶自若也。潁州國初猶有歐陽氏，土人傳爲公後人螟子，以武功授百户，今調陝西西安衛云。④

---

①此條誤收。吕景蒙《嘉靖潁州志・凡例・正誤》：「《封爵》中潁陰侯灌嬰，按《史記》，潁陰縣屬潁川，今陳州南潁縣西北十三里，潁陰故城是也。非汝陰地，不宜收入。《人物》中如灌夫，實潁陰人，父張孟給事潁陰侯，遂蒙灌姓。《舊志》皆收入，誤也。」李宜春《嘉靖潁州志・傳疑》：「灌夫。《舊志》載：『夫父張孟給事潁陰侯，遂蒙灌姓，爲潁陰人。』按《漢書》，夫家在潁川。」

②此條有誤。《後漢書・袁安傳》：「（玄孫）閎字夏甫，彭之孫也。少勵操行，苦身修節。父賀，爲彭城相……閎見時方險亂，而家門富盛，常對兄弟歎曰：『吾先公福祚，後世不能以德守之，而競爲驕奢，與亂世爭權，此即晉之三郤矣。』延熹末，黨事將作，閎遂散髮絶世，欲投迹深林……」吕景蒙《嘉靖潁州志・遺逸・漢》：「袁宏［閎］。父安，漢司徒官也。末季，諸袁跋扈，宏［閎］避汝陰居焉。苦身修飭，以講學爲業。暇日坐釣潁濱。朝廷累徵不至，時人賢之，名其處曰釣魚臺。（釣魚臺在州東七十里。）」李宜春《嘉靖潁州志・人物・隱逸》：「袁宏［閎］。父安，漢司徒官也。末季，諸袁跋扈，宏避汝陰居焉。苦身修飭，以講學爲業。暇日坐釣潁濱。朝廷累徵不至，時人賢之，名其處曰釣魚臺。」亦皆有誤。

③畢卓，字茂世，新蔡鮦陽（今安徽臨泉）人。曾任吏部郎、温嶠平南長史等官。《晉書》有傳。《大明一統志・汝寧府・人物（晉）》：「畢卓。汝陰鮦陽人。少希放達。太興末，爲吏部郎。常飲酒廢職。卓嘗謂人曰：『得酒滿四百斛船，右手持酒杯，左手持蟹螯，拍浮酒船中，便足了一生矣。』及過江，爲温嶠平南長史，與阮孚等爲八達。」《成化中都志・人才・潁州（晉）》：「畢卓。字茂世，鮦陽人。父諶，中書郎。卓少希放達，爲胡毋輔之所知。太興末，爲吏部郎。過江，爲温嶠平南長史，卒官。鮦陽城在州西一百二十里，卓故居在城中。有大池，今呼畢卓池。又有墓在城東。《新志》載卓於開封府下，又云卓墓在府城内，皆誤也。卓卒於江左大梁，非東晉地也。」李宜春《嘉靖潁州志・傳疑》：「畢卓。《舊志・流寓》載：『爲吏部侍郎，以罪謫居鮦陽，因家焉。』按《一統（志）》載：『卓爲汝寧人物，又云汝陰鮦陽人，以飲酒廢職。』」

④見本卷《名宦》之註。

劉攽。臨江人，宋仁宗朝通判盧州。辭學優贍，操履清慎。後歷官播遷無常，父喪犇塋，貧不自存。歐公守潁，攽往依之，相與賡詠。故攽有謝詩云。見後。①

李之儀。有定趙州人。謫居潁州，籍有文名。後爲土著。②

①劉攽（1023—1089），字貢夫，一作貢父、贛父，號公非，臨江新喻（今江西樟樹）人。慶曆六年（1046）進士。曾任曹州、兗州、亳州、襄州、蔡州知州，官至中書舍人。《宋史·劉敞傳》附其傳。本書卷五《題詠》載其詩。《大明一統志·中都·流寓》：「劉攽。本臨江人。歷官中外。喪父。時歐陽脩守潁，攽往依之。與脩賡詠。攽詩有云：『羈鳥能擇木，遊魚知赴淵。』『卜居幸樂國，負郭依良田。』」《成化中都志·人才·潁州（宋）》：「劉攽。字貢父，《古今紀要》作贛父，本臨江人。博學守道，累官屯田員外郎，充集賢校理。喪父。時歐陽文忠公守潁，攽往依之，相與賡詠。攽詩有曰：『羈鳥能擇木，遊魚知赴淵。』『卜居幸樂國，負郭依良田。』元城劉先生曰：『劉貢父好諧，然立身立朝，極有可觀。故某喜與之交遊也。』」呂景蒙《嘉靖潁州志·僑寓·宋》：「劉攽。字貢父，臨江人。與兄敞同登科第。博學守道，累官屯田員外郎，充集賢校理。喪父。時歐陽文忠公守潁，攽往依之，相與賡詠。攽詩有曰：『羈鳥能擇木，遊魚知赴淵。』『卜居幸樂國，負郭依良田。』劉元城先生曰：『劉貢父好諧，然立身立朝，極有可觀。故某喜與之交遊也。』」李宜春《嘉靖潁州志·人物·流寓》：「劉攽。字貢父，臨江人。與兄敞同登科第。博學守道，累官屯田員外郎，充集賢校理。喪父。時歐陽文忠公守潁，攽往依之，相與賡詠。攽詩有曰：『羈鳥能擇木，遊魚知赴淵。』『卜居幸樂國，負郭依良田。』」

②李之儀（1048—1117），字端叔，號姑溪居士、姑溪老農，滄州無棣（今山東慶雲）人。熙寧六年（1073）進士。曾任朝請大夫、樞密院編脩官、原州通判等。《宋史·李之純傳》附其傳。呂景蒙《嘉靖潁州志·僑寓·宋》：「李之儀。趙州人。謫居潁州，籍有文名。後爲土著。」李宜春《嘉靖潁州志·人物·流寓》：「李之儀。趙州人。謫居潁州，籍有文名。後因家焉。」按，李之儀未嘗謫居潁州，更未曾爲土著。此條當爲誤收。

人物

春秋

管仲。字夷吾，與鮑叔牙爲友，薦於齊恒公。攘夷尊周，九合諸侯，一匡天下。孔子曰：「微管仲，吾其披髮左袵矣。」今水基東，土人猶呼管子鄉。①

伍員。字子胥，潁川乾溪人。其父奢、兄尚俱仕楚爲大夫，諫楚平王荒淫，遂俱被殺。先是，奢令員逃生，員如命奔吴。初不以爲才，員隱身修行。盍閭聞而賢之，遂相吴。魯定公四年（公元前506）以吴師入楚，楚敗奔義陽。員伐平王塚，出屍鞭之，以復父之讎。復歸相吴，被讒賜死。宋張詠有《吊伍員》詩：「生能酧楚怨，死可報吴恩。直氣海濤在，片心江月存。」其故家今名伍名溝云。②

①管仲（公元前725—前645），名夷吾，字仲，齊國潁上（今安徽潁上）人。曾任齊相，卒謚敬。事見《史記·管晏傳》。《南畿志·鳳陽府·人物（周）》：「管仲。潁上人。鮑叔牙薦於齊桓公。管仲既相齊，攘夷狄，尊周室，由是桓公稱霸，諸侯畏服。有《管子》八十六篇。」《大明一統志·中都·潁州（人物）》：「管仲。春秋時潁上人。少與鮑叔牙爲友，鮑叔知其賢，薦於齊桓公。既相齊，遂富國强兵。攘夷狄，尊周室，九合諸侯，一匡天下。孔子曰：『微管仲，吾其被髮左袵矣。』許其有仁者之功。所著有《管子書》八十六篇。」《成化中都志·人才·潁州（潁上縣）》：「管仲。名夷吾，潁上人。與鮑叔牙遊，叔牙知其賢，薦於齊桓公，以爲相。孔子曰：『管仲相桓公，霸諸侯，一匡天下。民到於今受其賜。微管仲，吾其被髮左袵矣。』蓋許其有仁者之功。仲嘗曰：『吾與鮑叔賈，分財利多自，鮑叔不以我爲貪，知我貧也。吾嘗與鮑叔謀事而更窮困，叔不以我爲愚，知時有不利也。吾嘗三仕三逐，叔不以我爲不肖，知我不逢時也。吾嘗三戰三走，叔不以我爲怯，知我有老母也。公

子糾敗，吾幽囚受辱，叔不以我爲恥，知我不修小節而恥功名不顯也。生我者父母，知我者鮑子也。』著《管子》八十六篇。《新志》云『河南潁陽人』，誤也。」呂景蒙《嘉靖潁州志・鄉賢・潁上（春秋）》：「管仲。名夷吾，潁上人。少與鮑叔牙遊，叔牙知其賢。薦於齊桓公，以爲相，有匡天下之功。仲嘗曰：『吾與鮑叔賈，分財利多自，鮑叔不以我爲貪，知我貧也。吾嘗與鮑叔謀事而更窮困，鮑叔不以我爲愚，知時有利有不利也。吾嘗三仕三逐，鮑叔不以我爲不肖，知我不逢時也。吾嘗三戰三走，鮑叔不以我爲怯，知我有老母也。公子糾敗，吾幽囚受辱，鮑叔不以我爲恥，知我不修小節而恥功名不顯也。生我者父母，知我者鮑子也。』著《管子》八十六篇。」李宜春《嘉靖潁州志・人物・名宦（春秋）》：「管仲。字夷吾，潁上人。少與鮑叔遊，鮑叔知其賢。因貧，嘗欺鮑叔，鮑叔終善遇之，不以爲言。已而鮑叔事齊公子小白，管仲事公子糾。及小白立爲桓公，公子糾死，管仲囚焉。鮑叔遂進管仲。管仲既用，任政於齊，齊桓公以霸，九合諸侯，一匡天下，管仲之謀也。管仲曰：『吾始困時，嘗與鮑叔賈，分財利多自與，鮑叔不以我爲貪，知我貧也。吾嘗爲鮑叔謀事而更窮困，鮑叔不以我爲愚，知時有利有不利也。吾嘗三仕三見逐於君，鮑叔不以我爲不肖，知我不遭時也。吾嘗三戰三北，鮑叔不以我爲怯，知我有老母也。公子糾敗，召忽死之，吾幽囚受辱，鮑叔不以我爲無恥，知我不羞小節而恥功名不顯於天下也。生我者父母，知我者鮑子也。』鮑叔既進管仲，以身下之。子孫世祿於齊，有封邑者十餘世，常爲名大夫。天下不多管仲之賢而多鮑叔能知人也。管仲既任政相齊，以區區之齊在海濱，通貨積財，富國强兵，與俗同好惡。故其稱曰：『倉廩實而知禮節，衣食足而知榮辱，上服度則六親固。四維不張，國乃滅亡。下令如流水之原，令順民心。』故論卑而易行。俗之所欲，因而予之；俗之所否，因而去之。其爲政也，善因禍而爲福，轉敗而爲功。貴輕重，慎權衡。桓公實怒少姬，南襲蔡，管仲因而伐楚，責包茅不入貢於周室。桓公實北征山戎，而管仲因而令燕脩召公之政。於柯之會，桓公欲背曹沫之約，管仲因而信之，諸侯由是歸齊。故曰：『知與之爲取，政之寶也。』管仲富擬於公室，有三歸、反坫，齊人不以爲侈。管仲卒，齊國遵其政，常强諸侯。」

②伍員（？—公元前484），字子胥，楚國人。事見《史記・伍子胥傳》。《大明一統志・荊州府・人物（周）》：「伍員。楚人。《郡志》云：『員，監利人。父奢、兄尚，爲楚平王所殺。員奔吳，導吳伐楚。既入郢，遂出平王屍，鞭之。申包胥曰：子之報讎，不已甚乎。員曰：吾日暮途遠，所以倒行而逆施也。』」李宜春《嘉靖潁州志・人物・忠義（春秋）》：「伍員。字子胥，潁乾溪人。父奢、子尚俱仕楚爲大夫，諫楚平王荒淫，俱被殺。子胥亡入吳，因公子光求見吳王。後子光刺王僚自立，爲吳王闔閭，召子胥，與謀國事。九年（公元前506），吳興師伐楚，楚昭王奔郢。子胥乃伐平王塚，出屍鞭之，以復父之讎。復歸相吳。太子夫差立，以伯嚭爲太宰，復伐越。越請和，委國爲臣。子胥强諫欲伐齊，又諫，伯嚭讒而毀之。夫差乃使使賜子胥屬鏤之劍，曰：『子以此死。』子胥仰天歎曰：『嗟乎！讒臣嚭爲亂矣，王乃反誅我。我令若父覇。自若未立時，諸公子爭立，我以死爭之於先王，幾不得立。若既得立，欲分吳國予我，我顧不敢望也。然今若聽諛臣言以殺長者。』乃告其舍人曰：『必樹吾墓上以梓，令可以爲器；而抉吾眼縣吳東門之上，以觀越寇之入滅吳也。』乃自剄死。夫差聞之大怒，乃取子胥屍，盛以鴟夷革，浮之江中。吳人憐之，爲立祠於江上，因命曰胥山。」按，文中所謂張詠「《吊伍員》詩」，實爲范仲淹《伍相廟》，全詩作：「胥也應無憾，至哉忠孝門。生能酬楚怨，死可報吳恩。直氣海濤在，片心江月存。悠悠當日者，千載秪慙魂。」

伍舉。仕楚，爲大夫。食邑椒，故又名椒舉。卽今椒陂鎮是也。①

沈諸梁。字子羔。仕楚，爲葉縣尹。按《左傳・哀公十三［六］年》：楚人白公勝作亂。殺令尹子，西攻惠王。子羔討之」或曰：「君胡不胄？矢若傷君，是絶民望也。」乃胄而進。又曰：「君胡胄？國人見君面，是得文也。」乃免胄而進。平惠王，復國，封葉公。性喜畫龍，嘗遊孔門。②

---

①伍舉，又名椒舉，楚國人。曾任楚國大夫，事見《左傳・襄公二十六年》：「初，楚伍參與蔡太師子朝友，其子伍舉與聲子相善也。伍舉娶於王子牟。王子牟爲申公而亡，楚人曰：『伍舉實送之。』伍舉奔鄭，將遂奔晋。聲子將如晋，遇之於鄭郊，班荆相與食，而言復故。聲子曰：『子行也，吾必復子。』及宋向戌將平晋、楚，聲子通使於晋，還如楚……聲子曰：『今又有甚於此。椒舉娶於申公子牟，子牟得戾而亡，君大夫謂椒舉：女實遣之。懼而奔鄭，引領南望，曰：庶幾赦余。亦弗圖也。今在晋矣，晋人將與之縣，以比叔向。彼若謀害楚國，豈不爲患？』子木懼，言諸王，益其祿爵而復之。聲子使椒鳴逆之。」

②沈諸梁，字子高，楚國人。曾任楚國葉縣尹，故稱葉公。《左傳・哀公十六年》：「楚太子建之遇讒也，自城父奔宋。又辟華氏之亂於鄭，鄭人甚善之。又適晋，與晋人謀襲鄭，乃求復焉。鄭人復之如初。晋人使諜於子木，請行而期焉。子木暴虐於其私邑，邑人訴之。鄭人省之，得晋諜焉。遂殺子木。其子曰勝，在吴。子西欲召之，葉公曰：『吾聞勝也，詐而亂，無乃害乎？』（杜預註：葉公子高，沈諸梁也。）……吴人伐慎，白公敗之。請以戰備獻，許之。遂作亂。秋七月，殺子西、子期於朝，而刼惠王……葉公在蔡，方城之外皆曰：『可以入矣。』子高曰：『吾聞之：以險徼幸者，其求無饜，偏重必離。』聞其殺齊管脩也，而後入……葉公亦至，及北門，或遇之，曰：『君胡不胄？國人望君如望慈父母焉。盜賊之矢若傷君，是絶民望也。若之何不胄？』乃胄而進。又遇一人曰：『君胡胄？國人望君如望歲焉，日日以幾。若見君面，是得艾也。民知不死，其亦夫有奮心，猶將旌君以徇於國，而又掩面以絶民望，不亦甚乎？』乃免胄而進……沈諸梁兼二事。國寧，乃使寧爲令尹，使寬爲司馬，而老於葉。」《大明一統志・南陽府・名宦（周）》：「沈諸梁。春秋時爲楚葉縣尹，僭稱公。時孔子自衛適楚，公嘗問政。」吕景蒙《嘉靖潁州志・人物表・仕（春秋）》：「沈諸梁，字子羔。仕楚，葉縣尹。詳《左傳》。」李宜春《嘉靖潁州志・人物・忠義（春秋）》：「沈諸梁。字子高，仕楚，爲葉縣尹。哀公十六年（公元前479），楚人白公勝作亂，殺令尹子西，攻惠王。子高討之。或曰：『君胡不胄？矢若傷君，是絶民望也。』乃胄而進。又曰：『君胡胄？國人見君面，是得父也。』乃免胄而進。惠王復國，封葉公。」

列國

甘茂。仕秦，爲左相。秦嘗使之約魏以伐韓宜陽。茂恐王聽讒見疑，王遂與之盟於息壤。卒拔宜陽。今甘城驛，相傳以爲茂故宅云。①

秦

甘羅。茂之孫。年十二，事秦相呂不韋。秦欲使張唐相燕，唐不肯行。羅説而行之，乃使羅於趙。趙王郊迎，割五城以廣河間。羅還報秦，封羅爲上卿。復以茂田宅賜之。②

沈郢。周文王第十子聃季食菜於沈，因氏。其後國滅，郢其裔也。有高行，秦徵爲丞相，不就。作沈亭於潁濱，以遊釣終其身。③

---

①事見《史記·甘茂傳》。《南畿志·鳳陽府·人物（周）》：「甘茂。下蔡人。學百家之説。爲秦武王左丞相，王使茂約魏伐韓。茂恐王聽讒，先進説於王，王與盟於息壤。卒拔韓宜陽。後復仕齊，爲上卿。」《大明一統志·中都·潁州（人物）》：「甘茂。下蔡人。爲秦左相，秦王嘗使之約魏以伐韓宜陽。茂恐王聽讒見疑，王遂與之盟於息壤。卒拔宜陽。後復仕齊，爲上卿。」吕景蒙《嘉靖潁州志·人物表·仕（潁上）》：「（列國）甘茂。爲秦左相。詳本傳。」李宜春《嘉靖潁州志·人物·名臣（戰國）》：「甘茂。下蔡人。事史舉先生，學百家之説。因張儀、樗里子求見秦惠王。王使將，而佐魏章畧定漢中地。惠王卒，武王以茂爲左丞相，謂茂曰：『寡人欲容車通三川，以窺周室，而寡人死不朽矣。』茂曰：『請之魏，約以伐韓，而令向壽輔行。』茂至，謂向壽曰：『子歸，言之於王曰：魏聽臣矣，然願王勿伐。事成，盡以爲子功。』向壽歸，以告王，王迎茂於息壤。茂至，王問其故。對曰：『宜陽，大縣也，名曰縣，其實郡也。今王倍數險，行千里攻之，

難。昔曾參處費，魯人有與參同姓名者殺人，人告其母曰曾參殺人者三，母投杼下機，踰墻而走。今臣之賢不若曾參，王之信臣不若曾參之母信曾參也，疑臣非特三人，臣恐大王之投杼也。始張儀西并巴蜀，北開西河，南取上庸，天下不以多張子而以賢先王。魏文侯令樂羊將而攻中山，三年拔之。樂羊反而論功，文侯示之謗書一篋。樂羊拜曰：此非臣功，主君之力也。今臣，羈旅之臣也。樗里子、公孫奭挾韓而議之，王必聽之，是王欺魏王而臣受公仲侈之怨也。」王曰：『寡人不聽也，請與子盟。』卒使茂將兵伐宜陽。五月不拔，樗里子、公孫奭果爭之。武王召茂，欲罷兵。茂曰：『息壤在彼。』因大起兵擊之，斬首六萬，遂拔宜陽。韓襄王使公仲侈入謝，與秦平。武王竟至周而卒，其弟立，爲昭王。王母，楚女也。楚以兵圍韓雍氏，韓使公仲侈告急於秦。秦太后楚人，不肯救。公仲因茂，茂爲韓言於秦昭王曰：『公仲方有得於秦救，故敢扞楚也。今雍氏圍，秦師不下殽，公仲且仰首而不朝，公叔且以國南合於楚。楚、韓爲一，魏氏不敢不聽，然則伐秦之形成矣。不識坐而待伐孰與伐人之利？』秦王曰：『善。』乃下師於殽以救韓。楚兵去。秦使向壽平宜陽，而使茂伐魏。茂因向壽、公孫奭事，竟言秦昭王，以武遂復歸之韓。向壽、公孫奭爭之，不能得。由此怨，讒茂。茂懼，奔齊。蘇代謂齊湣王曰：『夫甘茂，賢人也。今秦賜之上卿，以相印迎之。甘茂得王之賜，好爲王臣，故辭而不往。今王何以禮之？』齊王曰：『善。』即位之上卿而處之。秦復甘茂家，以市於齊。齊使甘茂於楚。而甘茂竟不得復入秦，卒於魏。」

②《史記·甘茂傳》附其傳。《南畿志·鳳陽府·人物（秦）》：「甘羅。茂之孫。年十二，事秦。秦使張唐相燕，唐不肯行。羅説而行之，遂請使趙。趙王郊迎，割五城以廣河間。還報秦，封羅爲上卿。」《大明一統志·中都·潁州（人物）》：「甘羅。茂之孫。年十二，事秦相呂不韋。秦欲使張唐相燕，唐不肯行。羅説而行之，乃使羅於趙。趙王郊迎，割五城以廣河間。羅還報秦，封羅爲上卿。復以茂之田宅賜之。」《成化中都志·人才·潁上縣（戰國）》：「甘羅。《舊志》云潁上人，今甘城驛是其舊址也。秦左相甘茂之孫。年十二，事文信侯呂不韋，爲庶子。秦欲使張唐相燕，唐不肯行。羅曰：『夫項橐七歲爲孔子師，今臣生十二歲於兹矣，君其試臣，可乎？』於是見張唐，説而行之。乃使羅於趙。王郊迎，割五城以廣河間。羅還報始皇，以爲上卿。復以始甘茂田宅賜之。太史公曰：『甘羅年少，出一奇計，聲稱後世。雖非篤行之君子，亦戰國一策士也。』按《史記》，甘茂，下蔡人。而《舊志》載羅於潁上。今本縣有甘城驛，又有甘城鄉，豈茂本潁上人，因事史舉而僑居下蔡歟？」呂景蒙《嘉靖潁州志·人物表·仕（潁上）》：「（秦）甘羅。茂之孫。年十二事文信侯，始皇以爲上卿。詳本傳。」李宜春《嘉靖潁州志·人物·名臣（戰國）》：「甘羅。甘茂孫也。茂既死後，甘羅年十二，事秦相文信侯呂不韋。秦始皇使剛成君蔡澤於燕三年，而燕王喜使太子丹入質於秦。秦使張唐往相燕，與燕共伐趙以廣河間之地。張唐謂文信侯曰：『臣嘗爲秦昭王伐趙，趙怨臣曰：得唐者與百里之地。今之燕必經趙，

臣不可以行。』文信侯不快，未有以强也。甘羅曰：『君侯何爲不快之甚也？』文信侯曰：『吾令剛成君蔡澤事燕三年，燕太子丹已入質矣，吾自請張卿相燕，而不肯行。』甘羅曰：『臣請行之。』文信侯叱曰：『去！我身自請之而不肯，汝焉能行之？』甘羅曰：『夫項橐生七歲而爲孔子師。今臣生十二歲於兹矣，君其試臣，何遽叱乎？』於是甘羅見張卿曰：『卿之功孰與武安君？』卿曰：『臣之功不如也。』甘羅曰：『應侯之用於秦也，孰與文信侯專？』張卿曰：『應侯不如文信侯專。』甘羅曰：『卿明知其不如文信侯專與？』曰：『知之。』甘羅曰：『應侯欲攻趙，武安君難之，去咸陽七里而立死於杜郵。今文信侯自請卿相燕而不肯行，臣不知卿所死處矣。』張唐曰：『請因孺子行。』令裝治行。行有日，甘羅謂文信侯曰：『借臣車五乘，請爲張唐先報趙。』文信侯乃入言於始皇曰：『昔甘茂之孫甘羅，年少耳，然名家之子孫，諸侯皆聞之。今者張唐欲稱疾不肯行，甘羅説而行之。今願先報趙，請許遣之。』始皇召見，使甘羅於趙。趙襄王郊迎甘羅。甘羅説趙王曰：『王聞燕太子丹入質秦歟？』曰：『聞之。』曰：『聞張唐相燕歟？』曰：『聞之。』『燕太子丹入秦者，燕不欺秦也。張唐相燕者，秦不欺燕也。燕、秦不相欺者，伐趙，危矣。燕、秦不相欺無異故，欲攻趙而廣河間。王不如齎臣五城以廣河間，請歸燕太子，與强趙攻弱燕。』趙王立自割五城以廣河間。秦歸燕太子。趙攻燕，得上谷三十城，令秦有十一。甘羅還報秦，乃封甘羅以爲上卿，復以始甘茂田宅賜之。按：下蔡，隋潁州屬邑。《舊志》載甘羅又在潁上，至今猶有甘羅鄉云。」

③沈郢，沈丘人。《翰苑新書·後集下》卷五《沈》：「周文王第十子聃季食采於沈，因氏焉。今汝南平輿沈亭，即沈子國也。秦有沈郢，徵丞相，不就。」《南畿志·鳳陽府·人物（周）》：「沈郢。沈丘人。有高行，秦徵爲相，不就。作沈亭於潁濱，遊釣終身。」《成化中都志·人才·潁州（戰國）》：「沈郢。沈丘人。故城在州西鄉。周文王第十一子聃季封於沈，後爲楚所滅，子孫以國爲氏，郢其裔也。有高行，秦徵爲相，不就。作沈亭於潁濱，遊釣終身。」吕景蒙《嘉靖潁州志·遺逸·戰國》：「沈郢。沈丘人。（故城在州西鄉。）周文王第十一子聃季食邑於沈，後爲楚所滅，子孫以國爲氏，郢其裔也。有高行，秦徵爲相，不就。作沈亭於潁濱，遊釣終身。」李宜春《嘉靖潁州志·人物·隱逸（戰國）》：「沈郢。沈丘人。周文王第十一子聃季食邑於沈，後爲楚所滅，子孫以國爲氏，郢其裔也。有高行，秦徵爲相，不就。作沈亭於潁濱，釣遊終身焉。」

漢

張黼［酺］。細陽人，自少立學不怠。顯宗開四姓小侯學，黼［酺］以《尚書》教授。論難當上意，除爲郎，令入授皇太子經，侍講率有勁正之詞。累官至司徒。①

杜密。潁人。爲人冗［沉］質，爲司徒胡廣所辟，遷北海相。宦官子弟爲令長姦惡者，輒按捕之。行春至高密，見鄭玄。

①張酺（？—104），字孟侯，細陽（今安徽太和）人，趙王張敖之後。曾任太僕、光祿勲、司徒等。《後漢書》有傳。《南畿志·鳳陽府·人物（漢）》：「張酺，細陽人。顯宗開四姓小侯學，酺以《尚書》教授。論難當上意，除爲郎，令入授皇太子經，侍講率有勁正之詞。累官至司徒。」《大明一統志·中都·潁州（人物）》：「張酺。汝南細陽人。自少力學不怠。顯宗開四姓小侯學，酺以《尚書》教授。論難當上意，除爲郎，令入授皇太子經，侍講率有勁正之辭。累官至司徒。」《成化中都志·人才·潁州（漢）》：「張酺。字孟侯，細陽人。（細陽，漢縣，在州北四十里。）顯宗開四姓小侯學，酺以《尚書》教授。數以論難當意，除爲郎，令入授皇太子經，侍講率有勁正之詞。累官至司徒。曾孫濟，字元江，光和中爲司空。濟弟喜，初平中爲司空。」呂景蒙《嘉靖潁州志·鄉賢·漢》：「張酺。字孟侯，汝南細陽人。趙王張敖之後也。細陽，漢縣，在州北四十里。少從祖父克［充］受《尚書》，能傳其業，勤力不怠。顯宗開四姓小侯學，黼［酺］以《尚書》教授。數以論難當意，除爲郎，賜車馬衣服，令入授皇太子，侍講率有匡正之詞。累官至司徒。曾孫濟，字元江，好儒學。光和中至司空。病卒，贈車騎將軍、關內侯。封子根爲蔡陽鄉侯。濟弟喜，初平中爲司空。」李宜春《嘉靖潁州志·人物·經術（漢）》：「張酺。字孟侯，細陽人，趙王敖後也。少從祖父充受《尚書》，能傳其業。又事太常桓榮，勤力不怠。顯宗爲四姓小侯開學於南宮，置五經師。酺以《尚書》教授。數以論難當意，除爲郎，賜車馬衣服，令入授皇太子。酺爲人質直，守經義，每侍講，率有匡正之辭。累遷至司徒，以嚴見憚。曾孫濟，字元江，好儒學，光和中官至司空。卒贈車騎將軍、關內侯。封子根爲蔡陽鄉侯。濟弟喜，初平中爲司空。」

知其異器，即召署郡職。後拜太僕。黨事既起，免歸本郡。與李膺俱坐，而名行相次，故時人稱李杜焉。①

范滂。細陽人。少厲清節，舉孝廉、光祿四行。時冀州饑荒，盜起，滂爲清詔使。登車攬轡，慨然有澄清天下之志。及至州境，守令望風解印綬去。後以鈎黨坐繫，得釋，復見收。母曰：「汝今得與李、杜齊名，死亦何恨？」滂跪受教，再拜而辭。聞者流涕。②

三國

吕範。細陽人。少爲縣吏。從孫策攻討有功，拜裨將軍，領彭澤太守。遷平南將軍，屯紫［柴］桑。權都武昌，拜範建威將軍，領丹陽太守，治建業。終大司馬。③

隋

張路斯。潁上百社人。年十六，以明經登隋進士第。景隆中爲宣城令，以才能稱。罷歸，每夕出，自戌至丑歸。嘗體冷且濕，夫人石氏異而詢之。公曰：「吾龍也。蓼人鄭祥遠亦龍也，騎白牛據吾池。屢與戰，未勝。明日取決，可令吾子挾弓矢射之。繫鬣以青綃者，鄭也。絳綃者，吾也。」子遂射中青綃，鄭怒去。公與九子皆化爲龍。④

①杜密（？—169），字周甫，潁川陽城（今河南登封）人。曾任河南尹、尚書令、太僕等。《後漢書》有傳。《南畿志・鳳陽府・人物（漢）》：「杜密。陽城人，少有厲俗志。爲司徒胡廣所辟，遷北海相。宦官子弟爲令長姦惡者，輒捕案之。行春至高密，見鄭玄，知其異器，即召署郡職，遂遣就學。密後爲太僕。黨事起，免歸本郡。與李膺名行相次，時人稱李杜焉。」《大明一統志・中都・潁州（人物）》：「杜密。潁川陽城人。爲人沉質。爲司徒胡廣所辟，遷北海相。宦官子弟爲令長姦惡者，輒按捕之。行春到高密，見鄭玄，知其異器，即召署郡職。後拜太僕。黨事既起，免歸本郡。與李膺俱坐，而名行相次，故時人稱李杜焉。」按，此條誤收。《成化中都志・辯疑》：「杜密。《新志》載於鳳陽云：『潁川陽城人。』按漢潁川陽城故縣，今屬河南府登豐封縣，非鳳陽地也。」

②范滂（137—169），字孟博，汝南細陽（今安徽太和）人。一作汝南征羌（今河南漯河）人。曾任清詔使、光禄勳主事。《後漢書》有傳。《南畿志・鳳陽府・人物（漢）》：「范滂。汝南細陽人。少厲清節，舉孝廉、光禄四行。時冀州饑，盜起，以滂爲清詔使。登車攬轡，慨然有澄清天下之志。及至州境，守令藏汙者，望風解印綬去。後坐鉤黨繫獄，獄吏謂：『入獄皆祭皋陶。』滂曰：『皋陶，古之直臣。知滂無罪，將理之於帝；如其有罪，祭之何益！』桓帝使中常侍王甫辨詰。滂曰：『身死之日，願埋滂於首陽山側。』甫愍然爲之改容。」《大明一統志・中都・人物（漢）》：「范滂。汝南細陽人。少厲清節，舉孝廉、光禄四行。時冀州饑荒，盜起，滂爲清詔使。登車攬轡，慨然有澄清天下之志。及至州境，守令望風解印綬去。後以鉤黨坐繫，既釋，復見收。母曰：『汝今得與李杜齊名，死亦何恨？』滂跪受教，再拜而辭。聞者流涕。」《成化中都志・人才・潁州（漢）》：「范滂。字孟博。謝承《書》曰：『汝南細陽人。』少厲清節，爲州里所服，舉孝廉、光禄四行。時冀州饑荒，盜起，以滂爲清詔使。登車攬轡，慨然有澄清天下之志。及州境，守令臧汙者，望風解印綬去。遷光禄勳主事。滂執公儀詣光禄勳陳蕃，蕃不止之，滂棄官去。復爲太尉黄瓊所辟。後詔三府掾屬舉謡言，滂奏刺史、二千石二十餘人。尚書責滂所劾猥多，疑有私。故滂曰：『臣聞農夫去草，嘉穀必茂；忠臣除姦，王道以清。臣言有貳，甘受顯戮。』吏不能詰。滂覩時方艱，知意不行，因投劾去。太守宗資聞其名，請署功曹，委任政事。後以鉤黨坐繫。獄吏謂：『入獄皆祭皋陶。』滂曰：『皋陶，古之直臣。知滂無罪，將理之於帝；如其有罪，祭之何益！』桓帝使中常侍王甫以次辨詰。滂對曰：『仲尼之言：見善如不及，見惡如探湯。故使善善同其清，惡惡同其汙，謂王政之所願聞，不悟更以爲黨。』甫爲之改容。後事得釋，南歸。建寧二年（169），大誅黨人，詔下急捕滂等。督郵吴導至縣，抱詔書，閉傳舍，伏牀而泣。滂聞之，曰：『必爲我也。』即自詣獄。母曰：『汝今得與李杜齊名，死亦何恨！既有令名，復求壽考，可兼得乎？』滂跪受教，顧謂其子曰：『吾欲使汝爲惡，則惡不可爲；使汝爲善，則我不爲惡。』行路聞之，莫不流涕。時年三十三。范曄《書》曰：『汝南征羌人。』未詳孰是。」吕景蒙《嘉靖潁州志・鄉賢・漢》：「范滂。字孟博，汝南細陽人也。少厲清節，爲州里所服，舉孝廉、光禄四行。時冀州饑荒，盜起，以滂爲清詔使。登車攬轡，慨然有澄清天下之志。及州境，守令臧汙者，望風解印綬去。遷光禄勳主事。滂執公儀詣光禄勳陳蕃，蕃不止之，滂棄官去。復爲太尉黄瓊所辟。後詔三府掾屬舉謡言，滂奏刺史、二千石二十餘人。尚書責滂所劾猥多，疑有私。故滂曰：『臣聞農夫去草，嘉穀必茂；忠臣除姦，王道

以清。臣言有貳，甘受顯戮。』吏不能詰。滂覩時方艱，知意不行，因投劾去。太守宗資聞其名，請署功曹，委任政事。後以鉤黨坐繫，獄吏謂：『入獄皆祭皐陶。』滂曰：『陶，古之直臣。知滂無罪，將理之於帝；如其有罪，祭之何益！』桓帝使中常侍王甫以次辨詰。滂對曰：『仲尼之言：見善如不及，見惡如探湯。故使善善同其清，惡惡同其汙，謂王政之所願聞，不悟更以爲黨。』甫爲之改容。後事得釋，南歸。建寧二年，大誅黨人，詔下急捕滂等。督郵吴導至縣，抱詔書，閉傳舍，伏牀而泣。滂聞之，曰：『必爲我也。』即自詣獄。母曰：『汝今得與李、杜齊名，死亦何恨！既有令名，復求壽考，可兼得乎？』滂跪受教，顧謂其子曰：『吾欲使汝爲惡，則惡不可爲；使汝爲善，則我不爲惡。』行路聞之，莫不流涕。時年三十三。」李宜春《嘉靖潁州志·人物·氣節（東漢）》：「范滂。字孟博，細陽人也。少厲清節，爲州里所服，舉孝廉、光禄四行。時冀州饑荒，盜起，以滂爲清詔使，案察之。登車攬轡，慨然有澄清天下之志。及至州境，守令臧汙者，望風解印綬去。其所舉奏，莫不厭塞衆議。遷光禄勳主事。滂執公儀詣光禄陳蕃，蕃不止之，滂棄官去。郭林宗聞而讓蕃曰：『若范孟博者，豈宜以公禮格之？今成其去就之名，得無自取不優之議也？』蕃乃謝焉。復爲太尉黄瓊所辟。後詔三府掾屬舉謠言，滂奏刺史、二千石權豪之黨二十餘人。尚書責滂所劾猥多，疑有私故。滂曰：『臣聞農夫去草，嘉穀必茂；忠臣除姦，王道以清。若臣言有貳，甘受顯戮。』吏不能詰。滂覩時方艱，知意不行，因投劾去。太守宗資聞其名，請署功曹，委任政事。後以鉤黨坐繫獄，獄吏謂：『入獄皆祭皐陶。』滂曰：『皐陶賢者，古之直臣。知滂無罪，將理之於帝；如其有罪，祭之何益！』獄吏將加掠考，滂以同囚多嬰病，乃請先就格，遂與同郡袁忠爭受楚毒。桓帝使中常侍王甫以次辨詰，滂等皆三木囊頭，暴於階下。滂獨對曰：『臣聞仲尼之言，見善如不及，見惡如探湯。故使善善同其清，惡惡同其汙，謂王政之所願聞，不悟更以爲黨。』甫曰：『卿更相拔舉，迭爲脣齒，有不合者，見則排斥，其意如何？』滂乃慷慨仰天曰：『古之循善，自求多福；今之循善，身陷大戮。身死之日，願埋滂於首陽山側，上不負皇天，下不愧夷、齊。』甫愍然爲之改容。後事釋，南歸。始發京師，汝南、南陽士大夫迎之者數千。兩同囚鄉人殷陶、黄穆，亦免俱歸，並衛侍於滂，應對賓客。滂顧謂陶等曰：『今子相隨，是重吾禍也。』遂遁還鄉里。初，滂等繫獄，尚書霍諝理之。及得免，到京師，往候諝而不爲謝。或有讓滂者。對曰：『昔叔向嬰罪，祁奚救之，未聞羊舌有謝恩之辭，祁老有自伐之色。』竟無所言。建寧二年，遂大誅黨人，詔下急捕滂等。督郵吴導至縣，抱詔書，閉傳舍，伏牀而泣。滂聞之，曰：『必爲我也。』自詣獄。縣令郭揖大驚，出解印綬，引與俱亡。曰：『天下大矣，子何爲在此？』滂曰：『滂死則禍塞，何敢以累君，又令老母流離乎！』跪與母訣。復顧其子曰：『吾欲使汝爲惡，則惡不可爲；使汝爲善，則我不爲惡。』行路聞之，莫不流涕。時年三十三。」

③吕範（？—228），字子衡，汝南細陽（今安徽太和）人。曾任建威將軍、宛陵侯、南昌侯、大司馬等。事見《三國志·吴志·吕範傳》及註引《江表傳》。《南畿志·鳳陽府·人物（三國）》：「吕範。汝南細陽人。從孫策東渡，領宛陵令，討破丹陽賊，還都督。孫權征江夏，範與張昭留守。及征關羽，命範守建業。尋拜建威將軍，封宛陵侯，領丹陽太守。遷前將軍，改封南昌侯。拜揚州牧。初，策使範典財計，權私有所求，範

必關白，權以範忠誠，故厚見信任。子據，爲安軍中郎將，數有功，累遷驃騎將軍。」《大明一統志·中都·潁州（人物）》：「吕範。汝南細陽人。少爲縣吏，從孫策攻討，有功，拜裨將軍，領彭澤太守。還平南將軍，屯柴桑。權都武昌，拜範建威將軍，領丹陽太守，治建業。終大司馬。」《成化中都志·人才·潁州（漢）》：「吕範。字子衡，細陽人。少爲縣吏，從孫策征討，有功，拜征虜中郎將。孫權攻關羽，命範守建業。曹休、張遼南侵，範督舟師拒之。軍還，拜揚州牧。終大司馬。」吕景蒙《嘉靖潁州志·鄉賢·三國》：「吕範。字子衡，細陽人。少爲縣吏，從孫策征討，跋涉辛苦，危難不避。策亦親戚待之，每與升堂宴飲於太妃前。從策攻破廬江，還東渡，到横江、當利，破張英於糜，下小丹陽、湖熟，相討破丹陽賊，還都督。嘗與策棋，從容問策曰：『今將軍事業日大，士衆日盛，範在遠，聞綱紀猶有不整者，願暫領都督，佐將軍部分之。』策曰：『子衡，卿既上大夫，加手下已有大衆，立功於外，豈宜復屈小職，知軍中細碎事乎！』範曰：『不然。今捨本土而託將軍者，非爲妻子也。欲濟世務，猶同舟涉海，一事不牢，即俱受其敗。此亦範計，非但將軍也。』策笑，無以答。範出，便釋褠，著袴褶，執鞭，詣閤下啓事，自稱領都督。策乃授傳，委以衆事。由是軍中肅睦，威禁大行。從攻祖郎、太史慈，拜征虜中郎將。征江夏還，平鄱陽。策薨，奔喪。權復征江夏，與張昭留守。與周瑜拒曹操赤壁，拜裨將軍，領彭澤太守。權討關羽，守建業。權還，拜建威將軍，封宛陵侯，督徐盛、全琮、孫韶等，以舟師拒曹休、張遼、臧覇於洞口。遷前將軍，假節，改封南昌侯。軍還，拜揚州牧。性好威儀，州民如陸遜、全琮及貴公子皆修敬虔肅，不敢輕脱。其居處服飾於時奢靡，然勤事奉法，故權悦其忠，不怪其侈。」李宜春《嘉靖潁州志·人物·循吏（三國）》：「吕範。字子衡，細陽人。少爲縣吏，從孫策征討，跋涉辛苦，危難不避，遷都督。嘗從策棋，從容謂策曰：『今將軍事業日大，士衆日盛，範聞紀綱猶有不整者，願暫領都督部分之。』策曰：『子衡，卿既有大衆，立功於外，豈宜復屈小職，知軍中細碎事乎！』範曰：『不然。今捨本土而託將軍，非爲妻子也。欲濟世務，猶同舟涉海，一事不牢，俱受其敗。此亦範計，非但將軍也。』策笑，無以答。範出，便釋褠，著袴褶，執鞭，詣閤下啓事，自稱領都督，策以授傳，委以衆事。由是軍中肅穆，威禁大行。權征江夏，與周瑜拒曹操，拜裨將軍，領彭澤太守。權討關羽，守建業，還拜建威將軍，封宛陵侯。遷前將軍，假節，改封南昌侯。軍還，拜揚州牧。性好威儀，然勤事奉法，故權悦其忠，不怪其侈。」

④事見歐陽脩《集古録·張龍公碑》。《南畿志·鳳陽府·方外（僊釋）》：「張路斯。潁上人。唐景龍〔隆〕中爲宣城令。夫人石氏，生九子。張罷令歸。每夕出，自戊〔戌〕至丑歸。常體冷且濕，石氏異而詢之。張曰：『吾龍也，蓼人鄭祥遠亦龍也。據吾池。吾屢與戰，未勝。明日取决，可令吾子挾弓矢射之，繫鬣以青綃者，鄭也。絳綃者，吾也。』九子如其言，遂射中青綃。鄭怒，投合肥西山死。由是張與九子俱化爲龍。」《大明一統志·中都·潁州（人物）》：「張路斯。潁上人。年十六，中隋明經第。仕唐，爲宣城令，以才能稱。」《成化中都志·孝行·潁上縣》：「張路斯。其先南陽人，家於潁上百社村。隋初，年十六，明經登第。爲宣城令，以才能稱。後罷歸，於縣治西南四十里淮潤鄉蜕骨化龍，其地名龍池。歐陽文忠公《集古録》跋尾云：『《張龍公碑》，唐布衣趙耕撰，云：君諱路斯，潁上百社人也。隋初明經登第，景龍〔隆〕中爲

宣城令。夫人關洲石氏，生九子。公罷令歸。每夕出，自戊〔戌〕至丑歸。常體冷且濕，石氏異而詢之。公曰：吾龍也，蓼人鄭祥遠亦龍也。騎白牛據吾池，自謂鄭公池。吾屢與戰，未勝。明日取決，可令吾子挾弓矢射之，繫鬣以青綃者，鄭也。絳綃者，吾也。子遂射中青綃。鄭怒，東北去，投合肥西山死，今龍穴山是也。由是公與九子俱復爲龍。亦可謂怪矣。余嘗以事至百社村，過其祠下，見其林樹陰蔚，池水窈然，誠異物之所託。歲時禱雨，屢獲其應，汝陰人尤以爲神也。』」呂景蒙《嘉靖潁州志・方伎・隋》：「張路斯。其先南陽人，家於潁上百社村。隋初，十六，明經登第。爲宣城令，以才能稱。後罷歸。於縣治西南四十里淮潤鄉蜕骨化龍，其地名龍池。歐陽文忠公《集古録》跋尾云：『《張龍公碑》，唐布衣趙耕撰，云：君諱路斯，潁上百社人也。隋初，明經登第。景隆中，爲宣城令。夫人關洲石氏，生九子。公罷令歸。每夕出，自戊至丑歸。常體冷且濕，石氏異而詢之。公曰：吾龍也，蓼人鄭祥遠亦龍也。騎白牛據吾池，自謂鄭公池。吾屢與戰，未勝。明日取決，可令吾子挾弓矢射之，繫鬣以青綃者，鄭也。絳綃者，吾也。子遂射中青綃。鄭怒，東北去，投合肥西山死，今龍穴山是也。由是公與九子俱復爲龍。亦可謂怪矣。余嘗以事至百社村，過其祠下，見其林樹陰蔚，池水窈然，誠異物之所託。歲時禱雨，屢獲其應，汝陰人尤以爲神也。』」李宜春《嘉靖潁州志・方伎・隋》：「張路斯。即張龍公。詳載在《龍公廟碑記》。」同書《祀典・張龍公廟》：「在縣東十里焦氏臺側。宋蘇軾《碑記》：『昭靈侯南陽張公諱路斯，隋之初，家於潁上縣百社村。十六，中明經科。唐景龍〔隆〕中，爲宣城令，以才能稱。夫人石氏，生九子。自宣城罷歸，嘗釣於焦氏臺之陰。一日，顧見釣處有宮室樓殿，遂入居之。自是夜出旦歸，歸輒體寒而濕，夫人驚問之。曰：我，龍也。蓼人鄭祥遠，亦龍也。與我爭此居，明日當戰，使九子助我。領有絳綃者，我也。青綃者，鄭也。明日，九子以弓矢射青綃者，中之，怒而去。公亦逐之，所過爲溪谷，以達於淮。而青綃者投於合肥之西山以死，爲龍穴山。九子皆化爲龍，而石氏葬關洲。公之兄爲馬步使者，子孫散居潁上，其墓皆存焉。』事見於唐布衣趙耕之文，而傳於潁間父老之口，載於歐陽文忠公之《集古録》云。」

周顗。字伯仁，潁人。東晉渡江，爲尚書僕射。王敦反，王導待罪。顗入朝，導呼之，不應而申救。導公忠，後敦殺顗，導不救。他日，導歎曰：「幽冥之間，負此良友。」故後人稱顗汝潁奇士。①

隗炤。汝陰人，善《易》。臨終書版授妻，曰：「後五年，當有詔使來，姓龔。此人負吾金，即以此版往責。」至期，果有龔使，妻賫版往，使者憫然，良久乃悟。取蓍筮之，歎曰：「妙哉！吾不負金，汝夫自有金。知汝漸困，故藏金以待。知我善《易》，故書版以寓意爾。金五百斤，盛以青甕，覆以銅柈，在屋東，去壁一丈，入地九尺。」掘之，如卜。②

---

①周顗（269—322），字伯仁，汝南安成（今河南汝南）人，安東將軍浚子。曾任荊州刺史、太子少傅、尚書左僕射。卒贈左光祿大夫、儀同三司。謚康。《晉書》有傳。《大明一統志·汝寧府·人物（晉）》：「周顗。浚子。少有重名，神采秀徹。元帝鎮江左，請爲軍諮祭酒，累遷尚書左僕射，爲護軍將軍。王導甚器重之。逮王敦構逆，顗以忠義折之，遂被害。弟嵩，累官御史中丞。」按，此條誤收。吕景蒙《嘉靖潁州志·凡例·正誤》：「周顗並子閔。按《晉書》：「汝南安成人。」《舊志》誤收。」李宜春《嘉靖潁州志·傳疑》：「周顗。《舊志·人物》載爲潁人。按《晉書》本傳：『汝潁人。』《一統志》載：『汝南安城人。』」

②事見《晉書》本傳。《大明一統志·中都·潁州（人物）》：「隗炤。汝陰人，善《易》。臨終書板授妻，曰：『後五年春，當有詔使來，姓龔。此人負吾金，即以此板往責。』至期，果有龔使至，妻齎板往，使者憫然，良久乃悟。取蓍筮之，歎曰：『妙哉！吾不負金，汝夫自有金。知汝漸困，故藏金以待。知我善《易》，故書板以寓意耳。金五百斤，盛以青甕，覆以銅梓，在屋東，去壁一丈，入地九尺。』掘之，如卜。」《成化中都志·經術·潁州》：「隗炤。晉汝陰人，善《易》。臨終書板授妻，云：『後五年春，當有詔使至，姓龔。此人負吾金，即以此板往索。』至期，果有龔使至，其妻齎板往，使者憫然，良久乃悟。取蓍筮之，歎曰：『妙哉！隗兄可謂鏡窮達而洞吉凶者也。吾不負金，汝夫自有金。知亡後當暫窮，故藏金以待。知我善《易》，故書板以寄意耳。金五百斤，盛以青甕，覆以銅盤，在屋東，去壁一丈，入地九尺。』掘之，如卜。」李宜春《嘉靖潁州志·方伎·晉》：「隗炤。汝陰人也，善於《易》。臨終，善版授其妻，曰：『吾亡後，當大荒窮離，汝慎莫賣宅也。當有詔使來頓此亭，姓龔者，負吾金，即以此版責之。』炤亡後，其家大困，欲賣宅，憶夫言輒止。期日，有龔使者止亭中，妻遂齎版往責之。使者執版惘然，不知所以。妻曰：『夫臨亡手書版見命如此，不敢妄也。』使者良久而悟，曰：『賢夫何善？』妻曰：『夫善於《易》。』使者曰：『噫！可知矣！』乃取蓍筮之，卦成，撫掌而歎曰：『妙哉！隗生含明隱蹟，可謂鏡窮達而洞吉凶者也。』於是告炤妻曰：『吾不相負金也，賢夫自有金耳，知亡後漸窮，故藏金以待。所以不告者，恐金盡而困無已也。知吾善《易》，故書版以寄意耳。金有五百斤，盛以青瓮，覆以銅柈，埋在堂屋東頭，去壁一丈，入地九尺。』妻還掘之，果如卜。」

五代

楊師厚。金溝人。梁時累立戰功，爲天雄節度使。太祖與晉戰河北，乃爲招討使，悉領勁兵。朱友珪欲圖之，召計事。其吏勸勿行，師厚曰：「吾不負梁，今雖往，無如我何。」乃朝於京師。①

宋

尹拙。汝陰人。性淳謹，博通經史。舉三史，官至國子祭酒、通判太常禮院。宋初改工部尚書、太子詹事、判太府寺，卒，年八十一。五代士習，不重節義者。②

李穀。汝陰人。厚重剛毅，言多諳理。舉進士，從事華、秦［泰］二州。晋天福中，擢監察御史。累官開府儀同三司，進封趙國公。宋建隆中卒，贈侍中。歷事五姓。③

張綸。汝陰人。太宗時擢荊胡［湖］提點刑獄。歷知辰、渭二州，遷江淮發運副使。權知泰州，復逋户六千二百，民爲立生祠。後又知府瀛、滄、潁州。綸有才畧，所至興利除害，有循良之政。④

丁罕。平輿人。應募補衛士，累遷指揮使。淳化中，爲澤州團練使、知霸州。河决，以私錢募築，人咸德之。後拜密州觀察使，徙具［貝］州。⑤

①楊師厚（？—915），潁州斤溝（今安徽太和）人。曾任檢校右僕射、天雄軍節度使、齊州刺史等。卒，贈太師。《舊五代史》《新五代史》均有傳。《大明一統志・中都・潁州（人物）》：「楊師厚。潁州斤溝人。梁時累立戰功，爲天雄節度使。太祖與晉戰河北，乃爲招討使，悉領勁兵。朱友珪欲圖之，召計事。其吏勸勿行，師厚曰：『吾不負梁，今雖往，無如我何。』乃朝京師。」《成化中都志・人才・潁州（太和縣）》：「楊師厚。潁斤溝人。今爲斤溝店，屬太和。朱全忠表爲曹州刺史，又爲齊州刺史。全忠使攻青州，屯於臨朐。平盧節度使王師範出兵攻臨朐，師厚伏兵奮擊，大破之，殺萬餘人，獲師範弟師克。明日，萊州兵五千救青州，師厚邀擊之，殺獲殆盡。遂徙寨，抵其城下，師範遂請降於師厚。累功爲大［天］雄節度使。朱友珪欲圖之，召計事。其吏勸勿行，師厚曰：『吾不負梁，今雖往，無如我何。』」呂景蒙《嘉靖潁州志・人物表・仕（唐）》：「（後梁開平）楊師厚。潁州斤溝人。詳《一統志》。」李宜春《嘉靖潁州志・人物・將畧》：「楊師厚。潁州人。梁時累立戰功，爲天雄節度使。太祖與晉戰河北，乃爲招討使，悉領勁兵。朱友珪欲圖之，名［召］計事。其吏勸勿行，師厚曰：『吾不負梁，今雖往，無如我何。』乃朝京師。」

②尹拙（891—971），潁州汝陰（今安徽阜陽）人。曾任國子祭酒、檢校虞部郎中、工部尚書等。《宋史》有傳。《大明一統志・中都・潁州（人物）》：「尹拙。潁州汝陰人。性純謹，博通經史。舉三史，官至國子祭酒、通判太常禮院。宋初改工部尚書、太子詹事、判大府寺，卒，年八十一。子季通，國子博士。」《成化中都志・人才・潁州（宋）》：「尹拙。汝陰人。性純謹，博通經史。舉三史，官至國子祭酒、判太常禮院。宋初改工部尚書、太子詹事、判大府寺，卒，年八十一。子季通，有文學，以蔭補國子博士。」呂景蒙《潁州志・鄉賢・宋》：「尹拙。潁州汝陰人。性純謹，博通經史。顯德初，拜檢校右散騎常侍、國子祭酒、通判太常禮院事，與張昭同修唐應順、清泰及周祖《實録》，又與昭及田敏同詳定《經典釋文》。周世宗北征，命翰林學士作《祭白馬文》，學士不知所出，訪於拙。拙歷舉郡國祠白馬者以十數，當時服其該博。會丁憂，免。宋初改檢校工部尚書、太子詹事、判太府寺，遷秘書監、判大理寺。乾德六年（967），以本官致事［仕］。開寶四年（971）卒，年八十一。子季通，仕至國子博士。」李宜春《嘉靖潁州志・人物・經術（宋）》：「尹拙。汝陰人。性純謹，博通經史。顯德初，拜檢校右散騎常侍、國子祭酒、通判太常禮院事，與張昭同修唐應順、清泰及周祖《實録》，又與昭及田敏同詳定《經典釋文》。周世宗北征，命翰林學士作《祭白馬文》，學士不知所出，訪於拙。拙歷舉郡國祠白馬者以十數，當時服其該博。宋初改檢校工部尚書、太子詹事、判太府寺，遷秘書監、判大理寺。乾德六年，致仕。開寶四年卒，年八十一。子季通，仕至國子博士。」

③李穀（903—960），字惟珍，潁州汝陰（今安徽阜陽）人。曾任開府儀同三司、中書侍郎、太原行府事等。卒贈侍中。《宋史》有傳。《大明一統志·中都·潁州（人物）》：「李穀。潁州汝陰人。厚重剛毅，言多詣理。舉進士，從事華、秦［泰］二州。晉天福中，擢監察御史。累官開府儀同三司，進封趙國公。宋建隆初卒，贈侍中。」李宜春《嘉靖潁州志·人物·文苑（宋）》：「李穀。字惟珍，汝陰人。發憤從學，所覽如宿習。年二十七，舉進士，連辟華、泰二州從事。晉天福中，擢監察御史。累遷開府儀同三司，進封趙國公。太祖即位，遣使賜器幣。建隆元年（960）卒，太祖聞之震悼。穀爲人厚重剛毅，深沉有城府，言多詣理，辭氣明暢，人主爲之竦聽。好汲引寒士，多至顯位。然更事異姓，不能以名節生死，倫義廢矣！子吉至補闕，拱至太子中允。」

④張綸（？—1085），字公信，潁州汝陰（今安徽阜陽）人。曾任文思使、昭州刺史、乾州刺史等。《宋史》有傳。《南畿志·鳳陽府·人物（宋）》：「張綸。潁州汝陰人。太宗時，爲荆湖提點刑獄。歷知辰、渭州，遷江淮發運副使，鹽課歲增。又疏五渠，導太湖入海，築漕河隄於高郵。權知泰州，修捍海堰，復逋戶二千六百，民爲立生祠。後又知瀛、滄、潁州。綸有材畧，所至興利除害，有循良之政。」《大明一統志·中都·潁州（人物）》：「張綸。潁州汝陰人。太宗時，擢荆湖提點刑獄。歷知辰、渭州，遷江淮發運副使，權知泰州。復逋戶二千六百，民爲立生祠。後又知府瀛、滄、潁州。綸有才畧，所至興利除害，有循良之政。」《成化中都志·人才·潁州（宋）》：「張綸。汝陰人。宋太宗時，擢荆湖提點刑獄。歷知辰、渭州，遷江淮發運副使，權知泰州。復逋戶二千六百，民爲立生祠。後又知瀛、滄、潁州。綸有材畧，所至興利除害，有循良之政。」吕景蒙《嘉靖潁州志·鄉賢·宋》：「張綸。字公信，潁州汝陰人。少倜儻任氣，舉進士不中，補三班奉職，遷右班殿直。從雷有終討王均於蜀，有降寇數百據險叛，使綸擊之。綸馳報曰：『此窮寇，急之則生患，不如諭以向背。』有終用其説，賊果棄兵來降。遷益、彰、簡等州都巡檢使，所部卒縱酒掠居民，綸斬首惡數人，衆乃定。徙荆州提點刑獄，遷東頭供奉官、提點開封府界縣鎮公事。奉使靈夏還，會辰州溪峒彭氏蠻内寇，以知辰州。綸至，築蓬山驛路，賊不得通，乃遁去。徙知渭州，改内殿崇班、知鎮戎軍。奉使契丹，安撫使曹瑋表留之，不可。蠻復入寇，爲辰州、灃、鼎等州緣邊五溪十峒巡檢安撫使，諭蠻酋禍福，購還所掠民，遣官與盟，刻石於境上。久之，除江、淮制置發運副使。時鹽課大虧，力奏除通、泰、楚三州鹽戶宿負，官助其器用，鹽入優與之直，由是歲增課數十萬石。復置鹽場於杭、秀、海三州，歲入課又百五十萬石。居二歲，增上供米八十萬。疏五渠，導大［太］湖入於海，復租米六十萬。開長蘆西河以避覆舟之患，又築漕河隄二百里於高郵北，旁錮鉅石爲十达，以泄横流。泰州有捍海堰，延袤百五十里，久廢不治，歲患海濤冒民田。綸方議脩復，論者難之，以爲濤患息而畜潦之患興矣。綸曰：『濤之患十九，而潦之患十一，獲多而忘［亡］少，豈不可邪？』表三請，願身自臨役。僉［命］兼權知泰州，卒成堰，復逋戶二千六百，州民利之，爲立生祠。居淮南六年，屢遷徙，知潁州，卒。綸有材畧，所至興利除害。爲人恕，喜施予，在江、淮，見漕卒凍餒道死者衆，歎曰：『此有司之過，非所以體上仁也。』推奉錢市絮襦千數，衣其不能自存者。」李宜春《嘉靖潁州志·人物·循吏（宋）》：「張綸。

字公信，汝陰人。太宗時擢荊湖提點刑獄，歷知辰、渭州，遷江淮發運副使。時鹽課大虧，乃奏除通、泰、楚三州鹽戶宿負，官助其器用，鹽入優與之直，由是歲增課數十萬石。復置鹽場於杭、秀、海三州，歲入課又百五十萬石。居二歲，增上供米八十萬。疏五渠，導太湖入於海，復租米六十萬。開長蘆西河以避覆舟之患，又築漕河隄二百里於高郵北，旁錮鉅石爲十達，以泄橫流。泰州有捍海堰，延袤百五十里，久廢不治，歲患海濤冒民田。綸方議復，論者難之，以爲濤患息而畜潦之患興矣。綸曰：『濤之患十九，而潦之患十一，獲多而亡少，豈不可邪？』表三請，願身自臨役。命權知泰州，卒成堰，復逋戶二千六百，州民利之，爲立生祠。居淮南六年，屢遷。徙知潁州，卒。綸有材略，所至興利除害，有循良之政。爲人恕，喜施予，在江、淮，見漕卒凍餒道死者衆，歎曰：『此有司之過也，非所以體上仁也。』推俸錢市絮襦千數，衣其不能自存者。」

⑤丁罕（？—999），潁州（今安徽阜陽）人。曾任天武指揮使、澤州團練使、密州觀察使等。《宋史》有傳。《大明一統志·中都·潁州（人物）》：「丁罕。潁州人。以應募補衛士，累遷指揮使。淳化中爲澤州團練使、知霸州。河決，以私錢募築，民咸德之。後拜密州觀察使，徙貝州。」《成化中都志·人才·潁州（宋）》：「丁罕。潁州平輿人。以應募補衛士，累遷指揮使。淳化中爲澤州團練使、知霸州。河決，以私錢募築，民咸德之。後拜密州觀察使，徙貝州。」吕景蒙《嘉靖潁州志·名將·宋》：「丁罕。潁州人。應募補衛士，屢遷都指揮使。從劉廷翰戰徐河，以奪橋功補本軍都虞候。淳化三年（992），出爲澤潞團練使、知霸州。會河溢壞城壘，罕以私錢募築，民咸德之。五年（994），以容州觀察使領靈環路行營都部署，與李繼遷戰，斬首俘獲以數萬計。至道中，率兵從大將李繼隆出青岡峽，賊聞先遁，追十日程，不見而還。三年（997），拜密州觀察使、知威虜軍，徙具［貝］州。咸平二年（999）卒。子守德，能世其家。」李宜春《嘉靖潁州志·人物·將略（宋）》：「丁罕。潁州人。應募補衛士，累遷都指揮使。從劉廷翰戰徐河，以奪橋功補本軍都虞候。淳化三年，出爲澤潞團練使、知霸州。會河溢壞城壘，罕以私錢募築，民咸德之。五年，以容州觀察使領靈環路行營都部署，與李繼遷戰，斬首俘獲以數萬計。至道中，率兵從大將李繼隆出青岡峽，賊聞先遁，追十日程，不見而還。三年，拜密州觀察使、知威虜軍，徙貝州。咸平二年卒。子守德，能世其家。」

王臻。汝陰人。始就學，能文辭。中進士，爲大理評事，知舒城縣。累遷龍圖閣待制、權知開封府。以右諫議大夫權御史中丞，多所建明。臻剛嚴，善決事，所至有風蹟。①

常秩。汝陰人。以經術著稱，士論歸重。吕正獻守潁，猶深知遇。後申公居相位，薦秩於朝，詔郡以禮敦遣，始詣闕。神宗問曰：「先朝累命，何爲不起？」對曰：「先帝亮臣之愚，故得安閭巷。今陛下嚴詔趣迫，故不敢不來。」數求去，不許。累官寶文閣待制，兼侍讀，稍變其節。申公謂知人實難，以語程子，且畧悔。程子曰：「然不可以是而懈好賢之心。」②

焦千之。字伯强，上世汝陰椒陂人。黄巢亂，流六安南山中數世。宋興，焦氏欲復而未能。伯强隱身積德，以文學受知歐陽公，及寓公所。吕申公適通判潁州，延伯强教諸子。爲人嚴毅方正，諸生小有過差，先生端坐，召與相對終日，竟夕不與之語。諸生恐懼畏服，先生方畧降辭色。熙寧中，徵授秘書省校理，遷殿中丞。其後希純知潁州，爲先生建第南城。鄉人呼焦舘云。③

尹季通。工部尚書拙之子，有文學。以蔭補國子博士。④

王仲言。泰［臻］子。積學修德，不慕榮進。作範鄉人，克紹先業。有《揮麈録》《玉照志》行於時。⑤

王回。字深甫，平輿人。有行誼，以文學見知歐陽公，薦授將作監主簿。歐公嘗有書簡講論世譜、史傳，盛稱深父爲先輩，其爲人可想也。及卒，歐公有《祭文》，褒頌亦至矣。⑥

①事見《宋史》本傳。《大明一統志·中都·潁州（人物）》：「王臻。潁州汝陰（今安徽阜陽）人。始就學，能文辭。中進士，爲大理評事，知舒城縣。累遷龍圖閣待制、權知開封府。以右諫議大夫權御史中丞，多所建明。臻剛嚴，善決事，所至有風蹟。子仲言，克紹家學，有《揮麈録》《玉照志》。」《成化中都志·人才·潁州（宋）》：「王臻。汝陰人。舉進士，爲大理評事，知舒城縣。累遷龍圖閣待制，權知開封府。以右諫議大夫權御史中丞，多所建明。臻剛嚴，善決事。子仲言，克紹家學，有《揮麈録》《玉照志》行於世。」呂景蒙《嘉靖潁州志·鄉賢·宋》：「王臻。字及之，潁州汝陰人。始就學，能文辭。曾致堯知壽州，有詩名。臻以文數十篇往見。致堯覽之，歎曰：『潁、汝固多奇士。』舉進士，屢遷監察御史。中使就營景靈宮、大［太］極觀。臻佐助工費有勞，遷殿中侍御史，擢淮南轉運副使。時發運司建議濬淮南漕渠，廢諸堰。臻言：『揚州邵伯堰，實謝安爲之。人思其功，以比邵伯，不可廢也。濬渠亦無所益。』召爲三司度支判官，而發運司卒濬渠以通漕。臻坐前異議，降監察御史、知睦州。道復官，徙福州。鬪［閩］人欲報讎，或先食野葛，而後趨讎家求鬪，即死其處，以誣讎人。臻辨察格鬪狀，被誣者往往釋去，俗爲少變。又民間數以火訛相驚，悉捕首惡杖之，流海上，民乃定。累遷尚書工部郎中。姦人僞爲皇城司刺事卒，嚇良民以取賕，臻購得其主名，黥竄三十餘人，都下肅然。以右諫議大夫藋［權］御史中丞，建言：『三司、開封府諸曹參軍及赤縣丞尉，率用貴遊子弟，驕惰不習事。請易以孤寒登第更仕宦書考無過者爲之。』又言：『在京百司吏人入官，請如長社［長定格］，歸司三年。』皆可其奏。未幾，卒。臻性剛嚴，善決事，所至有風蹟。」李宜春《嘉靖潁州志·人物·名臣（宋）》：「王臻。字及之，汝陰人。始就學，能文辭。曾致堯知壽州，有時［詩］名。臻以文數十篇往見。致堯歎曰：『汝、潁固多奇士。』舉進士，累遷监察御史。中使就營景靈宮、太極觀。臻佐助工費有勞，遷殿中侍御史，擢淮南轉運副使。時發運司建議濬淮南漕渠，廢諸堰。臻言：『揚州召伯堰，實謝安爲之。人思其功，以比召伯，不可廢也。濬渠亦無所益。』召爲三司度支判官，而發運司卒濬渠以通漕，臻坐前異議，降監察御史、知睦州。道復官，徙福州。閩人欲報讎，或先食野葛，而後趨讎家求鬪，即死其處，以誣讎人。臻辨察鬪格狀，被誣者往往釋去，俗爲少變。又民間數以火訛相驚，悉捕首惡杖之，流海上，民乃定。累遷尚書工部郎中。姦人僞爲皇城司刺事卒，嚇良民以取賕。臻購得其主名，黥竄三十餘人，都下肅然。以右諫議大夫權御史中丞，建言：『三司、開封府諸曹參軍及赤縣丞尉，率用貴遊子弟，驕惰不習事。請易以孤寒登第更仕宦書考無過者爲之。』又言：『在京百司吏人入官，請如《長定格》，歸司三年。』皆可其奏。未幾，卒。臻剛嚴，善決事，所至有風蹟。」

②常秩（1019—1077），字夷甫，潁州汝陰（今安徽阜陽）人。曾任天章閣侍講，寶文閣待制兼侍讀等。卒贈右諫議大夫。《宋史》有傳。《南畿志・鳳陽府・人物（宋）》：「常秩。汝陰人。以經術著稱。屢除官，不就。熙寧初，詔郡以禮敦遣，始詣闕。神宗問曰：『先朝累命，何爲不起？』對曰：『先帝亮臣之愚，故得安閭巷。今陛下嚴詔趣迫，不敢不來。』數求去，不許。累官寶文閣待制，兼侍讀。」《大明一統志・中都・潁州（人物）》：「常秩。潁州汝陰人。以經術著稱，士論歸重。熙寧初，詔郡以禮敦遣，始詣闕。神宗問曰：『先朝累命，何爲不起？』對曰：『先帝亮臣之愚，故得安閭巷。今陛下嚴詔趣迫，故不敢不來。』數求去，不許。累官至寶文閣待制，兼侍讀。」《成化中都志・人才・潁州（宋）》：「常秩。字夷甫，汝陰人。歐陽文忠公門人，以經術著稱，士論歸重。初隱居，熙寧初，詔郡以禮敦遣，詣闕。神宗問曰：『先朝累命，何爲不起？』對曰：『先帝亮臣之愚，故得安閭巷。陛下嚴詔趣迫，故不敢不來。』求去，不許。累官寶文閣侍［待］制，兼侍讀。文忠《書懷詩》云：『況有西鄰隱君子，輕蓑短笠伴春鋤。』謂夷甫也。《涑［澠］水燕談》云：『潁上常夷甫，以行義薦朝廷。官之，不起。歐陽公晚年治第於潁，思歸未得，嘗有詩曰：笑殺汝陰常處士，十年騎馬聽朝鷄。公致政，而處士以待制起朝請，人改之曰：却笑汝陰常處士，幾年騎馬聽朝鷄。』」呂景蒙《嘉靖潁州志・鄉賢・宋》：「常秩。字夷甫，潁州汝陰人。舉進士不中，廢居里巷，以經術著稱。嘉祐、治平中，屢薦不起。神宗即位，三使往聘，辭。熙寧三年（1070），詔郡『以禮敦遣，毋聽秩辭』。明年（1071）詣闕。帝曰：『先朝累命，何爲不起？』對曰：『先帝亮臣之愚，故得安閭巷。今陛下嚴詔趣迫，是以不敢不來。非有所决擇去就也。』帝悦，徐問之：『今何道免民於凍餒？』對曰：『法制不立，庶民食侯食，服侯服，此今日大患也。』辭歸，不許。累官寶文閣待制，兼讀命［侍讀］。秩平居爲學求自得。王回，里中名士也，每見秩與語，輒歆然自以爲不及。歐陽脩、胡宿、呂公著、王陶、沈遘、王安石皆稱薦之，翕然名重一時。初，秩既隱居不仕，世以爲必退者也。後安石爲相更法，天下以爲不便，秩在閭閻，見所下令，獨以爲是，一召遂起。在朝廷任諫爭侍從，低首抑氣，無所建明，爲時譏笑云。」李宜春《嘉靖潁州志・秩官・宋》：「常秩。嘉佑［祐］中任（教授）。」同書《人物・隱逸（宋）》：「常秩。字夷甫，汝陰人。舉進士不中，隱居里巷，以經術著稱。嘉祐中，賜束帛，爲潁州教授，除國子直講，又以爲大理評事。治平中，授忠武軍節度推官、知長葛縣，皆不起。神宗即位，三使往聘，辭。熙寧三年，詔郡『以禮敦遣，毋聽秩辭』。明年，始詣闕。帝曰：『先朝累命，何爲不起？』對曰：『先帝亮臣之愚，故得安閭巷。今陛下嚴詔趣迫，是以不敢不來。』帝悦，徐問之：『今何道免民於凍餒？』對曰：『法制不立，庶民食侯食，服侯服，此今日大患也。』辭歸，不許。累官寶文閣待制，兼侍讀。初，秩既隱居不仕，世以爲必退者也。後安石爲相更法，天下以爲不便，秩見所下令，獨以爲是，一召遂起。在朝廷任諫諍侍從，低首抑氣，無所建明，爲時譏笑云。」

③焦千之（？—1080），字伯强，丹徒（今江蘇鎮江）人。曾任無錫知州、秘書校理、殿中丞等。《京口耆舊傳》卷一：「焦千之字伯强，丹徒人。嚴毅方正，歐陽公脩敬待之。常舘脩家，累試不利，脩以書勞之。其一勉之以孟子不動心之勇，二則勉之棄去科場文字專意經術。趙康靖公槩之守鄆，脩以書薦之云：『千之久相從，篤行之士，專心學古，不習治生。得招致鄆學，不止千之可以自託，其於教道必有補益，亦爲政之一

端。』比脩之守潁，吕公公著適通判州事，請於脩，延之教子。公著去潁，復攜侄以歸，脩以詩送之，所謂『焦生獨立士，勢利不可恐。誰言一身窮，自待九鼎重。有能揭之行，可謂仁者勇。吕侯相家子，德義勝華寵。焦生得相隨，道合若膠鞏』者也。公著之子希哲爲長，時方十餘歲，承父母之訓，肅敬天成。千之不少假借，小有過差，即端坐，召與相對，終日竟夕不與之語，希哲恐懼畏服，千之方畧降詞色。異時希哲德成行立，爲世耆儒，家傳推本，以爲由千之化導之篤。嘉祐六年（1061），諸路舉行義之士赴京師，舘於太學，試舍人院，賜出身者七人。徐州顔復爲首，千之次之，爲國子監直講。熙寧初，以蘇嘉對公試策論時政之失，千之與顔復等爲考官擢居上等，直講蘇液以白執政，千之與同列五人俱罷，以殿中丞爲樂清令。歐陽脩貽書勉之云：『更當屈伸取舍，要於濟務。』蓋以千之剛方，不能善事上官故也。八年（1063），知無錫縣。是歲大旱，運河涸，用單鍔言，車梁溪水灌運河，五日而通流，舟楫無滯。事見蘇文忠公軾《録奏單鍔吴中外水利書》。軾有《從千之求惠山泉詩》，正其作縣時也。」《大明一統志·鎮江府·人物（宋）》：「焦千之。丹徒人。歐陽脩勉之，棄科舉學，而專意經術。吕公著嘗延之，教其子希哲。嚴毅方正，以師道自重。官終無錫知州。」《成化中都志·人才·潁州（宋）》：「焦千之。字伯强，先世汝陰焦陂人。黄巢亂，流寓六安南山數世。千之以文學受知歐陽文忠公，及寓公所。吕申公適通判潁州，延之教諸子。熙寧中，授秘書校理、殿中丞，終無錫知州。後希純知潁，爲先生起第城南。鄉人呼爲焦舘。《新志》云『丹徒人』。」吕景蒙《嘉靖潁州志·鄉賢·宋》：「焦千之。字伯强，先世汝陰焦陂人。黄巢亂，流寓六安南山數世。千之以文學受知歐陽文忠公，及寓公所。吕申公適通判潁州，延之教諸子。諸生小有過失，先生端坐，召與相對終日，竟夕不與之語。諸生恐懼畏伏，先生方畧降顔色。化導如此之篤，故門人皆知敬學而大有所成也。伯强好學，屢舉進士，至禮部則罷去。熙寧中，舉遺逸，授秘書校理，殿中丞，終無錫知州。後吕希純知潁，爲先生起第城南。鄉人呼爲焦舘。」

④《宋史·尹拙傳》：「尹拙，潁州汝陰人……子季通，至國子博士。」見前「尹拙」條之註。

⑤此處有誤。「王仲言」即王明清，其父乃南宋著名史學家王銍。具體事蹟及著述參見張明華、房厚信《王銍王明清家族研究》。（黄山書社，2014年版。）王明清（1127—？），字仲言，潁州汝陰人。王銍次子，王廉清之弟。《大明一統志·嘉興府·流寓》：「王明清。本汝陰人。宋慶元間，寓居嘉興。官至朝郎，有史才，所著有《揮麈録》及《玉照新志》。」吕景蒙《嘉靖潁州志·遺逸·宋》：「王仲言。汝陰人。王銍子也。積學修德，不慕榮進。作範鄉人，克紹先業。有《揮麈録》《玉照志》，行於世。」李宜春《嘉靖潁州志·人物·隱逸（宋）》：「王仲言。銍子。汝陰人。積學修德，不慕榮進。作範鄉人，克紹先業。所著有《揮麈録》《玉照志》，行於世。」

⑥王回（1023—1065），字深父，福州侯官（今福建福州）人。《宋史》有傳。《大明一統志·福建布政司·人物（宋）》：「王回，侯官人。父平，言事御史。回敦行孝友，造次必稽古人，而不爲小廉曲謹。舉進士，爲衛真縣簿，稱病自免。退居潁州，久之，薦爲忠武軍節度推官、知南頓縣，命下而卒。曾鞏序其《文集》。弟向，亦有文名。」《成化中都志·人才·潁州（宋）》：「王回。字深父。按王荊公所撰《墓志》，其先固始人，遷候［侯］官。父宦潁州，卒葬汝陰，遂家焉。舉進士，補亳州衛真縣主簿。歲餘，自免歸。用薦爲節度推官、知陳州南頓縣事，書下而

卒。深父經學粹深，造次必孔孟，以文學受知歐陽公與王荊公，猶相友善。及卒，二公爲文祭之。《潁州志》云『平輿人，歐陽公薦授丘作監主簿』，皆非也。當以志文爲正。」呂景蒙《嘉靖潁州志・鄉賢・宋》：「王回。字深父，福建侯官人。父平，言事御史。（出《宋史》本傳。）其先本河南王氏，自光州之固始遷侯官。父某宦潁州，卒葬汝陰，遂家焉。今爲潁州人。（王荊公撰《墓志》云。）回敦行孝友，質直平恕，造次必稽古人。嘗舉進士中第，爲衛真簿，有所不合，稱病自免。作《告友》曰：『古之言天下達道，曰君臣也，父子也，夫婦也，兄弟也，朋友之交也。五者各以其義行而人倫立，五者義廢則人倫亦從而亡矣。聖人既没，而其義益廢，於今則亡矣。夫人有四肢，所以成身。一體不備，則謂之廢疾。而人倫缺焉，何以爲世？嗚呼，處今之時而望古之道，難矣。』（出《宋史》本傳。）吾友深父，書足以致其言，言足以遂其志，志欲以聖人之道爲己任，蓋非至於命弗止也。故不爲小廉曲謹以投衆人耳目，而取捨、進退、去就必度於仁義。世皆稱其學問文章行治，然真知其人者不多，而多見謂迂闊，不足趣時合變。是乃所以爲深父也。有勸之仕者，則以養母辭。於是朝廷用薦者以爲忠武軍節度推官，知陳州南頓縣事，命下而深父死矣。（出王荊公撰《墓志》。）回在潁州，與處士常秩友善。熙寧中，秩上其文集，補回子汾爲郊社齋郎。弟向。（本傳。）」李宜春《嘉靖潁州志・人物・文苑（宋）》：「王回。字深父，其先自固始徙侯官。父平，言事御史，卒葬汝陰，遂家焉。敦行孝友，質直平恕，造次必稽古人，而不爲小廉曲謹以求名譽。嘗舉進士中第，爲衛真簿，有所不合，稱病自免。作《告友》曰：『古之言天下達道，曰君臣也，父子也，夫婦也，兄弟也，朋友之交也。五者各以其義行而人倫立，五者義廢則人倫亦從而亡矣。然而父子兄弟之親，天性之自然者也；夫婦之合，以人情而然者也；君臣之從，以衆從［心］而然者也。是雖欲自廢，而理勢持之，何能斬也？惟朋友者，舉天下之人莫不可同，亦舉天下之人莫不可異，同異在我，安所卒歸乎？是其漸廢之所由也。君之於臣也，父之於子也，夫之於婦也，兄之於弟也，過且惡，必亂敗其國家，國家敗而皆受其難，被其名，而終身不可辭也。故其爲上者不敢不誨，爲下者不敢不諫。世治道行，則人能循義而自得；世亂道微，則人猶顧義而自全。間有不若，則亦無害於衆焉耳。此所謂理勢持之，雖百代可知也。親非天性也，合非人情也，從非衆心也，羣而同，別而異，有善不足與榮，有惡不足與辱。大道之行，公於義者至焉，下斯而言，其能及者鮮矣。是以聖人崇之，以列於君臣、父子、夫婦而壹爲達道也。聖人既没，而其義益廢，於今則亡矣。夫人有四肢，所以成身。一體不備，則謂之廢疾。而人倫缺焉，何以爲世？嗚呼！處今之時而望古之道，難矣。』退居潁州，久之不肯仕，朝廷用薦者，以爲忠武軍節度推官、知陳州南頓縣事，命下而卒。回在潁州，與處士常秩友善。熙寧中，秩上其文集，補回子汾爲郊社齊［齋］郎。歐陽脩《祭文》：『歎吾深甫！孝弟行於鄉黨，信義施於友朋。貧與賤不爲之恥，富與貴不爲之榮。雖得於內者無待於外物，而不可掩者蓋由其至誠。故方身窮於陋巷，而名已重於朝廷。若夫利害不動其心，富貴不更其守。處於衆而不隨，臨於得而不苟。惟吾知子於初，世徒信子於久。念昔居潁，我壯而子方少年；今我老矣，來歸而送子於泉。古人所居，必有是邦之友，況如子者，豈止一邦之賢？舉觴永訣，夫復何言！』」

元

張紹祖。本州人。讀書力學，以孝行聞，特授河南路學教授。至正中，奉父避兵山間，賊至，將殺其父，紹祖泣曰：「吾父者德善人，請殺我以代父。且若等非父母所生乎，何忍殺人父！」賊怒，以戈擊之，戈應手挫鈍，因相謂曰：「此真孝子，不可害。」乃釋之。①

①張紹祖，字子讓，潁州（今安徽阜陽）人。曾任河南路儒學教授。《元史》有傳。《南畿志·鳳陽府·人物（元）》：「張紹祖。潁州人。讀書力學，以孝行聞。授河南路教授。至正中，奉父避兵山間，賊至，將殺其父，紹祖泣曰：『吾父善人，請即殺我。』賊怒，以戈擊之。戈應手挫鈍，因而相謂曰：『此真孝子也，不可害。』乃釋之。」《大明一統志·中都·潁州（人物）》：「張紹祖。潁州人。讀書力學，以孝行聞。特授河南路學教授。至正中，奉父避兵山間，賊至，將殺其父，紹祖泣曰：『吾父者德善人，請殺我以代父。且若等非父母所生乎，何忍害人父！』賊怒，以戈擊之，戈應手挫鈍，因相謂曰：『此真孝子，不可害。』乃釋之。」《成化中都志·人才·潁州（元）》：「張紹祖。潁州人。讀書力學，以孝行聞。特授河南路學教授。至正中，奉父避兵山間，賊至，將殺其父，紹祖泣曰：『吾父者德善人，請殺我以代父。且汝等非父母所生乎，何忍害人之父！』賊以戈擊之，戈隨挫，因相謂曰：『此真孝子也。』釋之。」吕景蒙《嘉靖潁州志·鄉賢·元》：「張紹祖。詳《孝義傳》。」同書《孝義·元》：「張紹祖。字子讓，潁州人。讀書力學，以孝行聞於朝，特授河南路儒學教授。至正十五年（1355），奉父避兵山間，賊至，執其父將殺之，紹祖泣曰：『吾父者德善人，不當害，請殺我以代父死。且若等非父母所生乎，何忍害人父也！』賊怒，以戈擊之，戈應手挫鈍，因感而相謂曰：『此真孝子，不可害。』乃釋之。」李宜春《嘉靖潁州志·人物·孝義（元）》：「張紹祖。字子讓，潁州人。讀書力學，以孝聞，特授河南路儒學教授。至正十五年，奉父避兵山間，賊至，執其父將殺之，紹祖泣曰：『吾父者德善人，請殺我以代。且若等非父母所生乎，何忍害人之父！』賊怒，以戈擊之，戈應手挫鈍，因相謂曰：『此真孝子也。』乃釋之。」

李守忠〔中〕。本州人。以才學入仕，累官工部尚書。①

李冕。守忠〔中〕子，修身飾行。至正辛卯（1351），潁人劉福通作亂，以紅巾爲號。流刼鄉市，燒潁水縣。冕率衆拒之，不支被執，奮罵就死。子秉昭從叔黼江州，亦以捍賊死。忠節萃於一門云。②

李黼。守忠〔中〕子，冕弟，字子成〔威〕。泰定中，以明經狀元及第，授翰林修撰。累官宣文閣監書博士，兼經筵官。數與勸講，每以聖賢心法爲言。至正壬午（1342），江南寇起，出守江州路總管。與賊徐壽輝水陸屢戰，皆敗之。以功遷江西行省参政。後徐壽輝結衆陷江州，黼率民巷戰，叱曰：「殺我！無殺百姓！」與從子秉昭皆駡賊而死。事聞，詔贈攄忠秉義効節功臣、行中書左丞相、護軍、隴西郡公，鎰〔謚〕忠文，立廟江州，賜額崇烈。官其子秉方爲集賢待制。③

王珪。元統中以承直郎擢南臺監察御史，有風紀聲。④

察罕帖木兒。潁州沈丘人。本夷狄，家中華，至襲染風土。元末亂，壬辰（1352）冬起義兵，殺賊有功，詔授中順大夫、汝寧路達魯花赤。雖夷虜不足以繫中土人物，然其區區守義，未可以世類而遽外之。⑤

本朝

安然。洪武初，爲起居注。歷任浙江、河南布政司参政，尋陞山東布政使。未幾，召爲御史大夫，官至四輔。每論事，賜坐，多所裨益。⑥

李敏。洪武初，爲工部尚書，尋陞浙江行省参知政事。復轉工部尚書，賜以浙江田土。卒，遣官祭塋。⑦

①李守中（1360—1432），字正卿，潁州（今安徽阜陽）人。李黼之父。仕至工部尚書。蘇天爵《元故嘉議大夫工部尚書李公墓志銘》載其事甚詳，且云：「公享年七十有三，至正二年五月壬午以疾薨。」阜陽2012年發現《大元贈僉書樞密院事李公之妻隴西郡太夫人魏氏墓志銘》，墓主即李守中之繼母，中云：「夫人姓魏氏，潁州泰和縣瑞子埠巨族也，嬪於我家，爲僉樞公繼室。僉樞諱榮，字榮甫，世居廣平。至元甲子，父總（管）亞中公由汴徙潁，遂家焉……三子一女，皆高出也。長曰守中，字正卿，慷慨有大志，踐揚中外，聲實烜赫，□爲當代偉人，仕至尚書工部，薨於至正壬午（1342）五月……」

②李冕，潁州（今安徽阜陽）人。李守中子。《元史·李黼傳》：「黼兄冕，居潁，亦死於賊。」吕景蒙《嘉靖潁州志·死事·元（李黼傳）》後附其傳：「李冕。守中子，修身飾行。至正辛卯，潁人劉福通作亂，以紅巾爲號。流刼鄉市，燒潁郡縣。冕率衆拒之，不支被執，奮罵就死。子秉昭從叔黼江州，亦以捍賊死。忠萃於一門云。」李宜春《嘉靖潁州志·人物·忠義（元）》：「李冕。潁州人，工部尚書守中子。至正辛卯，州人劉福通作亂，以紅巾爲號，流刼鄉市。冕率衆拒之，不支被執，奮罵而死。子秉昭，從弟黼，在江州俱以捍賊死。」

③李黼（1298—1352），字子威，潁州（今安徽阜陽）人。李守中子。泰定四年（1327）登第。曾任禮部侍郎、江州路總管、宣文閣監書博士等。卒贈據忠秉義効節功臣、資德大夫、淮南江北等處行中書省左丞、上護軍，追封隴西郡公，謚忠文。《元史》有傳。《南畿志·鳳陽府·人物（元）》：「李黼。潁州人。以明經魁多士。累官宣文閣博士，兼經筵官。數與勸講。至正中，江南寇起，出爲江州路總管。捍賊有功，詔爲行省參政。後賊大至，城陷，黼巷戰，叱曰：『殺我！無殺百姓！』與從子秉昭皆罵賊而死，謚忠文。」《大明一統志·中都·人物（元）》：「李黼。潁州人。父守中，爲工部尚書。黼泰定中，以明經魁多士。累官宣文閣監書博士，兼經筵官。數與勸講，每以聖賢心法爲言。至正中，江南寇起，出守江州路總管。捍賊有功，詔爲行省參政。賊大至，城陷巷戰，叱曰：『殺我！無殺百姓！』與從子秉昭皆罵賊而死，謚忠文。兄冕，居潁，亦死於賊。」《成化中都志·人才·潁州（元）》：「李黼。字子威。父守中，仕元，爲工部尚書。黼以泰定四年廷試魁多士，授翰林修撰。歷官皆朝職。江南寇競起，黼出守江州，治城隍，修器械，募丁壯，分守要害，且上攻守之策於江西行省，請兵屯江北，以扼賊衝，不報。黼歎曰：『吾不知死所矣。』賊既陷武昌，舳艫蔽江而下，江西大震。右丞孛羅帖木兒在江上聞風宵遁，黼孤立。賊猝至，黼自出戰，身先士卒，大呼陷陣。黄梅縣主簿也孫帖木兒繼之，賊大敗，逐北六十里，殺獲二萬餘。黼曰：『賊不利於陸，必由水攻。』乃設七星樁於沿岸水中，賊舟因風鼓噪而進，舟遇樁不得動，乃率將士奮擊，射以火箭，賊多焚溺死，又敗走。行省上黼功，詔以爲行省參政、江州南康等路軍民都總管，便宜行事。既而賊大至，諸路守臣皆棄城遁，黼守孤城，以無援而城陷，與之巷戰，知力不敵，揮劍叱賊曰：『殺我！毋殺百姓！』賊自巷背來，刺黼墮馬，與從子秉昭俱罵賊而死。黼死踰月，參政總管之命始下。事聞，詔贈據忠秉義効節功臣、淮南江北等處行中書省左丞相、護軍，追封

隴西郡公，謚忠文。立廟江州，賜額曰崇烈。官其子秉方集賢待制。黼兄冕，居潁，亦死於賊。秉昭，冕之子也。丁鶴年詩云：『叔侄並歸忠義傳，江山不尽古今情。』」吕景蒙《嘉靖潁州志·鄉賢·元》：「李黼。詳《死事傳》。」同書《死事·元》：「李黼，字子威，潁人也。工部尚書守中之子。初補國學生，泰定四年丁卯，遂以明經試魁多士，授翰林修撰。歷官監察御使、禮部侍郎。已而廷議内外官通，調授黼江州路總管。至正十一年（1351）夏五月，盜起河南，北據徐蔡，南陷蘄黃，焚掠數千里，造船北岸，鋭意南攻，九江居下流，實江東、西襟喉之地，黼治城壕，修器械，募丁壯，分守要害，且上攻守之策於江西行省，請兵屯江北以扼賊衝，庶幾大江之險，賊不得共之，不報。黼歎曰：『吾不知死所矣。』乃獨椎牛享士，激忠義以作士氣。數日之間，紀綱贏立。十二年（1352）正月己未，賊壽輝遣其將丁普郎等渡江，陷武昌，威順王及省臣相繼遁去，舳艫蔽江而下，江西大震。賊乘勝破瑞昌，右丞孛羅帖木兒方軍於江，聞之，遁。黼雖孤立，辭氣愈奮。厲時黃梅縣主簿也孫帖木兒願出擊賊，黼大喜，向天瀝酒，與之誓。言始脱口，賊遊兵已至境，急檄諸鄉落聚木石於險塞處，遏賊歸路，倉卒無號，乃墨士卒面，統之出戰，黼身先士卒，大呼陷陣，也孫帖木兒繼進，賊大敗，逐北六十里。鄉丁依險阻，乘高下木石，橫屍蔽路，殺獲二萬餘。黼還，謂左右曰：『賊不利於陸，必由水道以舟薄我，苟失備禦，吾屬無噍類矣。』乃以長木數千冒鐵椎於杪，暗植沿岸水中，逆刺賊舟，謂之七星樁。會西南風急，賊舟數千，果揚帆順流鼓譟而至，舟遇樁不得動，進退無措，黼帥將士奮擊，發火翎箭射之，焚溺死者無算，餘舟散走。行省上黼功，請拜江西行省參政，行江州南康等路軍民都總管，便宜行事。已而賊勢更熾，西自荊湖，東際淮甸，守臣徃徃棄城遁。黼守孤城，提孱旅，斬馘扶傷，無日不戰，中外援絶。二月甲申，賊將薄城，分省平章政事禿堅不花自北門遁。黼引兵登陴，布戰具，賊已至甘棠湖，焚西門，乃張弩箭射之。賊趦趄，未敢進，轉攻東門。賊已入，與之巷戰，知力不敵，揮劍叱賊曰：『殺我！毋殺百姓！』賊自巷背來，刺黼墮馬，黼與從子秉昭倶罵賊而死。郡民聞黼死，哭聲震天，相率具棺，瘞於東門外。黼死踰月，參政之命始下，年五十五。黼兄冕，居潁，亦死於賊。秉昭，冕季子也。事聞，贈黼攄本［忠］秉義効節功臣、資德大夫、淮西江北等處行中書省左丞、上護軍，追封隴西郡公，謚忠文。詔立廟江州，賜額曰崇烈。官其子秉方集賢待制。」李宜春《嘉靖潁州志·人物·忠義（元）》：「李黼。字子威，潁人也。冕弟。補國子生。泰定四年，廷試第一，授翰林修撰。歷官監察御史、禮部侍郎。江南寇競起，黼出守江州。至正十一年夏五月初，賊既陷武昌，舳艫蔽江而下。九江當其前，寔江西襟喉之地。黼治城壕，修器械，募丁壯，分守要害，且上攻守之策於行省，請兵取江北，以扼賊衝，不報。黼歎曰：『吾不知死所矣。』乃獨椎牛享士，激忠義以作士氣。數日之間，紀綱贏立。十二年正月己未，賊壽輝遣其將丁普等渡江，威順王走，右丞孛羅帖木兒方軍於江，聞之亦遁。黼雖孤立，辭氣愈厲。時黃梅縣主簿也孫帖木兒願出擊賊，黼大喜，向天瀝酒，與之誓。言始脱口，賊遊兵已至境，急檄諸鄉落聚木石於險處，遏賊歸路。倉卒無號，乃墨士卒面，統之出戰，黼身先士卒，大呼陷陣，也孫帖木兒繼進，賊大敗，逐北六十里。鄉丁依險阻，乘高下木石，橫屍蔽路，殺獲二萬餘。黼還，謂左右曰：『賊不利於陸，必由水道以舟薄我，苟失備禦，吾屬無噍類矣。』乃以長木數千冒鐵椎於杪，暗植沿岸水中，逆刺賊舟，謂之七星樁。會西南風急，賊舟數千，果揚帆順流鼓譟而至，舟遇樁不得動。黼帥將士奮擊，發火翎箭射之，焚溺者無算，餘舟散走。行省上黼功，請以爲行省參政，行江州、南康等路軍民都總管，便宜行事。已而賊勢更熾，西自荊湖，東際淮甸，守臣往往棄城遁。黼守孤城，提孱旅，斬馘扶傷，無日不戰，中外援絶。二月甲申，賊將薄城，分省平章政事禿堅不花自北門遁。黼引兵登陴，布戰具，賊已至甘棠湖，焚西門，乃張弩箭射之。賊趦趄未敢進，轉攻東門。賊已入，與之巷戰，知力不敵，揮劍叱賊曰：『殺我！毋殺百姓！』賊自巷背來，刺黼墮馬，黼與從子秉昭俱罵賊而死。郡民聞黼死，哭聲震天，相率具棺，瘞於東門外。黼死踰月，參政之命始下，年五十五。事聞，贈黼攄忠秉義効節功臣、資德大夫、淮南江北等處行中書省左丞相、護國，追封隴西郡公，謚忠文。詔立廟江州，賜額曰崇烈。官其子秉方集賢待制。」

④李宜春《嘉靖潁州志·人物·氣節（元）》：「王珪。潁州人。元統中以承直郎擢監察御史，有風紀聲。」

⑤察罕帖木兒（？—1362），字廷瑞，沈丘（今安徽臨泉）人。曾任中順大夫、達魯花赤等。卒封潁川王，謚忠襄。後又進封梁王。《元史》有傳。《成化中都志·人才·潁州（元）》：「察罕帖木兒。沈丘人。元末起義兵，破賊有功，授汝寧府達魯花赤。」吕景蒙《嘉靖潁州志·名將·元》：「察罕帖木兒。沈丘人。時至正壬辰，劉福通等兵起汝、潁，江淮諸郡皆殘破。朝廷徵兵致討，卒無成功。察罕帖木兒與羅山李思齊同奮義起兵，邑中子弟從者數百人，破賊。事聞，詔以察罕帖木兒爲汝寧府達魯花赤，李思齊知府事。丁酉（1357），劉福通既以韓林兒稱宋帝，遣其將李武、崔德破商州，攻武關，直驅長安，分掠同、華諸州，三輔震恐。行臺治書侍御史王思誠以書求援，時察罕帖木兒新復陝州，得書大喜，遂提輕兵五千，與思齊倍道往援，遇賊轉戰，殺獲無算，餘黨皆潰散。朝廷論功，以察罕帖木兒爲陝西行省左丞，李思齊爲四川左丞。比劉福通破汴梁，以韓林兒居之。察罕帖木兒乃大發秦、晋，諸路並進，期會汴城下，首奪其外城。環城而壘，累誘賊出戰，輒以計敗之。賊懼，不敢復出。察罕帖木兒諜知城中計窮食盡，乃督諸將分門而攻。至夜，將士鼓勇登城，斬關而入，劉福通以其主走安豐。捷聞，詔以察罕帖木兒爲河南平章，兼同知行樞密院、西臺中丞。察罕帖木兒既定河南，乃以兵分鎮關陝、荆襄、河洛、江淮，而屯兵大［太］行，營壘旌旗相望數千里。日訓練士卒，務農積穀，謀大舉以復山東。諜知山東羣盜自相攻殺，而田豐亦降於賊，乃大會諸將期，分兵五道，水陸並進。而自率鐵騎，渡孟津，踰覃懷而東，復冠州、東昌，遣其子擴廓帖木兒直擣東平。以田豐據山東久，軍民服之，乃爲書招之。豐及王士誠皆降，遂復東平、濟寧。時敵兵皆聚濟南，察罕帖木兒乃分奇兵，間道出敵後，南略泰安，逼益都，北徇濟陽、章丘，中循瀕海郡邑。自將大軍進逼濟南，攻圍三月，乃下之。初，山東俱平，獨益孤城不下。察罕移兵圍之，大治攻具。田豐以察罕推誠待之，乃復與王士誠陰謀，誘察罕至豐營，刺殺察罕，叛入城。先是，有白氣如索，起危宿，貫大［太］微垣。太史奏山東當大水。帝曰：『不然，山東當失一良將。』即馳詔戒察罕勿輕舉，未至而已及難。詔贈河南行省左丞相，封潁川王，謚忠襄。命其子擴廓帖木兒爲平章政事，兼知山東、河南行樞密院事，代總其兵。」李宜春《嘉靖潁州志·人物·將略（元）》：「察罕帖木兒。沈丘人。至正壬辰，劉福通等兵起汝、潁，江淮諸郡皆殘破之。帖木兒與李思齊奮義起兵，遂破之。

事聞，詔以爲汝寧府達魯花赤。丁酉，劉福通遣李武、崔德破商州，攻武關，直驅長安，三輔震恐。行臺治書侍御史王思誠以書求援，帖木兒遂提輕兵五千，與思齊倍道往援，殺獲無算。朝廷論功，以爲陝西行省左丞。比劉福通破汴梁，以韓林兒居之。帖木兒乃大發秦、晋，諸路並進，斬關而入，劉福通以其主走安豐。捷聞，詔以爲河南平章，兼同知行樞密、西臺中丞。既定河南，乃謀舉以復山東，遣其子擴廓帖木兒直搗東平。以田豐久據山東，乃作書招之，豐及思誠皆降，遂復東平、濟寧。時敵兵皆聚濟南，乃分奇兵間道出，敵復南畧泰安，進逼濟南，攻圍三月，乃下。獨益孤城不下，移兵圍之，大治攻具。田豐以帖木兒推誠待之，乃與思誠陰謀，誘帖木兒至其營，刺殺之，叛入城。先是，白氣如索，起危宿，貫大［太］微垣。太史奏山東當大水，帝曰：『不然，山東當失一良將。』即馳詔戒帖木兒勿輕舉，未至而已及難。詔贈河南行省左丞相，封潁川王，謚忠襄。命其子擴廓帖木兒爲平章政事，兼知山東、河南行樞密院事，代總其兵。」

⑥安然（1324—1381），祥符（今河南開封）人，徙居潁州。曾任參政、布政司、左丞等。卒，帝親制文祭之。《明史》有傳。《大明一統志・中都・潁州（人物）》：「安然。潁州人。洪武初爲起居注，歷任浙江、河南布政司參政，尋陞山東布政使。未幾，召爲御史大夫，官至四輔。每論事，賜坐，多所裨益。」《成化中都志・人才・潁州（國朝）》：「安然。洪武初，爲起居注。歷任浙江、河南參政，陞山東布政使。洪武十一年（1378），陞御史大夫，官至四輔。每論事，嘗賜坐，多所裨益。以疾終，遣官諭祭安葬。」李宜春《嘉靖潁州志・選舉・明（辟舉）》：「安然。見《人物》。」同書《人物・名臣（明）》：「安然。潁州人，洪武初，爲起居注。歷任浙江、河南參政，陞山東布政使。洪武十一年，陞御史大夫，官至四輔。每論事，嘗賜坐，多所裨益。以疾終，遣官諭祭賜葬。」

⑦《大明一統志・中都・潁州（名宦）》：「李敏。正統末同知鳳陽府，廉潔慈惠，累官南京戶部尚書。《南畿志》。」同書《撫州府・名宦（本朝）》：「李敏。洪武初爲撫州知府。守廉燭理，雖庶務煩劇，決之如流。」然《南畿志・鳳陽府・潁州（宦蹟）》及《鳳陽府・潁州（人物）》均無關於李敏的記載。《成化中都志・人才・潁州（國朝）》：「李敏。洪武五年（1372），除工部尚書。七年（1374），除江西等處行中書省參知政事。九年（1376），復除工部尚書。欽賜浙江田莊，以疾卒於官，遣官諭祭歸塋。」吕景蒙《嘉靖潁州志・鄉賢・皇明》：「李敏。洪武五年，除工部尚書。七年，除江西等處行中書省參知政事。九年，復除工部尚書。欽賜浙江田莊，以疾卒於官，諭祭歸塋。」李宜春《嘉靖潁州志・選舉・明（辟舉）》：「李敏。見《人物》。」同書《人物・名臣（明）》：「李敏。潁州人。洪武五年，除工部尚書。七年，除江西等處行中書省參知政事。九年，復除工部尚書。欽賜浙江田莊，以疾卒於官，諭祭歸塋。」《雍正江西通志・秩官・明》：「李敏。潁州人，以工部尚書轉。已上俱行中書省參知政事。」同書《名宦・撫州府（明）》引《明一統志》：「李敏。潁州人。洪武初任撫州知府。廉燭理，雖庶務繁劇，而決之如流。」

欒世英。洪武初，入任。歷任不怠，官至四川布政使。①

寶［竇］松。洪武中，任監察御史，所至有冰蘗聲。②

張泌。洪武中，由大學生授兵科給事中。和易謹厚，勤於職事。陞都給事中，再陞光祿寺卿。爲光祿二十餘年，於御膳必躬視精潔，其祭享宴會必豐潔。馭下以寬，處事以公，衆咸服之。及卒，特賜祭葬。泌容貌豐偉，識達大體。後吏部每奏除光祿官，必思得人如泌。③

---

①《大明一統志・中都・潁州（人物）》：「欒世英。潁州人。洪武初，入仕。歷任不怠，官至四川布政使。」《成化中都志・人才・潁州（國朝）》：「欒世英。洪武十一年（1378），任四川布政使。」李宜春《嘉靖潁州志・選舉・明（辟舉）》：「欒世英。見《人物》。」同書《人物・循吏（明）》：「欒世英。潁州人。洪武初，入仕。歷任不怠，官至四川布政使。」

②《成化中都志・人才・潁州（國朝）》：「竇松。任浙江道監察御史。」李宜春《嘉靖潁州志・選舉・辟舉（州）》：「竇松。見《人物》。」同書《人物・氣節（明）》：「竇松。潁州人。洪武初任監察御史。雅尚節操，冰蘗著聲。」

③張泌（？—1408），字淑清，潁州人。曾任光祿寺卿、給事中等。《南畿志・鳳陽府・人物（國朝）》：「張泌。潁州人。洪武中，由大［太］學生授給事中。陞光祿寺卿。永樂六年（1408），卒於官，賜祭。泌容貌豐偉，識達大體。後吏部每奏除光祿官，必思得人如泌。」《大明一統志・中都・潁州（人物）》：「張泌。潁州人。洪武中，由太學生授兵科給事中。和易謹厚，勤於職事。陞都給事中，再陞光祿寺卿。爲光祿二十餘年，於御膳必躬視精潔，其祭享宴會必豐潔。馭下以寬，處事以公，衆咸服之。及卒，特賜祭葬。泌容貌豐偉，識達大體。後吏部每奏除光祿官，必思得人如泌。」《成化中都志・人才・潁州（國朝）》：「張泌。由監生，洪武二十六年（1393），任兵科都給事中。陞光祿寺卿。永樂六年，卒於官，賜祭葬。泌容貌豐偉，識達大體。後吏部每奏除光祿官，必思得人如泌。」呂景蒙《嘉靖潁州志・鄉賢・皇明》：「張泌。由國子生，洪武二十六年，任兵科都給事中。遷光祿寺卿。永樂六年，卒於官，賜祭葬。泌容貌豐偉，識達大體。後吏部每奏除光祿卿，必思得人如泌。」李宜春《嘉靖潁州志・選舉・明（歲貢）》：「張泌。見《人物》。」同書《人物・名臣（明）》：「張泌。潁州人。洪武中，由太學生授兵科給事中。和易謹厚，勤於職事。陞都給事中，再陞光祿寺卿。爲光祿二十餘年，於御膳必躬視精潔，其祭享宴會必豐潔。馭下以寬，處事以公，衆咸服之。及卒，特賜祭葬。泌容貌豐偉，識大體。後吏部每奏除光祿官，必思得人如泌。」

韓璽。永樂中，由太學生授給事中，選侍皇太孫春宮講讀，尋陞山東按察副使。宣皇御極，思念舊人，召還。侍文華殿，備顧問。以忤權貴，遷廣東參政。滿考致仕。家居十五六年，室如懸罄，安貧毓德。士林仰爲古君子。①

儲珊。字朝珍。自少力學不怠。弘治中，登進士，初授江西清江令。甫逾歲，政通人和。未幾，丁外艱。服闋，改新鄉令。廉明公恕，有古循良風，且能鋤衆强以安寡弱。興學校，勸農桑，招流移，廣儲蓄，凡一切廢墜，殫力修舉。三載之間，境內晏然。故當道屢加禮獎，交章薦揚。及報政，考治功第一。擢監察御史，巡按山東，有冰蘗聲。②

科貢

前代無考。

科

元

李黼。泰定四年丁卯（1327）狀元及第。累官江西行省參政。死節。事見《人物》類。

本朝

方亨。洪武十七年甲子（1384）中應天府鄉試。任至考功郎中。③

---

①《南畿志·鳳陽府·人物（國朝）》：「韓璽。潁州人。永樂中，由太學生授給事中，選春宮講讀，陞山東按察副使。宣德初召還，侍文華殿，備顧問。以忤權貴，遷廣東参政。滿考致仕，室如懸磬。」《大明一統志·中都·潁州（人物）》：「韓璽。潁州人。永樂中，由大［太］學生授給事中，選春宮講讀，陞山東按察副使。宣德初召還，侍文華殿，備顧問。以忤權貴，遷廣東参政。考滿致仕，室如懸磬。《南畿志》。」《成化中都志·人才·潁州（國朝）》：「韓璽。由舉人，任工科給事中，侍從宣宗章皇帝講讀，日承顧問。陞山東按察司僉事，轉副使。再遷廣東布政司左参政。自進侍至藩臬，始終以廉謹自持，政聲大著。」吕景蒙《嘉靖潁州志·人物·皇明（鄉貢）》：「（永樂辛卯，1411）韓璽。傳見《鄉賢》。」同書《鄉賢·皇明》：「韓璽。舉貢士，任工科給事中。侍從宣宗講讀，日承顧問。遷山東按察司僉事，轉副使，再轉廣東布政司左参政。璽自進侍至藩臬，始終以廉謹自持，政聲大著。」李宜春《嘉靖潁州志·選舉·明（舉人）》：「韓璽。潁州人。永樂辛卯中式。見《人物》。」同書《人物·廉介（明）》：「韓璽。潁州人。永樂中，由貢士授工科給事中，選侍皇太孫春宮講讀，日承顧問。遷山東按察司僉事，轉副使。宣廟御極，思念舊人，召還，侍文華殿。忤權貴，出爲廣東左参政。致仕而歸，室如懸磬。安貧樂道，咸稱爲古君子云。」

②《成化中都志·科貢·國朝（鄉舉）》：「（己酉科弘治二年，1489）褚［儲］珊。潁州人。」吕景蒙《嘉靖潁州志·人物·皇明（鄉貢）》：「（弘治己酉）儲珊。（字）朝珍。應天鄉試。」同書《人物·皇明（甲科）》：「（弘治己未，1499）儲珊，監察御史，仕至按察僉事。」李宜春《嘉靖潁州志·選舉·明（進士）》：「儲珊。潁州人。弘治己酉舉人，己未，登倫文敘榜。見《人物》。」同書《人物·氣節（明）》：「儲珊。字朝珍，潁州城南人。弘治己未進士，授清江知縣。丁外艱，服闋，改新鄉。以治行徵入，試河南道巡按東路，及清查遼陽錢穀，爲名御史。代按山東，振肅風紀。會劉瑾竊柄，縉紳側目。珊秉正嫉邪，爲瑾所陷，左遷爲山西岢嵐州判。瑾誅，起爲南京兵部車駕司主事，尋陞浙江僉事。時羣醜王浩八等弄兵桃源，勢甚猖獗，陶巡撫奏珊才望勇畧，專勅提兵操之。戰數十合，已有捷報，但負氣英邁，與當道論議弗協，即解綬東歸。後紀功，黎給事上珊功，武廟嘉之，賜綵幣銀牌，奬於家。然才高用左，美負妬興，君子於是傷時事焉。悲哉！」

③《成化中都志·科貢·國朝（鄉舉）》：「（庚午科洪武二十三年，1390）方亨。潁州人。」吕景蒙《嘉靖潁州志·人物·皇明（鄉貢）》：「（洪武甲子）方亨，考功郎中。」李宜春《嘉靖潁州志·明·舉人》：「方亨。潁州人。任沔池教諭，累遷吏部考功司員外郎。」《雍正河南通志·職官·開封府屬知州知縣》：「（太康縣）方亨。江南潁州人。舉人。」

韓進。洪武二十三年庚午（1390）中應天府鄉試。任監察御史。①
焦敏。洪武二十六年癸酉（1393）中應天府鄉試。仕至金華知府。②
李泰。永樂元年癸未（1403）補科，中應天府鄉試。任固始縣訓導。③
董敏。永樂二年乙酉（1404）中應天府鄉試。任鎬連縣訓導。④
韓璽。永樂九年辛卯（1411）中應天府鄉試。事蹟見《人物》類。
周彬。永樂二十一年癸卯（1423）中應天府鄉試。任府教授。⑤
閔銘。辛卯（1411）中應天府鄉試。任夏邑縣學教諭。⑥
仵恭。辛卯（1411）中應天府鄉試。任斷事司斷事。⑦
葉春。正統十二年丁卯（1447）中河南布政司鄉試。任五河縣教諭。⑧
吴翔。永樂三年乙酉（1405）中應天府鄉試。任府教授。⑨
秦忻。任監察御史。⑩
吕慶。景泰四年癸卯［酉］（1453）中應天府鄉試。任府教授。⑪
張嵩。景泰七年丙子（1456）中河南布政司鄉試。仕至通判。⑫
郭昇。景泰七年丙子（1456）中河南布政司鄉試，天順四年（1460）登王一夔榜第三甲進士。仕至陝西參議。⑬

①《成化中都志・科貢・國朝（鄉舉）》：「（庚午科洪武二十三年）韓進。潁州人。」吕景蒙《嘉靖潁州志・人物・皇明（鄉貢）》：「（洪武庚午）韓進。監察御史。」李宜春《嘉靖潁州志・明・舉人》：「韓進。潁州人。洪武庚午中式，終監察御史。」

②《成化中都志・科貢・國朝（鄉舉）》：「（癸酉科洪武二十六年）焦敏。潁州人。」吕景蒙《嘉靖潁州志・人物・皇明（鄉貢）》：「（洪武癸酉）焦敏。金華知府。」李宜春《嘉靖潁州志・明・舉人》：「焦敏。潁州人。洪武癸酉中式，終金華知府。」《成化金華府志・官師・國朝知府》：「焦敏。潁州人。洪武二十五年（1392），由舉人授任。」《雍正陝西通志・職官・明》：「（西安知府）焦敏。南直潁州人。」

③《成化中都志・科貢・鄉舉（國朝）》：「（乙酉科永樂三年，1405）李泰。潁州人。」吕景蒙《嘉靖潁州志・人物・皇明（鄉貢）》：「（永樂乙酉）李泰。固始訓導。」李宜春《嘉靖潁州志・明・舉人》：「李泰。潁州人。永樂乙酉中式。固始縣學訓導。」《嘉靖固始縣志・官師・師儒（大明）》：「（訓導）李泰。潁州舉人。」

④《成化中都志・科貢・國朝（鄉舉）》：「（乙酉科永樂三年，1405）董敏。潁州人。」吕景蒙《嘉靖潁州志・人物・皇明（鄉貢）》：「（永樂乙酉）董敏。筠連訓導。」李宜春《嘉靖潁州志・明・舉人》：「董敏。潁州人。永樂乙酉中式，筠連縣學訓導。」

⑤《成化中都志・科貢・國朝（鄉舉）》：「（癸卯科永樂二十一年）周彬。潁州人。」吕景蒙《嘉靖潁州志・人物・皇明（鄉貢）》：「（永樂癸卯）周彬。魯府教授。」李宜春《嘉靖潁州志・選舉・明（舉人）》：「周彬。潁州人。永樂癸卯中式，終魯府教授。」

⑥《成化中都志・科貢・國朝（鄉舉）》：「（辛卯科永樂九年）閔銘。潁州人。」吕景蒙《嘉靖潁州志・人物・皇明（鄉貢）》：「（永樂辛卯）閔名。夏邑教諭。」李宜春《嘉靖潁州志・選舉・明（舉人）》：「閔名。潁州人。終夏邑教諭。」《嘉靖夏邑縣志・官師・（明）訓導》：「（永樂二十一年癸卯，1423）閔賢。直隸潁州舉人。」疑即其人。

⑦《成化中都志・科貢・國朝（鄉舉）》：「（辛卯科永樂九年）仵恭。潁州人。」吕景蒙《嘉靖潁州志・人物・皇明（鄉貢）》：「（永樂辛卯）仵恭。（字）克敬。任陝西行都司斷事，遷嘉興通判。」李宜春《嘉靖潁州志・選舉・明（舉人）》：「仵恭。潁州人，字克敬。陝西行都司斷事，終嘉興通判。」

⑧《成化中都志・科貢・國朝（鄉舉）》：「（丁卯科正統十二年）葉春。潁州人。」吕景蒙《嘉靖潁州志・人物・皇明（鄉貢）》：「（正統丁卯）葉春。（字）景和。河南鄉試。原衛武學教授。以上軍民弟子員俱赴應天鄉試，時以學正李悦奏，准軍生始赴河南鄉試，而中式則自春始。」李宜春《嘉靖潁州志・選舉・明（舉人）》：「葉春。潁州人，字景和。正統丁卯河南中式。終京衛武學教授。先是，軍民生儒俱應天鄉試，時學正李悦奏淮軍生試河南，而中式則自春始。」《光緒五河縣志・官師・教諭（明）》：「（天順）葉春。河南潁州［川］衛舉人。」

⑨《成化中都志・科貢・國朝（鄉舉）》：「（乙酉科永樂三年）吴翔。潁州人。」吕景蒙《嘉靖潁州志・人物・皇明（鄉貢）》：「（永樂乙酉）吴

翔。府學教授。」李宜春《嘉靖潁州志・選舉・明（舉人）》：「吳翔。潁州人。永樂乙酉中式。府學教授。」

⑩呂景蒙《嘉靖潁州志・人物・皇明（鄉貢）》：「（永樂癸卯，1423）秦昕。監察御史。」李宜春《嘉靖潁州志・明・舉人》：「秦昕。潁州人。同癸卯中式。終監察御史。」

⑪《成化中都志・科貢・國朝（鄉舉）》：「（癸酉科景泰四年）呂慶。潁州人。」呂景蒙《嘉靖潁州志・人物・皇明（鄉貢）》：「（景泰癸酉）呂慶。應天鄉試。府學教授。」李宜春《嘉靖潁州志・選舉・明（舉人）》：「呂慶。潁州人。景泰癸酉中式。終府學教授。」

⑫《成化中都志・科貢・國朝（鄉舉）》：「（丙子科景泰七年）張嵩。潁州人。」呂景蒙《嘉靖潁州志・人物・皇明（鄉貢）》：「（景泰丙子）張嵩。（字）維嶽。俱河南鄉試。」李宜春《嘉靖潁州志・選舉・明（舉人）》：「張嵩。潁州人，字惟嶽。景泰丙子河南中式。終通判。」

⑬《成化中都志・科貢・國朝（鄉舉）》：「（丙子科景泰七年）郭昇。潁州人。」呂景蒙《嘉靖潁州志・人物・皇明（鄉貢）》：「（景泰丙子）郭昇。（字）騰霄。」同書《人物・皇明（甲科）》：「（天順庚辰，1460）郭昇。傳見《鄉賢》。」同書《鄉賢》：「郭昇。字騰霄。舉進士，任工部都水司主事。成化丁亥（1467），奉命莅徐州洪治水。昇究心乃事，募工匠鑿去翻船石以數百，東西堤岸俱用方石壘砌，固以鐵錠，灌以秫灰，使平廣堅厚，爲牽輓之路。附堤掘井，以濟輓夫。樹柳六百餘株，爲廕休之所，至今漕運便之。擢郎中，仍莅洪事，尋陞陝西參議。未至，以疾卒於家，贈朝列大夫。洪上有郭公祠，有碑記二。」李宜春《嘉靖潁州志・選舉・明（進士）》：「郭昇。潁州人。景泰丙子河南中式，天順庚辰登王一夔榜。見《人物》。」同書《人物・名臣（明）》：「郭昇。字騰霄，潁州人。天順庚辰進士，授工部都水主事。莅山東河道，督造運粮淺船七百餘艘，改修南坂等閘，疏濬觀音嘴等河。幹濟公勤，爲帥臺推重，薦管徐州。洪水勢極險，外洪大石百餘，人呼爲翻船石。每歲官民船遭損命者百數，且兩岸捧路低隘，遇漲即瀰漫，退則土去石出，不可步履。自永樂通漕以來，漲後輒鋪草萬束，運土平石隙，費費多，水至則功隳矣。昇鋭意經理，乃上修河疏，報可。於是募工鑿去翻船諸石，鋪石里、洪霸下數灣，東西洪岸並林路，各用方石疊砌，扣以鐵錠，灌以石灰，爲功甚巨，兩堤各植柳濬井，以蔭濟行人。三載，將受代，軍民咸具奏保留，轉本司員外郎，仍莅洪事。又陳《便益河道疏》曰：『臣聞不暫勞者，無以永逸；其民不一費者，無以永享其利。蓋因其所欲而勞之，其勞也不怨。除其所害而利之，其利也斯溥。但人之常情，泥於所聞者，以非所聞爲異談。安於故習者，以非所見者爲異事。故凡事多樂因循而憚改作也。臣以逸其民而享其利者言之。且真、揚直抵淮安一帶，河道三百餘里，有十六壩之阻隔，有四湖之險惡，江南百萬錢粮，萬國進貢方物，與往來官民船隻，無不經由是路。到壩之時，縱有大潮，未免盡空卸載，弓船車放。過湖之日，陡遇風起，浪勢如山，多致覆溺，此不利於往來者也。十六壩人夫之役，三百里堤岸之費，月用其勞，不勾一日之壞。萬費錢粮，而無一歲之利，此勞費於地方者也。自成化八年（1472），天道乾旱，河水消乏，淮安置壩，積水行船，南不通江，北不通淮，三百里之渠若□□。然臣嘗留心丈量，儀真、瓜州各壩，河底與下潮江面相高不過四尺，淮安河底與淮河水面相高亦不過四尺。若多起人夫，暫

費錢粮，通行挑深八尺，上下通於江淮，於儀真、瓜州各置閘二座，置壩三座。夏間潮大，閘內放船。冬天水涸，仍行車壩。一則往來船隻免於盤阻涉險，省費無算。二則高郵、邵伯等湖瀦水洩去，而膏腴之田可出萬頃。』又將有益河渠可行數事者並上：『一曰置閘通船，二曰開河便民，三曰開挑夾河以避風浪，四曰措辦椿木以甦民困，五曰專官職以管河道。』欽陞本司郎中，專管沛縣直抵儀真、瓜州等處河道。又陳言利病八事：『一曰革蠹弊以清驛遞，二曰禁勾捐以絶奸弊，三曰審時宜以完廢弛，四曰改馬造船以便應付，五曰明賞罰以示勸懲，六曰許自首以圖新，七曰設坊保以禁盜，八曰添應捕以防盜。』歷河道十四餘年，隨在改造修築，具有成績，咸稱便焉。尋陞陝西參議，以疾卒於家，贈朝列大夫。然經濟之才，宏博之識，夷積年不測之險，爲永世無窮之利，設以永年，其勳業當與周文襄爭烈矣。所著有《奏議》，藏於家。」

韓祥。璽孫。天順中應貢，補太學。成化十三年丁酉（1477）中順天府鄉試。任會稽縣知縣。①

楊復初。成化十三年丁酉（1477）中河南布政司鄉試。明年（1478）乙榜，授訓導。仕至翰林待詔。②

①《成化中都志・科貢・國朝（鄉舉）》：「（丁酉科成化十三年）韓祥。潁州人。」吕景蒙《嘉靖潁州志・人物・皇明（鄉貢）》：「（成化丁酉）韓祥。璽孫。應天鄉試。會稽知縣。」李宜春《嘉靖潁州志・選舉・明（舉人）》：「韓祥，潁州人。璽孫。成化丁酉中式。終會稽知縣。」《萬曆會稽縣志・官師・明（知縣）》：「（成化二十二年，1486）韓祥。潁川人。有傳。」同書《官師・宦蹟傳（皇明）》：「韓祥，字景瑞，潁川人。成化中知縣事，明賞罰，均征賦。邑人懷之。」《康熙會稽縣志・職官・令（明）》：「韓祥。（成化）二十二年任。有傳。」同書《人物・名宦（令）》：「韓祥。字景瑞，潁人。成化中知縣事。明賞罰，均征賦。邑人懷之。」

②《成化中都志・科貢・國朝（鄉舉）》：「（丁酉科成化十三年）楊復初。潁州人。」吕景蒙《嘉靖潁州志・人物・皇明（鄉貢）》：「（成化丁酉）楊復初。河南鄉試。由訓導遷翰林待詔，官至長史。」李宜春《嘉靖潁州志・選舉・明（舉人）》：「楊復初。潁州人。同丁酉科河南中式。終長史。」程敏政《篁墩文集》卷十七《蘄水縣南門浮橋記》：「婺源潘君珏以成化甲辰進士擢知蘄水縣事，嘗祗謁宣聖廟，進其師生與語，而前教諭周同倫，訓導楊復初、周寛暨諸生王泰等首以是爲言。」所載「楊復初」疑即其人。

張沖。成化十九年癸卯（1483）中河南布政司鄉試。甲辰（1484）乙榜，授訓導，仕至長史。①

李葵。成化癸卯（1483）中河南鄉試。登丁未（1487）進士。任監察御史，仕至僉事。②

張守亨。成化癸卯（1483）中河南鄉試。任知縣。③

儲珊。中弘治己酉（1489）應天府鄉試。登弘治己未（1499）倫文叙榜進士。初授知縣，擢監察御史。改南京兵部主事，尋陞浙江按察司僉事。④

胡洲。中正德五年庚午（1510）科河南鄉試。⑤

貢

邢守仁。洪武應貢。仕至知府。⑥

周鎬。洪武應貢。仕至左參議。⑦

李顆。永樂應貢。仕至知縣。⑧

王憲。宣德應貢。仕終知縣。⑨

張杲。宣德應貢。仕終國子學正。⑩

儲暘。宣德應貢。⑪

①《成化中都志·科貢·國朝（鄉舉）》：「（癸卯科成化十九年）張沖。潁州人。」李宜春《嘉靖潁州志·選舉·明（舉人）》：「張沖。潁州人，字宗逵。成化癸卯河南中式第二。官終山東涇府左長史，加奉議大夫。見《人物》。」同書《人物·經術（明）》：「張沖。字宗逵，潁州人。守亭侄也。以《易經》領成化癸卯河南鄉薦第二，授濟河訓導。以憂，再補洪洞。橫經指授，模範莊嚴。校文湖廣，號稱得士。會涇府右長史缺，以沖經明行修充焉。嘗條勤學親賢，王雅重之。尋轉左，加四品服。屢引年乞休。王特爲請，進嘉議大夫以歸。」《民國洪洞縣志·職官·訓導（明）》：「（正德）張沖。直隸潁州。歲貢。」

②《成化中都志·科貢·國朝（鄉舉）》：「（癸卯科成化十九年）李葵。潁州人。」李宜春《嘉靖潁州志·選舉·明（進士）》：「李葵。潁州人，字朝陽。成化癸卯，河南中式。丁未，登費宏榜，授監察御史。終按察司僉事。」

③《成化中都志·科貢·國朝（鄉舉）》：「（癸卯科成化十九年）張守亨。潁州人。」李宜春《嘉靖潁州志·選舉·明（舉人）》：「張守亨。沖之叔。同癸卯河南中式。見《人物》。」同書《人物·治行（明）》：「張守亨。字嘉會，潁州人。由貢士授臨邑知縣，持正秉剛。廉猾奸劉淳數十人，即置以法。以憂歸。會忤當塗，調興州衛經歷，尋遷陝西華亭知縣。時虜寇陷城，倡義先士卒，斬首二十餘級，爲守帥攘其功，遂致其仕歸。家居不事事，惟詩酒自娛，慷慨談謔，故人無弗愛且敬焉。子治，躪知縣；孫光祖，御史。餘慶所彼，斯其然哉？」《乾隆甘肅通志·名宦·平涼府（明）》：「張守亨。潁州衛人。正德間，知華亭縣。剛方簡易，决獄如流。縣依山險，多盜。守亨設計，擒其渠魁，盜遂息。每春秋政暇，循行郊野，勸民耕作。有不給者，補助之。月朔，禮請耆民，訪求閭閻利病，即次第興除。嘗大旱，步禱，甘雨如注，歲大稔。」《民國華亭縣志·名宦·明代》：「張守亨。河南舉人，正德知縣。待民不苟，决獄如流。西山多盜，計擒渠魁。春秋政暇，循郊勸農，補助不給。月朔季首，禮訪耆老。興除利病，有旱步禱。無民不頌。」

④儲珊，傳見本書卷四《人物》。

⑤《成化中都志·科貢·國朝（鄉舉）》：「（庚午科正德五年）胡洲。潁州人。」吕景蒙《嘉靖潁州志·人物·皇明（鄉貢）》：「（正德庚午）胡洲。（字）登之。河南鄉試。順天推官。」李宜春《嘉靖潁州志·選舉·明（舉人）》：「胡洲。潁州人。字登之。正德庚午，河南中式。終順天府推官。」《雍正浙江通志·職官·明》：「（北關戸部分司）胡洲。字登之，潁州人。」

⑥《成化中都志·科貢·國朝（歲貢）》：「（潁州學）邢守仁。」李宜春《嘉靖潁州志·選舉·明（歲貢）》：「邢守仁。金華知府。」《成化金華府志·官師·國朝知府》：「邢守仁。潁州人。洪武中，由給事中任。」《雍正浙江通志·職官·明》：「（金華府知府）邢守仁。潁州人。」

⑦李宜春《嘉靖潁州志·選舉·明（歲貢）》：「周鎬。河南左參政。俱洪武間貢。」

⑧《成化中都志·科貢·國朝（歲貢）》：「（潁州學）李顆。」李宜春《嘉靖潁州志·選舉·明（歲貢）》：「李顆。仕至知縣。」

⑨《成化中都志·科貢·國朝（歲貢）》：「（潁州學）王憲。」李宜春《嘉靖潁州志·選舉·明（歲貢）》：「王憲。知縣。洪熙間貢。」

⑩《成化中都志·科貢·國朝（歲貢）》：「（潁州學）張杲。」李宜春《嘉靖潁州志·選舉·明（歲貢）》：「張杲。仕終國子學正。」

⑪李宜春《嘉靖潁州志·選舉·明（歲貢）》：「儲暘、韓俊。仕至知縣。俱宣德間貢。」

陶鎔。正統應貢。任教諭。①

丁正。正統應貢。任訓導。②

張方。正統應貢。任府同知。③

丁寧。正統應貢。仕至長史。④

韓俊。宣德應貢。任知縣。⑤

畢昇。正統十年乙丑（1445）貢。⑥

韓琥。正統應貢。⑦

劉政。正統應貢。願受冠帶終身。⑧

方泰。正統應貢。仕至德府典寶。⑨

李昴。正統應貢。任府經歷。⑩

李琦。正統應貢。授府經歷。⑪

孫禧。正統應貢。仕至推官。⑫

王綸。景泰中貢。仕終主簿。⑬

方昌。景泰應貢。仕終縣丞。⑭

龎以淳。景泰應貢。仕至縣丞。⑮

---

①《成化中都志·科貢·國朝（歲貢）》：「（潁州學）陶鎔。」李宜春《嘉靖潁州志·選舉·明（歲貢）》：「陶鎔。任教諭。」

②《成化中都志·科貢·國朝（歲貢）》：「（潁州學）丁正。」李宜春《嘉靖潁州志·選舉·明（歲貢）》：「丁正。任訓導。」

③《成化中都志·科貢·國朝（歲貢）》：「（潁州學）張方。」李宜春《嘉靖潁州志·選舉·明（歲貢）》：「張方。仕至府同知。」

④《成化中都志·科貢·國朝（歲貢）》：「（潁州學）丁寧。」李宜春《嘉靖潁州志·選舉·明（歲貢）》：「丁寧。仕至長史。俱正統貢。」

⑤《成化中都志·科貢·國朝（歲貢）》：「（潁州學）韓俊。」李宜春《嘉靖潁州志·選舉·明（歲貢）》：「儲暘、韓俊。仕至知縣。俱宣德間貢。」

⑥《成化中都志·科貢·國朝（歲貢）》：「（潁州學）畢昇。」李宜春《嘉靖潁州志·選舉·明（歲貢）》：「畢昇。十年貢。」

⑦《成化中都志·科貢·國朝（歲貢）》：「（潁州學）韓琥。」李宜春《嘉靖潁州志·選舉·明（歲貢）》：「韓琥、劉政。冠帶終身。」

⑧《成化中都志·科貢·國朝（歲貢）》：「（潁州學）劉政。」李宜春《嘉靖潁州志·選舉·明（歲貢）》：「韓琥、劉政。冠帶終身。」

⑨《成化中都志·科貢·國朝（歲貢）》：「（潁州學）方泰。」李宜春《嘉靖潁州志·選舉·明（歲貢）》：「方泰。仕至德府典寶。」

⑩《成化中都志·科貢·國朝（歲貢）》：「（潁州學）李勗。」李宜春《嘉靖潁州志·選舉·明（歲貢）》：「李勗。任府經歷。」

⑪《成化中都志·科貢·國朝（歲貢）》：「（潁州學）李琦。」李宜春《嘉靖潁州志·選舉·明（歲貢）》：「李琦。任府經歷。」

⑫《成化中都志·科貢·國朝（歲貢）》：「（潁州學）孫禧。」李宜春《嘉靖潁州志·選舉·明（歲貢）》：「孫禧。仕至推官。俱正統間貢。」

⑬《成化中都志·科貢·國朝（歲貢）》：「（潁州學）王綸。」李宜春《嘉靖潁州志·選舉·明（歲貢）》：「王綸。仕至主簿。」

⑭《成化中都志·科貢·國朝（歲貢）》：「（潁州學）方昌。」李宜春《嘉靖潁州志·選舉·明（歲貢）》：「方昌。仕至縣丞。」

⑮《成化中都志·科貢·國朝（歲貢）》：「（潁州學）龎以淳。」李宜春《嘉靖潁州志·選舉·明（歲貢）》：「龎以淳。仕至縣丞。」

劉昶。景泰應貢。仕終縣丞。①
任聰。景泰應貢。仕終縣丞。②
陶瑀。天順應貢。仕至縣丞。③
張和。天順應貢。任蜀府典儀。④
李華。天順應貢。⑤
李春。天順應貢。任江西星子縣儒學訓導。⑥
豪英。天順應貢。仕終知縣。⑦
張從。天順應貢。任副兵馬。⑧
閃賢。天順七年（1463）選貢。任府教授。⑨
陳澤。天順七年（1463）選貢。任縣丞。⑩
高洪。天順七年（1463）選貢。任縣丞。⑪
丁盛。天順七年（1463）選貢。仕終教諭。⑫
韓綸。天順八年甲申（1464）貢。⑬
李本。成化三年丁亥（1467）貢。任兵馬。⑭

丁安。成化四年戊子（1468）貢。任按察司照磨。⑮

董瑄。成化五年己丑（1469）貢。任府知事。⑯

---

①《成化中都志·科貢·國朝（歲貢）》：「（潁州學）劉昶。」李宜春《嘉靖潁州志·選舉·明（歲貢）》：「劉昶。仕至縣丞。」

②《成化中都志·科貢·國朝（歲貢）》：「（潁州學）任聰。」李宜春《嘉靖潁州志·選舉·明（歲貢）》：「任聰。仕至縣丞。俱景泰間任。」

③《成化中都志·科貢·國朝（歲貢）》：「（潁州學）陶瑀。」李宜春《嘉靖潁州志·選舉·明（歲貢）》：「陶瑀。仕至縣丞。」

④《成化中都志·科貢·國朝（歲貢）》：「（潁州學）張和。」李宜春《嘉靖潁州志·選舉·明（歲貢）》：「張和。仕至蜀府典儀。」

⑤《成化中都志·科貢·國朝（歲貢）》：「（潁州學）李華。」李宜春《嘉靖潁州志·選舉·明（歲貢）》：「李華、李春。任訓導。」

⑥《成化中都志·科貢·國朝（歲貢）》：「（潁州學）李春。」李宜春《嘉靖潁州志·選舉·明（歲貢）》：「李華、李春。任訓導。」

⑦《成化中都志·科貢·國朝（歲貢）》：「（潁州學）豪英。」李宜春《嘉靖潁州志·選舉·明（歲貢）》：「豪英。仕至知縣。」

⑧《成化中都志·科貢·國朝（歲貢）》：「（潁州學）張從。」李宜春《嘉靖潁州志·選舉·明（歲貢）》：「張從。仕至兵馬副指揮。俱天順初貢。」

⑨《成化中都志·科貢·國朝（歲貢）》：「（潁州學）閔賢。」李宜春《嘉靖潁州志·選舉·明（歲貢）》：「閔賢。仕至府學教授。」《嘉靖夏邑縣志·官師·儒學訓導（大明）》：「（永樂二十一年癸卯，1423）閔賢。直隸潁州舉人。」

⑩《成化中都志·科貢·國朝（歲貢）》：「（潁州學）陳澤。」李宜春《嘉靖潁州志·選舉·明（歲貢）》：「陳澤。仕至縣丞。」

⑪《成化中都志·科貢·國朝（歲貢）》：「（潁州學）高洪。」李宜春《嘉靖潁州志·選舉·明（歲貢）》：「高洪。仕至縣丞。」

⑫《成化中都志·科貢·國朝（歲貢）》：「（潁州學）丁盛。」李宜春《嘉靖潁州志·選舉·明（歲貢）》：「丁盛。任教諭。俱（天順）七年選貢。」

⑬《成化中都志·科貢·國朝（歲貢）》：「（潁州學）韓綸。」李宜春《嘉靖潁州志·選舉·明（歲貢）》：「韓綸。（天順）八年貢。」

⑭《成化中都志·科貢·國朝（歲貢）》：「（潁州學）李本。」李宜春《嘉靖潁州志·選舉·明（歲貢）》：「李本。成化三年貢。仕至兵馬指揮。」

⑮《成化中都志·科貢·國朝（歲貢）》：「（潁州學）丁安。」李宜春《嘉靖潁州志·選舉·明（歲貢）》：「丁安。（成化）四年貢。仕至按察司照磨。」

⑯《成化中都志·科貢·國朝（歲貢）》：「（潁州學）董宣。」李宜春《嘉靖潁州志·選舉·明（歲貢）》：「董瑄。（成化）五年貢。仕至府知事。」

張表。成化七年辛卯（1471）貢。①

韓璋。成化八年壬辰（1472）貢。任主簿。②

曹澤。成化九年癸巳（1473）貢。任縣丞。③

張騰。成化十二年（1476）貢。④

李通。成化十三［二］年丙申（1477）貢。任南陽縣令九載，陞衛輝府判。所在政聲大著，得百姓歡心。⑤

盧欽。成化十三年丁酉（1477）貢。任知縣。⑥

顧寧。成化十五年（1479）貢。⑦

崔隆。成化十六年庚子（1480）貢。任按察司照磨。⑧

孫祥。成化十七年辛丑（1481）貢。任縣丞。⑨

沈澄。成化十九年癸卯（1483）貢。⑩

劉清。成化二十年甲辰（1484）貢。任主簿。⑪

張淮。成化二十一年乙巳（1485）貢。任縣丞。⑫

李進。成化二十二年（1486）貢。任興國知縣。⑬

張輔。弘治元年（1488）貢。任諸暨縣丞。⑭

丁佐。弘治二年（1489）貢。任濟寧州同知。⑮

①《成化中都志·科貢·國朝（歲貢）》：「（潁州學）張表。」李宜春《嘉靖潁州志·選舉·明（歲貢）》：「張表。（成化）七年貢。」

②《成化中都志·科貢·國朝（歲貢）》：「（潁州學）韓璋。」李宜春《嘉靖潁州志·選舉·明（歲貢）》：「韓璋。（成化）八年貢。仕至主簿。」

③《成化中都志·科貢·國朝（歲貢）》：「（潁州學）曹澤。」李宜春《嘉靖潁州志·選舉·明（歲貢）》：「曹澤。（成化）九年貢。任縣丞。」

④《成化中都志·科貢·國朝（歲貢）》：「（潁州學）張騰。」李宜春《嘉靖潁州志·選舉·明（歲貢）》：「張騰。（成化）十二年貢。」

⑤《成化中都志·科貢·國朝（歲貢）》：「（潁州學）李通。」李宜春《嘉靖潁州志·選舉·明（歲貢）》：「李通。（成化）十二年貢。任南陽知縣。九載，陞衛輝府通判，所在政聲大著。」《光緒南陽縣志·職官·明（知縣）》：「李通。」

⑥《成化中都志·科貢·國朝（歲貢）》：「（潁州學）盧欽。」李宜春《嘉靖潁州志·選舉·明（歲貢）》：「盧欽。（成化）十三年貢。任知縣。」

⑦《成化中都志·科貢·國朝（歲貢）》：「（潁州學）顧寧。」李宜春《嘉靖潁州志·選舉·明（歲貢）》：「顧寧。（成化）十五年貢。」

⑧《成化中都志·科貢·國朝（歲貢）》：「（潁州學）崔隆。」李宜春《嘉靖潁州志·選舉·明（歲貢）》：「崔隆。（成化）十六年貢。按察司照磨。」

⑨《成化中都志·科貢·國朝（歲貢）》：「（潁州學）孫祥。」李宜春《嘉靖潁州志·選舉·明（歲貢）》：「孫祥。（成化）十七年貢，慈谿縣丞。」

⑩《成化中都志·科貢·國朝（歲貢）》：「（潁州學）沈澄。」李宜春《嘉靖潁州志·選舉·明（歲貢）》：「沈澄。（成化）十九年貢。」

⑪《成化中都志·科貢·國朝（歲貢）》：「（潁州學）劉清。」李宜春《嘉靖潁州志·選舉·明（歲貢）》：「劉清。（成化）二十年貢。主簿。」

⑫《成化中都志·科貢·國朝（歲貢）》：「（潁州學）張淮。」李宜春《嘉靖潁州志·選舉·明（歲貢）》：「張淮。（成化）二十一年（貢）。縣丞。」

⑬《成化中都志·科貢·國朝（歲貢）》：「（潁州學）李進。」李宜春《嘉靖潁州志·選舉·明（歲貢）》：「李進。（成化）二十三年（1487）貢。知縣。」

⑭《成化中都志·科貢·國朝（歲貢）》：「（潁州學）張輔。」李宜春《嘉靖潁州志·選舉·明（歲貢）》：「張輔。弘治元年貢。諸暨縣丞。」《乾隆諸暨縣志·職官·縣佐（簿）》：「（明）張輔。潁川［州］人。」

⑮《成化中都志·科貢·國朝（歲貢）》：「（潁州學）丁佐。」李宜春《嘉靖潁州志·選舉·明（歲貢）》：「丁佐。（弘治）二年貢。濟寧州同知。見《人物》。」同書《人物·廉介（明）》：「丁佐。字宗輔，潁州人。剛方自持，取與不苟。遇人過即面斥之，雖豪貴不避。弘治間應貢，授濟寧州同知。尤甘清若，爲其子受汙，歸，處之恬如也。會家至懸罄，不屈節稱灾，至爲州衛取重，亦未甞致私舊焉。」

李淮。弘治四年（1491）貢。任南城正兵馬。①

陳瑄［宣］。弘治五年（1492）貢。②

仵輔。弘治六年（1493）貢。③

花錦。弘治八年（1495）貢。任知縣。④

韓唐。弘治九年（1496）貢。任蒲圻縣知縣。⑤

李循。弘治九年（1496）貢。任清豐訓導。⑥

時英。弘治十年（1497）貢。任濰縣主簿。⑦

丁冠。弘治十一年（1498）貢。⑧

郭昌。弘治十一年（1498）貢。⑨

郭應霖。弘治十三年（1500）貢。⑩

徐錦。弘治十三年（1500）貢。⑪

吴寬。弘治十四年（1501）貢。⑫

麗虎。弘治十六年（1503）貢。⑬

李勉。弘治十七年（1504）貢。⑭

①《成化中都志·科貢·國朝（歲貢）》：「（潁州學）李淮。」李宜春《嘉靖潁州志·選舉·明（歲貢）》：「李淮。字維楊。（弘治）四年貢。南城兵馬指揮。」

②《成化中都志·科貢·國朝（歲貢）》：「（潁州學）陳瑄。」李宜春《嘉靖潁州志·選舉·明（歲貢）》：「陳瑄。字□□。（弘治）五年貢。」

③《成化中都志·科貢·國朝（歲貢）》：「（潁州學）仵輔。」李宜春《嘉靖潁州志·選舉·明（歲貢）》：「仵輔。字良佐。（弘治）六年貢。」

④《成化中都志·科貢·國朝（歲貢）》：「（潁州學）花錦。」李宜春《嘉靖潁州志·選舉·明（歲貢）》：「花錦。字文著。（弘治）八年貢。知縣。」

⑤《成化中都志·科貢·國朝（歲貢）》：「（潁州學）韓唐。」李宜春《嘉靖潁州志·選舉·明（歲貢）》：「韓唐。字文□。（弘治）九年貢。莆圻知縣。」《道光蒲圻縣志·職官·（明）知縣》：「韓唐。列《舊志》。潁州人。」

⑥《成化中都志·科貢·國朝（歲貢）》：「（潁州學）李循。」李宜春《嘉靖潁州志·選舉·明（歲貢）》：「李循。（弘治）九年貢。清豐知縣。」

⑦《成化中都志·科貢·國朝（歲貢）》：「（潁州學）時英。」李宜春《嘉靖潁州志·選舉·明（歲貢）》：「時英。字文綉。（弘治）十年貢。濰縣主簿。」《乾隆濰縣志·秩官表·（明）主簿》：「（宏［弘］治）時英。」

⑧《成化中都志·科貢·國朝（歲貢）》：「（潁州學）丁冠。」李宜春《嘉靖潁州志·選舉·明（歲貢）》：「丁冠。（弘治）十一年貢。見《人物》。」同書《人物·孝義（明）》：「丁冠。字志元，潁州人。事父母，晨昏定省，率以爲常。迨卒，遇時物必祭，汪汪然涕從而下。會兄奪月廩，跪謝曰：『某固欲奉兄也。』卒無間言。正德間應貢，授鷄澤知縣。慈祥雅淡，甫滿考即歸，民立碑誦之。其居鄉垂老，動有矩度，不溷溷於俗，不役役於貧，瀟然靖節風焉。」《乾隆鷄澤縣志·職官·知縣（明）》：「丁冠。潁州歲貢。正德八年（1513）任。爲政得民，去任，民思之不置，立碑。」

⑨《成化中都志·科貢·國朝（歲貢）》：「（潁州學）郭昌。」李宜春《嘉靖潁州志·選舉·明（歲貢）》：「郭昌。字騰秀。（弘治）十一年貢。戶部照磨，遷隴西知縣。」

⑩《成化中都志·科貢·國朝（歲貢）》：「（潁州學）郭應霖。」李宜春《嘉靖潁州志·選舉·明（歲貢）》：「郭應霖。字□□。（弘治）十三年貢。」

⑪《成化中都志·科貢·國朝（歲貢）》：「（潁州學）徐錦。」李宜春《嘉靖潁州志·選舉·明（歲貢）》：「徐錦。字尚絅。（弘治）十二年（1499）貢。主簿。」

⑫《成化中都志·科貢·國朝（歲貢）》：「（潁州學）吳寬。」李宜春《嘉靖潁州志·選舉·明（歲貢）》：「吳寬。字大量。（弘治）十四年貢。縣丞。」

⑬《成化中都志·科貢·國朝（歲貢）》：「（潁州學）麗虎。」李宜春《嘉靖潁州志·選舉·明（歲貢）》：「麗虎。字世威。（弘治）十六年貢。縣丞。」

⑭《成化中都志·科貢·國朝（歲貢）》：「（潁州學）李勉。」李宜春《嘉靖潁州志·選舉·明（歲貢）》：「李勉。字維善，（弘治）十七年貢。」

溫漢。弘治十八年（1505）貢。①

張桓。正德二年（1507）貢。②

雲青。正德三年（1508）己巳（1509）③貢。任定州訓導。④

邢銘。正德四年（1510）貢。⑤

經秀。正德六年（1511）貢。⑥

制　貢

趙（紀）。⑦

周璇。任縣丞。⑧

杜貫。任主簿。⑨

王朝。應成化二十一年（1485）制貢。任梓潼縣主簿。⑩

劉朝。應成化二十一年（1485）制貢。任德慶州判官，陞興寧縣知縣。⑪

董旺。應成化二十一年（1485）制貢。任石城縣主簿。⑫

常清。應成化二十一年（1485）制貢。任高安縣主簿。⑬

王釗。應成化二十一年（1485）制貢。任德州判官。⑭

---

①《成化中都志・科貢・國朝（歲貢）》：「（潁州學）溫漢。」李宜春《嘉靖潁州志・選舉・明（歲貢）》：「溫漢。（弘治）十八年貢。見《人物》。」同書《人物・治行（明）》：「溫漢。字宗堯，潁州人。由歲貢任保定都司斷事。清操自勵，著有政聲。居鄉尤操履不苟，時論韙焉。」

②《成化中都志・科貢・國朝（歲貢）》：「（潁州學）張恒［桓］。」李宜春《嘉靖潁州志・選舉・明（歲貢）》：「張桓。字繩武。正德二年貢。主簿。」

③「三年」和「己巳」必有一誤。正德三年（1508）爲戊辰年，而正德四年（1509）爲己巳年。

④《成化中都志・科貢・國朝（歲貢）》：「（潁州學）雲青。」李宜春《嘉靖潁州志・選舉・明（歲貢）》：「雲青。字天章。（正德）三年貢。定州訓導，遷陵縣教諭。」《道光定州志・職官・（明）訓導》：「雲青。潁州人。」

⑤《成化中都志・科貢・國朝（歲貢）》：「（潁州學）邢銘。」李宜春《嘉靖潁州志・選舉・明（歲貢）》：「邢銘。字克新。（正德）四年貢。」

⑥《成化中都志・科貢・國朝（歲貢）》：「（潁州學）經秀。」李宜春《嘉靖潁州志・選舉・明（歲貢）》：「經秀。字世英。（正德）五年（1510）貢。寧夏衛知事。」

⑦吕景蒙《嘉靖潁州志・人物・皇明（應例）》：「趙紀。饒州吏目。」李宜春《嘉靖潁州志・選舉・明（應例）》：「趙紀。承天府靖□吏目。」

⑧吕景蒙《嘉靖潁州志・人物・皇明（應例）》：「周璇。縣丞。」李宜春《嘉靖潁州志・選舉・明（應例）》：「周璇。縣丞。」

⑨吕景蒙《嘉靖潁州志・人物・皇明（應例）》：「杜貫，主簿。」李宜春《嘉靖潁州志・選舉・明（應例）》：「杜貫。主簿。」

⑩吕景蒙《嘉靖潁州志・人物・皇明（應例）》：「王朝。梓潼主簿。」李宜春《嘉靖潁州志・選舉・明（應例）》：「王朝。劍州梓潼縣主簿。」

⑪吕景蒙《嘉靖潁州志・人物・皇明（應例）》：「劉朝。」李宜春《嘉靖潁州志・選舉・明（應例）》：「劉朝。見《人物》。」同書《人物・治行（明）》：「劉朝。潁州人。成化間由監生任新安縣丞，遷德慶州判官。有惠政，信及猺獠。時分守道在塗爲猺獠所困，朝急馳入，曉以禍福，賊衆遂散。以母老致仕。比歸，陞興寧知縣，不就。」《光緒德慶州志・職官・明（判官）》：「（宏［弘］治朝）劉朝。」

⑫吕景蒙《嘉靖潁州志・人物・皇明（應例）》：「（成化丁酉，1477）董旺。石城主簿。」李宜春《嘉靖潁州志・選舉・明（應例）》：「董旺，贛州府石城縣主簿。」《順治石城縣志・職官・明朝主簿》：「董旺。南直隸潁州人。弘治年任。」

⑬吕景蒙《嘉靖潁州志・人物・皇明（應例）》：「常青。高安主簿。」李宜春《嘉靖潁州志・選舉・明（應例）》：「常清，高安主簿。」

⑭吕景蒙《嘉靖潁州志・人物・皇明（應例）》：「王釗。德州判官。」李宜春《嘉靖潁州志・選舉・明（應例）》：「王釗。德州判官。」

陳鐸。應成化二十一年（1485）制貢。任樂陵王府教授。①

史鏡。應成化二十一年（1485）制貢。任德州衛經歷，任山西澤州同知。②

聶珊。應成化二十一年（1485）制貢。任清源縣縣丞，陞富平縣知縣。③

徐欽。應成化二十一年（1485）制貢。任饒州府知事。④

周鐸。應成化二十一年（1485）制貢。⑤

趙鐸。應成化二十一年（1485）制貢。任湖廣武昌府照磨，陞衢州府西安縣主簿。⑥

鍾玉。應成化二十一年（1485）制貢。任廣平府肥鄉縣縣丞。丁內艱，改淮安府安東縣縣丞，陞揚州府儀真縣知縣。⑦

董鎮。應成化二十［一］年（1485）制貢。任新淦縣主簿。⑧

常瀛。應成化二十一年（1485）制貢。⑨

張昇。應成化二十一年（1485）制貢。任長沙府檢校。⑩

閻莊。應成化二十一年（1485）制貢。⑪

平政。應成化二十一年（1485）制貢。⑫

張澤。應成化二十一年（1485）制貢。任嵊縣主簿，陞長興縣縣丞。⑬

王景聰。應成化二十一年（1485）制貢。任贛榆縣主簿。⑭

李恕。應成化二十一年（1485）制貢。任宜興縣縣丞。⑮

①吕景蒙《嘉靖潁州志・人物・皇明（應例）》：「陳鐸。王府教授。」李宜春《嘉靖潁州志・選舉・明（應例）》：「陳鐸。王府教授。」

②吕景蒙《嘉靖潁州志・人物・皇明（應例）》：「史鏡。澤州同知。」李宜春《嘉靖潁州志・選舉・明（應例）》：「史鏡。澤州同知。」

③吕景蒙《嘉靖潁州志・人物・皇明（應例）》：「聶珊。富平知縣。」李宜春《嘉靖潁州志・選舉・明（應例）》：「聶珊。富平知縣。」《光緒富平縣志稿・職官表・（明）知縣》：「聶珊。汝陰（人）。」

④吕景蒙《嘉靖潁州志・人物・皇明（應例）》：「徐欽。饒州知事，終不就。」李宜春《嘉靖潁州志・選舉・明（應例）》：「徐欽。饒州府知事。」

⑤李宜春《嘉靖潁州志・選舉・明（應例）》：「周鐸。」

⑥李宜春《嘉靖潁州志・選舉・明（應例）》：「趙鐸。西安主簿。」

⑦李宜春《嘉靖潁州志・選舉・明（應例）》：「鍾玉。字君廷。儀真知縣。」《嘉慶揚州府志・秩官・（明）儀真縣知縣》：「鍾玉。潁州人。舉人。」

⑧李宜春《嘉靖潁州志・選舉・明（應例）》：「董鎮。主簿。」

⑨李宜春《嘉靖潁州志・選舉・明（應例）》：「常瀛。主簿。」

⑩李宜春《嘉靖潁州志・選舉・明（應例）》：「張昇。府檢校。」

⑪李宜春《嘉靖潁州志・選舉・明（應例）》：「閻莊。」

⑫李宜春《嘉靖潁州志・選舉・明（應例）》：「平政。」

⑬李宜春《嘉靖潁州志・選舉・明（應例）》：「張澤。知縣。」《同治長興縣志・職官表・（明）縣丞》：「張澤。南直潁州人。監生。正德八年（1513）任。陞商河縣知縣。」

⑭李宜春《嘉靖潁州志・選舉・明（應例）》：「王景聰。主簿。」

⑮李宜春《嘉靖潁州志・選舉・明（應例）》：「李恕。縣丞。俱成化間例。」《嘉慶宜興縣志・職官志・明宜興縣丞》：「（宏［弘］治時）李恕。潁州衛人。監生。十二年（1499）任。」

張鑛。應正德三年（1508）制貢。①

李爔。應正德三年（1508）制貢。②

李璀。應正德三年（1508）制貢。③

李烶。應正德三年（1508）制貢。④

周鉞。應正德三年（1508）制貢。⑤

李琦。應正德三年（1508）制貢。⑥

鍾士元。應正德三年（1508）制貢。⑦

王鑛。應正德三年（1508）制貢。⑧

儲恩。應正德三年（1508）制貢。⑨

王椿。應正德三年（1508）制貢。⑩

金黄。應正德三年（1508）制貢。⑪

甘美。應正德三年（1508）制貢。⑫

金紫。應正德九年（1514）制貢。⑬

楊實。應正德九年（1514）制貢。⑭

①呂景蒙《嘉靖潁州志・人物・皇明（應例）》：「張鑛。（字）國珍。主簿。」李宜春《嘉靖潁州志・選舉・明（應例）》：「張鑛。字國珍。主簿。」

②呂景蒙《嘉靖潁州志・人物・皇明（應例）》：「李爝。（字）委之。鳳陽右衛經歷。」李宜春《嘉靖潁州志・選舉・明（應例）》：「李爝。字委之。衛經歷。」

③呂景蒙《嘉靖潁州志・人物・皇明（應例）》：「李瓘。（字）輝之。」李宜春《嘉靖潁州志・選舉・明（應例）》：「李爟。字輝之。」

④呂景蒙《嘉靖潁州志・人物・皇明（應例）》：「李烶。（字）楹之。」李宜春《嘉靖潁州志・選舉・明（應例）》：「李烶。字楹之。」

⑤呂景蒙《嘉靖潁州志・人物・皇明（應例）》：「周鉞。（字）秉之。長沙經歷。」李宜春《嘉靖潁州志・選舉・明（應例）》：「周鉞。字秉之。府經歷。」《乾隆長沙府志・職官・（明）經歷》：「周鉞。」

⑥呂景蒙《嘉靖潁州志・人物・皇明（應例）》：「（正德壬申）李琦。（字）體質。縣丞。」李宜春《嘉靖潁州志・選舉・明（應例）》：「李琦。字體質。縣丞。」

⑦呂景蒙《嘉靖潁州志・人物・皇明（應例）》：「鍾士元。（字）舜卿。池州檢校。」李宜春《嘉靖潁州志・選舉・明（應例）》：「鍾士元。字舜卿。池州檢校。」

⑧呂景蒙《嘉靖潁州志・人物・皇明（應例）》：「王鑛。（字）國重。」李宜春《嘉靖潁州志・選舉・明（應例）》：「王鑛。字國重。」

⑨呂景蒙《嘉靖潁州志・人物・皇明（應例）》：「儲恩。（字）君錫。」李宜春《嘉靖潁州志・選舉・明（應例）》：「儲恩。見《人物》。」同書《人物・孝義（明）》：「儲恩。字君錫，潁州人。僉事珊子。爲太學生，事父母以孝聞。一日往田所，忽母丁宜人暴卒，聞訃即匍匐歸，抱母屍慟哭，恨不及面訣，頭觸地死。時年三十三。」

⑩呂景蒙《嘉靖潁州志・人物・皇明（應例）》：「王椿。（字）壽卿。豐縣主簿。」李宜春《嘉靖潁州志・選舉・明（應例）》：「王椿。字壽卿。主簿。」

⑪呂景蒙《嘉靖潁州志・人物・皇明（應例）》：「金黃。（字）一中。知縣。」李宜春《嘉靖潁州志・選舉・明（應例）》：「金黃。字一中。知縣。」

⑫呂景蒙《嘉靖潁州志・人物・皇明（應例）》：「甘美。（字）以德。府檢校。」李宜春《嘉靖潁州志・選舉・明（應例）》：「甘美。字以德。府檢校。」

⑬呂景蒙《嘉靖潁州志・人物・皇明（應例）》：「金紫。（字）道夫。上林典署。」李宜春《嘉靖潁州志・選舉・明（應例）》：「金紫。字道夫。上林典署，歷陞河間府通判。」

⑭呂景蒙《嘉靖潁州志・人物・皇明（應例）》：「楊實。（字）誠之。」李宜春《嘉靖潁州志・選舉・明（應例）》：「楊實。字誠之。」

胡濟［霽］。應正德九年（1514）制貢。①

周節。應正德十二年（1517）制貢。②

鍾士賢。應正德十二年（1517）制貢。③

列女

范滂母。細陽人。漢建寧中，大誅黨人，詔下急捕。滂白母曰：「仲博學敬，足以供養。滂從龍舒君歸黃泉，存亡各得其所。惟夫［大］人割不忍之恩，勿增感戚。」母曰：「汝今得與李杜齊名，死亦何恨！既有令名，復求壽考，可兼得乎？」滂跪受教，再拜而辭。聞者無不流涕。④

盧兒。歐陽公妾。口中素有芙蕖自然香，公厚之。公薨，美而艾，無出，哭泣流血死。乃殉公塋。⑤

寺觀

資福寺。在南城南門內大街西街衖內，僧正司在焉。每歲萬壽節、履端、長至，俱於寺習儀。⑥

善現寺。在州東五十五里，舊名北照寺。太祖高皇帝起兵駐蹕於此。洪武二十五年（1392）建寺，三十五年（1402）被亂

---

①呂景蒙《嘉靖潁州志・人物・皇明（應例）》：「胡霽。（字）景明。」李宜春《嘉靖潁州志・選舉・明（應例）》：「胡霽。字景明。」

②呂景蒙《嘉靖潁州志・人物・皇明（應例）》：「周節。（字）景新。」李宜春《嘉靖潁州志・選舉・明（應例）》：「周節。字景新。」

③呂景蒙《嘉靖潁州志・人物・皇明（應例）》：「鍾士賢。（字）舜舉。」李宜春《嘉靖潁州志・選舉・明（應例）》：「鍾士賢。字舜舉。杭州府檢校。」

④事見《後漢書・范滂傳》。《南畿志・鳳陽府・列女（漢）》：「范母。細陽人，滂之母也。建寧中，大誅黨人，急捕滂。滂白母曰：『仲博孝敬，足以供養。滂從龍舒君歸黃泉，惟大人割不忍之恩，勿增感戚。』母曰：『汝今得與李杜齊名，死亦何恨！既有令名，復求壽考，可兼得乎？』滂跪受教，再拜而辭。聞者無不流涕。」《大明一統志・中都・潁州（列女）》：「范滂母。細陽人。漢建寧中，大誅黨人，詔下急捕。滂白母曰：『仲博孝敬，足以供養。滂從龍舒君歸黃泉，存亡各得其所。惟大人割不忍之恩，勿增感戚。』母曰：『汝今得與李杜齊名，死亦何恨！既有令名，復求壽考，可兼得乎？』滂跪受教，再拜而辭。聞者無不流涕。」呂景蒙《嘉靖潁州志・貞烈・漢》：「范滂母。細陽人。建寧中大誅黨人，詔下急捕，滂白母曰：『仲博孝敬，足以供養。滂從龍舒君歸黃泉，存亡各得其所。惟大人割不可忍之恩，勿增感戚。』母曰：『汝今得與李杜齊名，死亦何恨！既有令名，復求壽考，可兼得乎？』滂跪受教，再拜而辭。聞者無不流涕。」李宜春《嘉靖潁州志・貞節・漢》：「范母。滂之母也，龍舒侯相范顯妻。建寧中，大誅黨人，詔下急捕滂。滂即自詣獄，母就與之訣。白母曰：『仲博孝敬，足以供養。滂從龍舒君歸黃泉，存亡各得其所。惟大人割不可忍之恩，勿增感戚。』母曰：『汝今得與李杜齊名，死亦何恨！既有令名，復求壽考，可兼得乎？』滂跪受教，再拜而辭。聞者莫不流涕。」

⑤李宜春《嘉靖潁州志・貞節・宋》：「盧兒。歐陽文忠公妾也。公死，盧兒哭之慟，淚血以死，乃殉公塋焉。」

⑥《大明一統志・中都・潁州（寺觀）》：「資福寺。在潁州土城西南。宋建，本朝洪武中重修。」呂景蒙《嘉靖潁州志・輿地・寺（州）》：「資福。在南城。」李宜春《嘉靖潁州志・傳疑・寺》：「資福寺。在州南城。」

兵焚毁。永樂初重修，更題宿緣寺。①

白龍菴。在北關。成化中僧濟峯募修白龍溝橋，買地橋南，闢衢通道，以便行旅。築菴橋畔，以卓錫焉。菴前立有建橋碑。②

艾亭寺。在南鄉古艾亭墓臺上。寺西北有泉流出，溉田。③

香臺寺。在沈丘乳香臺之上。臺四面皆潁水繞流，至冬則南向地出。④

觀音臺。在西鄉田村集預備倉之西。⑤

迎祥觀。在南城西北隅。道正司在焉。⑥

僊釋

華陀［佗］。汝陰人。漢末善醫，行四方。有劇疾求之，無不瘳。欲謝之，忽不知所之。⑦

洪源。永安人。幼聰慧，爲親鍾愛。忽夜夢釋迦佛自上而降，人坐堂中，口誦《法華經》。洪源敬仰，久之而覺，遂辭父母出家，居西蓬寺，後掛錫靈巖院。一日出遊，眠沙灘，有虎繞其身，至晚而去，人皆異之。⑧

大師。姓劉。唐時騎白馬過油店橋，以藥點久盲者，立明復初，因號橋曰迎僊。往來倏忽，一日再至，趺［跌］坐大林中，

①善現寺，舊名北照寺；宿緣寺，即古南照寺；二者距離雖近，但並非一寺。吕景蒙《嘉靖潁州志·輿地·寺（州）》：「善現。在東五十五里，舊名北照。太祖高皇帝起兵駐驛於此，洪武二十五年建。」李宜春《嘉靖潁州志·傳疑·寺》：「善現寺。在州東五十五里，舊名北照。我太祖起兵駐驛於此。」吕景蒙《嘉靖潁州志·輿地·寺（州）》：「宿緣。在南五十里，即漕口鎮古南照寺。」李宜春《嘉靖潁州志·傳疑·寺》：「宿緣寺。在潁上縣南五十里漕口鎮，即古南照寺。都御史熊□詩：『宿緣多古栢，聖祖有遺踪。一水環如帶，千家護若墉。北山天命作，南照法門宗。愛此殊林好，遊觀不厭重。』御史劉淮詩：『幽徑驚蛇曲，雲寒老樹深。拂碑尋舊事，聽磬坐禪林。淮水明羅帶，常山削玉簪。東南無此地，何處嘯清吟。』」

②吕景蒙《嘉靖潁州志·輿地·寺（州）》：「白龍菴。在雙廟之右。」李宜春《嘉靖潁州志·傳疑·寺》：「白龍菴。在州北關。」

③吕景蒙《嘉靖潁州志·輿地·寺（州）》：「艾亭。在南鄉古艾亭之上。」李宜春《嘉靖潁州志·傳疑·寺》：「艾亭寺。在州南鄉古艾亭臺之上。」

④吕景蒙《嘉靖潁州志·輿地·寺（州）》：「香臺。在沈丘乳香臺之上。」李宜春《嘉靖潁州志·傳疑·寺》：「香臺寺。在州沈丘乳香臺上。」

⑤吕景蒙《嘉靖潁州志·輿地·寺（州）》：「觀音臺。西田村集西。」李宜春《嘉靖潁州志·傳疑·寺》：「觀音臺。在州西田村集。」

⑥《大明一統志·中都·潁州（寺觀）》：「迎祥觀。在潁州治南。元泰定間建，本朝洪武間重建。」吕景蒙《嘉靖潁州志·輿地·觀（州）》：「迎祥。在南城西北隅。」李宜春《嘉靖潁州志·傳疑·觀》：「迎祥觀。在州南城西北隅。」

⑦華佗（145？—208），字元化，一名旉，沛國譙縣（今安徽亳州）人。東漢末醫家。《後漢書》有傳。《大明一統志·中都·潁州（人物）》：「華陀［佗］。譙人。遊學徐土，兼通經史。曉養性之術，年且百歲猶有壯容，人以爲僊。舉、辟，皆不就。精於方藥，處齊不過數種，心識分銖，不假稱量。針藥所不及者，因刳割腹背，斷截腸胃，除其疾而縫之，傳以神膏即愈。曹操苦頭風，召陀［佗］針之，隨手而搓［差］。後召不至，竟爲所害。」李宜春《嘉靖潁州志·傳疑》：「華陀［佗］。《舊志》載爲汝陰人，善醫，四方有疾，求無不瘳。按本傳，沛國譙人。」

⑧《大明一統志·京師·順天府（僊釋）》：「洪源。潁州人。幼聰秀，爲親鍾愛。忽夜夢釋迦佛，自上而降，入坐堂中，口誦《法華經》。洪源敬仰，久之而覺，遂辭父母出家。初居西峰寺，後卧錫靈巖院。一日出遊，眠於沙灘上，有虎繞其身，至曉而去，人皆異之。」

鼾睡如怒濤，即之不見。後人爲立寺睡所。①

張古山。本州人。幼清重不流，父兄爲聘，堅不從。誘以他，不動。遁身迎祥觀。以高道召爲武當提點。能預言未形事。入山採藥，不知所終。②

---

①《大明一統志·中都·潁州（僊釋）》：「劉大師。舊傳唐憲宗時，有劉大師者，騎白馬行村落中，不知所從來。人有病，與藥輒愈。一日，從鄉人鄭氏乞地爲室，未可。俄入林中，趺坐而逝。衆異之，即其地爲寺。」吕景蒙《嘉靖潁州志·方伎·唐》：「劉大師。唐時姓劉者，不詳何地人。人莫之名，因以大師呼之。劉初騎白馬過油店橋，見久盲者，以藥點之，立愈。往來倏忽，一日再至，遂墜馬坐林下，酣睡如怒濤，即之不見。後人爲寺於睡所。今猶稱其橋爲迎僊云。」李宜春《嘉靖潁州志·傳疑·方伎（唐）》：「劉太［大］師，不詳何地人，人亦莫知其名，因以太［大］師呼之。初騎白馬過油店橋，見久盲者，以藥點之，立愈。倏而來，倏而去。一日忽墮馬，坐林下，鼾睡如雷，即之不見。後人因睡所爲寺。今稱其橋爲迎僊橋云。」

②吕景蒙《嘉靖潁州志·方伎·皇明》：「張古山。潁州人。幼端重不流，父母嘗欲爲聘，不從。誘以他，不動。出家，居迎祥觀。以高道召爲武當提點。能預言未形事。入山採藥，不知所終。今迎祥觀存所遺渾元衣，後有學制者，竟莫能肖。」李宜春《嘉靖潁州志·傳疑·方伎（明）》：「張古山。潁州人。幼端重不流，父母欲昏娶之，不從，乃寄蹟迎祥觀。永樂間，以高道召爲武當山提點。能預言未形事。後入山採藥，莫知所終。今迎祥觀存所遺渾元衣，有學制者，竟莫能肖。」

潁州志卷之五

題詠

歐陽公《詠豐年》：「諸縣豐登少公事，一家飽暖荷君恩。」①《詠物》：「黃栗留鳴桑椹美，紫櫻桃熟麥風涼。」②《遊西湖》：「夜湖看斗辨東西。」③

晏元獻《遊西湖詠》：「前村過雨蓬麻亂，遠水粘天鸛鶴飛。」④

①歐陽脩《書王元之畫像側（在瑯琊山）》：「諸縣豐登少公事，一家飽暖荷君恩。」按，此詩非詠潁州事。

②歐陽脩《再至汝陰三絕》其一：「黃栗留鳴桑椹美，紫櫻桃熟麥風涼。」

③歐陽脩《初出真州泛大江作》：「山浦轉帆迷向背，夜江看斗辨西東。」按，此詩非詠潁州西湖。

④吕本中《雨後至城外》：「江村過雨蓬麻亂，野水連天鸛鶴飛。」按，此既非晏殊詩，亦非詠潁州西湖。一作張耒詩。

姚揆《潁州客舍詠》：「雲拖雨腳連天去，樹夾河聲繞郡流。」①

劉攽《依歐公詩》：「羈鳥能擇木，遊魚知赴淵。」「卜居幸樂國，負郭依良田。」②

劉敞《清潁亭詠》：「世亂潁水濁，世治潁水清。」③

蘇子由《遊西湖詠》：「銀缸畫燭照湖明。」④

程明道《酬韓魏公湖上獨酌》：「對花酌酒公能樂，飯糗羹藜我自貧。」⑤

蘇東坡《會老堂詠》：「到處聚觀香案吏，此邦宜著玉堂僊。」⑥「一味豊年説淮潁。」⑦

學士陳山《贈韓參政》：「鳳陽濠潁興龍地，俊傑挺生皆超異。」⑧

參議郭昇《寄劉節（時行鄉勸農賑饑值雪）》：「二守此時心獨苦，匏尊柴火有誰供。貧民望救縣愁眼，争奈黄雲雪亂飄。」⑨

文 章

勑封城隍誥命⑩

奉天承運皇帝⑪制曰：帝王受天明命，行政教於天下，必有生聖之瑞，受命之符。此天示不言之妙，而人見

①姚揆《潁州客舍》：「雲拖雨腳連天去，樹夾河聲繞郡流。」

②劉敞《初卜潁州城西新居》：「羇鳥能擇木，游魚知赴淵。飛沈豈異意，行止私自憐。翫世本無術，辟人庸得賢。卜居幸樂國，負廓依良田。心與地俱遠，我徒共熙然。生涯亦何有，聊以忘吾年。」按，此既非劉攽詩，標題亦有誤。

③此聯出處無考，可能是劉敞佚句。

④蘇軾《陪歐陽公燕西湖》：「城上烏棲暮靄生，銀缸畫燭照湖明。」按，此詩作者非蘇轍（字子由）。

⑤程顥（明道先生）《酬韓資政湖上獨酌見贈》：「對花酌酒公能樂，飯糗羹藜我自貧。」按，此詩所詠之湖乃許昌西湖，非潁州西湖。

⑥蘇軾《舟行至清遠縣見顧秀才極談惠州風物之美》：「到處聚觀香案吏，此邦宜着玉堂僊。」按，此詩非詠潁州事。

⑦蘇軾《召還至都門先寄子由》：「遠來無物可相贈，一味豐年説淮潁。」

⑧此聯出處無考。韓參政即韓璽，見前《人物》。《福建通志·人物·延平府（明）》：「陳山字汝靜，沙縣人。洪武癸酉（1393）舉人，永樂初授奉化教諭，召修《永樂大典》。擢吏科給事中，留掌六科，侍皇太孫講讀。宣德元年（1426）陞戶部尚書、謹身殿大學士。嘗墜馬傷足，宣宗親調藥酒賜之，及征漢庶人，命山留守。九年（1434）乞休，卒年七十。有《詩集》《奏議》，藏於家。」

⑨詩聯出處無考，可能是郭昇佚句。「奈」字，原误作「柰」。

⑩《順治潁州志·藝文·宸翰部》作「《潁州城隍誥命（洪武二年）》」。

⑪「奉天承運皇帝」六字，《順治潁州志·藝文·宸翰部》無。

聞所及者也。神司淑慝，爲天降祥，亦①受天之命。所謂「明有禮樂，幽有鬼神」②，天理人心，其致一也。朕君四方，雖明智弗類，代天理物之道，實軫③於衷，思應天命，此神所鑒而簡在帝心者。

君道之大，惟在典神。④天有舉授，承事惟謹。⑤潁州城隍，聰明正直，聖不可知，固有超於高城深池之表者，世之崇於神者則。然神受於天者，蓋不可知也。茲以臨御之初，與天下更始⑥，凡城隍之神，皆新其命。睠此州城，靈祇攸主，宜封曰「監察司民城隍靈祐⑦侯」。靈則隨感而通，祐⑧則錫善以福，此固神之德，而亦天之命也。於司⑨我民，鑒於州政。享茲典祀⑩，悠久無疆。主者施行。

洪武二年（1369）正月。⑪（實）

重修儒學記⑫

建安蘇鎰⑬撰

潁州儒學，舊基在於州之西湖境上，後淪於河。洪武十年（1377），遷於南城街東。學之殿宇、廊廡、齋舍卑狹，歷歲滋久，風雨震凌，將欲傾頹。適監察御史廬陵彭公奉勅專理學政，至學，謁廟升堂，周覽學宮，慨然興歎，志於更作。乃獎勸知州王希初、判官楊暹、學正雷塏、訓導陳俊、陳鈜、危安各捐己俸而爲之倡，學之諸生亦各以其貲來助。方建禮殿未完，而希初、暹俱以事去，繼得進士富陽孫公景明⑭以舊任憲刑來知是州，而於學校猶拳拳焉。未幾，御史彭公亦以内艱去，廷勅監察御史廬陵孫公鼎繼董厥事，百司奉承益謹，公心益事，集材鳩工，載石陶甓，經營締搆，百廢具舉。始事於正統庚申（1440），訖工於正統癸亥（1443）冬十二月。自戟門、禮殿、

---

①「亦」字後，《順治潁州志·藝文·宸翰部》有「必」字。
②《禮記·樂記》：「明則有禮樂，幽則有鬼神。」
③「軫」字，《順治潁州志·藝文·宸翰部》作「磬」。
④「君道之大，惟在典神」句，《順治潁州志·藝文·宸翰部》作：「君道之大，惟典神天。」《尚書·周書·多方》：「克堪用德，惟典神天。」
⑤「天有舉授，承事惟謹」句，《順治潁州志·藝文·宸翰部》作：「有其舉之，承事惟謹。」《禮記·曲禮下》：「凡祭，有其廢之，莫敢舉也。有其舉之，莫敢廢也。」
⑥《莊子·盜跖》：「與天下更始，罷兵休卒。」
⑦「祐」字，《順治潁州志·藝文·宸翰部》作「佑」。
⑧同上。
⑨「於司」，《順治潁州志·藝文·宸翰部》作「司於」。
⑩「典祀」，《禮部志稿·神祀備考·封城隍神》作「祀典」。
⑪「洪武二年（1369）正月」句，《順治潁州志·藝文·宸翰部》無。
⑫李宜春《嘉靖潁州志·學校》録作「建安蘇鎰《記》」。
⑬蘇鎰，字良金，建安（今福建建甌）人。伯厚子。永樂間，以明經舉，拜中書舍人，陞吏部驗封司主事。尋改員外郎，舉纂修事，轉稽勳司郎中，食四品俸。所著有《金臺寓稿》。事見《萬姓統譜》。
⑭「明」字，李宜春《嘉靖潁州志·學校》誤作「名」。

講堂、東西兩廡、齋舍、饌堂、神廚①、射圃及宣聖、四配、十哲之像，祭祀器皿，靡不悉備。其規模之壯觀，丹漆之炳耀，煥然一新。視昔之隘陋者，今則至於高明；昔之缺乏者，今則至於完具。由是學之師、弟子得有所依歸，歡忻踴躍，莫不歌燕喜之詩，而頌其成功之美也。典教事者，列狀來徵記。

夫學校之設，所以育賢才而爲出治之本。其修舉興廢，實掌政教者之責任。苟敝壞不治，則無以將事，既撤而新之，其化民成俗之意爲何如哉？我朝稽古崇文，尤重學校。列聖相承，教育涵濡之恩被於四海，而人材輩出。推其所學，致用於世者，實由學校師儒之所造就也。矧潁州民俗淳樸，士質而文。昔歐陽文忠公嘗遊其地，而祠宇在焉。仰其道德仁義，流風餘韻，尤有存者。學之諸君子育於斯，學於斯，朝夕之間，尚其精進磨礱，周旋揖讓，敷英邁烈，効用於時，庶不負朝廷教育之恩②，師友麗澤之益，而奉揚文教、重新學校者之盛心也。故不辭蕪陋，而僭爲之記。

重修儒學記③

淳安商輅撰

儒學之設，崇正道也。道莫備於孔子，孔子之道，萬世帝王常行之道，正道也。儒學，求道之地也。學有廟有廡，所以嚴祀事。孔子，身斯道者也；自餘七十二子，羽翼斯④道者也；下逮漢、唐、宋、元諸儒，闡是道者也。祀之，使人知所敬仰，知所取法也。有堂有齋，所以處師生。師，知有是道，將推以淑諸人者也；生，嚮慕是道，研窮經史，探索頤隱，汲汲於求知求行者也。是道也，體之於身而身修，行之於家而家齊，推之於國而國治，達之於天下而天下平⑤。所謂正道者，然也。非若老與佛之道，虛無寂滅，有害於人之身心，無益於人之國家也。然而老與佛之宮遍布海內，棟宇傑特，金碧煒煌，而吾儒之學堂齋廟，無顧使之弗葺弗飾，曷以居師生，尊聖賢，爲講學求道之本乎？此誠有司之急務也。

潁，中州善地，儒學之設，非一朝夕。乃洪武丁巳（1377），由州之西湖圮岸，遷南城街東，殿堂齋廡，既建而新之然。正統壬戌（1442），提學御史彭勗、知州王希初輩復葺而新之。歷歲滋久，旁風上雨，新者復毁，勢使之然。成化己丑（1469），巡撫副都御史滕⑥、南京監察御史陳燦按部詣學，慨然以修廢爲任。遂相與措置白金若干，屬知州

①「廚」字，李宜春《嘉靖潁州志·學校》作「祠」。
②「恩」字，李宜春《嘉靖潁州志·學校》誤作「思」。
③吕景蒙《嘉靖潁州志·學校》録作「淳安商輅《記》」。李宜春《嘉靖潁州志·學校》録作「大學士淳安商輅《重脩記》」。商輅（1414—1486），字弘載，號素菴，淳安（今浙江杭州）人。正統十年（1445），會試、殿試皆第一。仕至太子少保、吏部尚書。卒謚文毅。著有《商文毅疏稿畧》《商文毅公集》等。《明史》有傳。
④「斯」字，李宜春《嘉靖潁州志·學校》作「尚」。
⑤「平」字，李宜春《嘉靖潁州志·學校》作「治」。
⑥「滕」字後，李宜春《嘉靖潁州志·學校》有「昭」字。

李溥①委耆民邢忠等市材鳩工，卜日就事。自殿宇、兩廡、神廚、戟門、櫺星門、堂齋、廨舍，悉撤而新之，飾以丹漆，固以垣墉，内外森嚴，瞻者起敬。學正張賢等謂：「吾道增輝，不可無述。」因具始末，走書徵記。

惟學校，風化之本，凡君臣之義，父子之親，夫婦之别，長幼之序，朋友之信，其道皆係於此。苟學校不立，則正道不明，人將貿貿焉莫知所之，有弗流於異端之教者鮮矣。我朝自②太祖高皇帝肇修人紀，遐陬僻壤，靡不建學，矧潁爲龍飛之地，畿甸之近乎？自今來遊之士，仰瞻聖賢，俯稽載籍，求之日用之間，驗之踐履之際，使知必正道，行必正道，以之孝親、忠君、臨民、即政，無一而非正道。③如是，則於朝廷設學育才之意，有司修建作興之功，庶爲無負也已。是役也，憲臣倡之，知州成之，佐文學贊之。人弗勞而事易集者，知州④提調之功也。知州長垣人，甲戌進士，歷宰大邑。遷今官，其政蹟之善，猶足稱述云。

重創歐陽文忠公祠堂記⑤

建安楊榮撰

甚矣，文章足⑥洗陋習而歸諸古，著當時而傳後世者，不恒有也。宋歐陽公之文足以當之，宜乎！後之人讀其文而思其人，思其人而崇其祀也。公，吉之永豐人，嘗出守潁，樂其風土，有終焉之志。既而歷仕三朝，出入二府，思潁之念不忘。晚而得請，自以爲慶幸。則公之於潁，蓋惓惓也。神靈精爽，固在於是矣。

公舊祠在潁城西北，淪於河，祀故久廢。正統丁巳（1437）春，監察御史彭勗董學事。至潁，念公爲文章宗主，而祀宇圮没，無以聳學者高山仰止之思，乃捐貲倡，州守僚屬出俸⑦餘市材，創於城南儒學西。中爲堂三間，門爲屋一間，繚以垣墉⑧。工訖，郡之守佐率師生朔望謁拜，春秋次丁祀之⑨特牲。父老咸曰：「公嘗福惠潁人，祀不爲過也。」學正雷塏走書京師⑩，請記於予。

①李溥，直隸長垣（今屬河南）人，景泰五年（1454）進士，成化五年（1469）知潁州。見於吕景蒙《潁州志·職官·知州（皇明）》及李宜春《潁州志·秩官·明（知州）》。

②「朝自」二字，吕景蒙《嘉靖潁州志·學校》同。李宜春《嘉靖潁州志·學校》無。

③「以之孝親、忠君、臨民、即政，無一而非正道」句，李宜春《嘉靖潁州志·學校》無。

④「知州」二字，吕景蒙《嘉靖潁州志·學校》與李宜春《嘉靖潁州志·學校》均作「守」。

⑤吕景蒙《嘉靖潁州志·禮樂·歐陽文忠公祠》録作「大學士楊榮《記》」。李宜春《嘉靖潁州志·學校·祀典（歐陽文忠公祠）》録作「大學士楊榮《記》」。楊榮（1371—1440），字勉仁，建安（今福建建甌）人。建文二年（1400）進士，仕至首輔。明初政治家、文學家，與楊士奇、楊溥並稱三楊。卒謚文敏。有《楊文敏集》。《明史》有傳。本文見於《楊文敏集》卷九，題作《歐陽文忠公祠堂重創記》。

⑥「足」字，《楊文敏集》作「之」。

⑦「俸」字，《楊文敏集》作「禄」。

⑧「垣墉」二字，《楊文敏集》作「周垣」。

⑨「之」字，《楊文敏集》作「以」。

⑩「走書京師」四字，《楊文敏集》無。

於戲！文章關天地之運，盛衰絶①續，固不偶然。周秦以前，無容論矣。漢自賈、董、馬、班諸子以來，七百餘年而唐，有韓子；又二百餘年而宋，有歐陽子。其文推韓子以達於孔孟，一洗唐末五季之陋，當時學者翕然宗之。及今幾②四百年，而讀其文者如仰麗天之星斗，莫不爲之起敬。雖通祀於天下學宮不爲過，矧嘗居於潁，其遺風餘澤猶有在者乎？是不可以不祀也。彭君倡之，郡守③僚屬和之，俾公之神有所依，後學有所仰，可謂知所務也。他④日潁之士出，能知通經學古爲高，救時行道爲賢，則無負諸君興廢舉墜之深意矣。姑爲之記以俟。

重修城隍廟記⑤

覃懷趙銳撰

神有靈則當書，人有功則當紀。此天下之通典，而今昔不易之定論也。神之有益於人，人之崇祀乎神，故往往見諸史傳。况城隍猶切於民生，保障陰司，人之善惡⑥，人道幽明相爲表裏，豈可以不祀乎？⑦潁州城隍，最有靈驗，保障一郡。⑧嘗考歷代，兵變不一。潁爲宋、元相據之衝，遇守則有功，攻城則不拔。⑨功德被乎生民，祀禮行乎前代⑩。惜乎斷碑殘文，事蹟鮮紀。雖曰秦臣馮尚，猶恐不經，未易憑據⑪。我太祖高皇帝龍飛淮甸，潁爲龍岫之邦⑫，城隍默祐羽運⑬，顯著靈蹟。故神器有歸，國祚一統⑭，勅賜號命⑮褒封「監察司民靈祐侯」，則神之威德，丕著當朝，猶盛前古⑯。奈何歲月既久，廟址狹隘，殿廡朽爛，神象剝落。⑰前守閩人高明爲之重新經理，開

①「絶」字，《楊文敏集》作「斷」。

②「幾」字，《楊文敏集》無。

③「守」字，《楊文敏集》無。

④「他」字，《楊文敏集》作「它」。

⑤李宜春《嘉靖潁州志・學校・祀典（城隍廟）》録作「覃懷趙鋭《記》」。《康熙潁州志・藝文中・雜文》録作「趙鋭《重脩城隍廟碑記》」。趙鋭，覃懷（今屬河南）人。

⑥「惡」字後，李宜春《嘉靖潁州志・學校・祀典（城隍廟）》有「與」字。

⑦由「此天下之通典」下至「豈可以不祀乎」句，李宜春《嘉靖潁州志・學校・祀典（城隍廟）》同。《康熙潁州志・藝文中・雜文》無。

⑧「潁州城隍，最有靈驗，保障一郡」諸句，李宜春《嘉靖潁州志・學校・祀典（城隍廟）》同。《康熙潁州志・藝文中・雜文》作：「潁州城隍，保障一郡，最有靈驗。」

⑨由「嘗考歷代」下至「攻城則不拔」句，李宜春《嘉靖潁州志・學校・祀典（城隍廟）》同。《康熙潁州志・藝文中・雜文》作：「未暇遠稽往古，即當宋南渡後，潁居南北要衝，遇守則捍衛，恢復則助攻。」

⑩「祀禮行乎前代」句，李宜春《嘉靖潁州志・學校・祀典（城隍廟）》同。《康熙潁州志・藝文中・雜文》作「祀典隆於前代」。

⑪「憑據」二字後，《康熙潁州志・藝文中・雜文》有「然」字。

⑫「龍岫之邦」四字，李宜春《嘉靖潁州志・學校・祀典（城隍廟）》同。《康熙潁州志・藝文中・雜文》作「畿輔近邦」。

⑬「羽運」二字，李宜春《嘉靖潁州志・學校・祀典（城隍廟）》同。《康熙潁州志・藝文中・雜文》無。

⑭「故神器有歸，國祚一統」二句，李宜春《嘉靖潁州志・學校・祀典（城隍廟）》同。《康熙潁州志・藝文中・雜文》作「故區宇一統」。

⑮「勑賜號命」四字，李宜春《嘉靖潁州志・學校・祀典（城隍廟）》同。《康熙潁州志・藝文中・雜文》作「特勑」。

⑯「丕著當朝，猶盛前古」二句，李宜春《嘉靖潁州志・學校・祀典（城隍廟）》同。《康熙潁州志・藝文中・雜文》作：「丕著在本朝，猶盛於前古。」

⑰「奈何歲月既久，廟址狹隘，殿廡朽爛，神象剝落」諸句，李宜春《嘉靖潁州志・學校・祀典（城隍廟）》同。《康熙潁州志・藝文中・雜文》作：「奈何歲月既久，殿廡傾頹，神象剝落。」

闢基址。① 正殿、兩廡、門廊、垣墉煥然一新，但缺畧者多。② 成化丁亥（1467），適長垣李溥由進士欽陞，來守茲土，既考古傳，猶訪民隱③，皆曰：「城隍至靈且驗④。」遂與神誓，陰陽表裏，顧其所行，若有啓翼。夫何前守之功不可泯没，而神之靈蹟不掩也？⑤遂修其未備，補其缺畧，乃走書於舒，求記刻石，以垂不朽。⑥ 且爲之銘曰⑦：

赫赫城隍，丕著威德。監察善惡，虚靈洞徹。城而且高，隍而且深。⑧ 保障江淮，自古及今。神祖天生，龍飛淮甸。羽⑨運皇明，褒封迭見。前守賢能，重新廟貌。軒窗棟榻⑩，曦輝晃耀。李侯成命，治人事神。報功刻⑪石，永保⑫斯民。

愛木堂記

潁州治東偏，故御史行臺。皇帝十有一年成化乙未（1475），前知州張君夢輔以基隘陋不稱，又逼隣公廨，謀於衆，徙之。於是荒其舊，以待安宅者。時同知州事廬陵劉節授任幾三載，所居官舍外薄通衢，內僅旋馬，上雨旁風，而無事於修飾，恐疲民也。又逾年，輿論宜遷以避市喧，節亦因臺階古栢若干株，大可數尺，高可數尋，挺然成列，前除雅適懷負，遂就而居焉。內屋仍其舊，外堂稱之，規模不侈，而氣象從容。或者謂：「遷嚮高明居，足移氣噫志、富貴心耳。」劉子，仲尼之徒，行年逾知命，豈能移於居哉？

惟夫人情，莫不有所愛，而或生於私。若居官之愛，容膝而已，傳舍而已。木之愛，雖有意，而公存焉。顧念愚樸有似於木，視潁之民，質而不華，直而不絞，亦木之似，以是相忘氣象間，既不能盡栽培之道，寧忍挾椎鑿隔

---

①「前守閻人高明爲之重新經理，開闢基址」諸句，李宜春《嘉靖潁州志・學校・祀典（城隍廟）》同。《康熙潁州志・藝文中・雜文》作：「前守閻人高明爲之重葺，既闢舊址。」

②「正殿、兩廡、門廊、垣墉煥然一新，但缺畧者多」諸句，李宜春《嘉靖潁州志・學校・祀典（城隍廟）》同。《康熙潁州志・藝文中・雜文》作：「而正殿、兩廡、門廊、垣墉煥然改觀，但其間工費浩繁，尚多缺畧。」

③由「成化丁亥（1467）」至「猶訪民隱」諸句，李宜春《嘉靖潁州志・學校・祀典（城隍廟）》同。《康熙潁州志・藝文中・雜文》作：「至成化丁亥（1467），長垣李溥由進士來守茲土，博考古傳，兼訪輿論。」

④「城隍至靈且驗」句，李宜春《嘉靖潁州志・學校・祀典（城隍廟）》同。《康熙潁州志・藝文中・雜文》作：「城隍之神，至靈且驗。」

⑤由「遂與神誓」下至「而神之靈蹟不掩也」諸句，李宜春《嘉靖潁州志・學校・祀典（城隍廟）》同。《康熙潁州志・藝文中・雜文》作：「遂與神誓，陰陽互相表裏，自是顧其所行，若有啓翼者，乃信神之靈異不可掩，而前守之功斷，宜嗣之於後也。」

⑥由「遂脩其未備」下至「以垂不朽諸句，李宜春《嘉靖潁州志・學校・祀典（城隍廟）》同。《康熙潁州志・藝文中・雜文》作：「爰補其未備，而更新之，走書於舒，求記刻石，以垂不朽。」

⑦「且爲之銘曰」句，李宜春《嘉靖潁州志・學校・祀典（城隍廟）》同。《康熙潁州志・藝文中・雜文》作：「謹敘其始末，而爲之銘曰。」

⑧「城而且高，隍而且深」二句，李宜春《嘉靖潁州志・學校・祀典（城隍廟）》同。《康熙潁州志・藝文中・雜文》作：「城堅且高，隍阻而深。」

⑨「羽」字，李宜春《嘉靖潁州志・學校・祀典（城隍廟）》同。《康熙潁州志・藝文中・雜文》作「翊」。

⑩「榻」字，李宜春《嘉靖潁州志・學校・祀典（城隍廟）》同。《康熙潁州志・藝文中・雜文》作「宇」。

⑪「刻」字，李宜春《嘉靖潁州志・學校・祀典（城隍廟）》同。《康熙潁州志・藝文中・雜文》作「勒」。

⑫「保」字，李宜春《嘉靖潁州志・學校・祀典（城隍廟）》同。《康熙潁州志・藝文中・雜文》作「奠」。

宮墻哉？爰以愛木名堂，有取尔也。且木、杞、梓、梗［梗］、楠、梧、櫝，皆可材也。試於梓匠輪輿，無小大長短，随其宜用之。惟栢，非棟樑不輕掄，蓋質堅性直，幹雲霄，震風雪，亘四時而不改柯易葉以媚時好，故往往植於憲臬之庭，所以寓名栢臺，有由也。今臺可徙，而栢不可徙，慮傷其生。吾猶愛其大，耐足以共守此土也。向使不虞於傷而徙之，則此土不至爲花卉之疆，將鞠爲瓜果之畦，便繁且實，潁民不得而娱之、食之，徒窮民功，竭地力，而歸其愛於無所。此吾之心，奚翅木哉？昔召公遺愛於民，至不忍剪伐其甘棠，吾何遺於潁？所冀吾民共愛此木，勿輕剪伐。他日或有取棟樑於潁者，得以此而獻諸郡治，不亦與有光乎？是記之以俟。廬陵劉節記。

重修歐陽公祠成致祭祝文

維成化九年歲次癸巳（1473）八月十有五日，潁州同知劉節等敢昭告於宋太師兖國文忠公之神，曰：惟公德以潤身，勞以定國。法施當時，愛遺潁土。節等忝官茲郡，景行思賢。茲當仲秋，式陳時薦，奉宋潁守蘇文忠公、宋潁守吕正獻公配。尚饗！

褒贈

奉天承運皇帝勑曰：郡縣親民之政，非按部莫能詳；朝廷錫命之榮，在司封爲甚重。故法有定制，而恩有特施，凡沾旌異之名，必在褒嘉之列。爾河南南陽府南陽縣知縣李通，名成胄，監官領邑符。愛民存愷悌之心，持己勵清勤之節。薦章既至，最考是書，宜有渥恩，以示褒勸。茲特進爾階文林郎，錫之勅命。於戲！治民莫先於獲上，已徵名績之良；善始元貴乎保終，庶竭猷爲之益。訓詞具在，尚克祇承。欽哉！

勅曰：臣有事君之功，妻有從夫之故。録賢勞於國，必推寵命於家。存没雖殊，恩典則一。河南南陽府南陽縣知縣李通妻韓氏，出自名族，嬪於儒流。方内助之勞，遽違偕老之願。爰因夫貴，用示國恩。茲特贈爲孺人。靈爽有知，歆承無斁。

勅曰：室當有繼，式隆饋祀之儀；恩貴乎均，庸及褒封之命。茲惟典禮，實體恒情。河南南陽府南陽縣知縣李通繼室毛氏，毓德柔嘉，持身謹飭，夙遵姆訓，繼配儒流。雖未躬荊布之勞，亦克効蘋蘩之職。夫階既陟，恩典宜頒。茲特封爲孺人，服此嘉名，亦敦祇慎。

奉天承運皇帝勅曰：國家隆使臣之禮，録教子之功。爵秩既厚其躬，褒封必及其父。制實通於今昔，義不異於存亡。爾李敬，乃河南南陽府南陽縣知縣李通之父，善行積躬，遺經教子。著勤勞於邑宰，考上最於銓曹。宜推錫類之仁，以示褒嘉之寵。兹特贈爲文林郎、河南南陽府南陽縣知縣。幽靈不昧，尚克歆承。

勅曰：母之恩，實兼乎教育；子之孝，莫切於顯揚。肆緣報德之情，用舉褒崇之命。爾徐氏，乃河南南陽府南陽縣知縣李通之母，相夫治内，教子成名。既違禄養之榮，宜示推恩之命。用彰慈訓，以賁幽扃。兹特贈爲孺人。靈爽如存，尚其歆服。

潁州志卷之六

附録歐陽文忠公表文①

表

潁州謝上表皇祐元年（1049）三月十三日②

臣脩言：伏蒙聖恩，就差臣知潁州事軍③事，臣已於三月十三日赴上訖者。規來④安閒，坐享榮禄。雖大君之

①前目録作「歐公詩文」。
②此文見於《歐陽脩全集》卷九十。
③「事軍」二字，《歐陽脩全集》作「軍州」。
④「來」字，《歐陽脩全集》作「求」。

德曲示含容，而爲臣之心豈自遑處？臣某中謝。伏念臣材能浅薄，性識昏蒙。偶自弱齡，粗知學古，謂忠義可以事國，名節可以榮身。自蒙不次之恩，亦冀非常之効。然而進未有纖毫之益，已不容於怨仇；退未知補報之方，遽先罹於衰病。神與明而並耗，風乘氣以交攻。睛瞳雖存，白黑纔辨。蓋積亭①而自損，信處世而②多危。伏蒙尊號皇帝陛下，造化陶鈞，高明覆載。閔其孤拙，未即棄捐。付以善邦，俾從私便。所冀療治有驗，瞻視復完。則及物之仁，荷更生之大賜；使身不篤③廢，猶後効之可圖。

謝轉禮部郎中表皇祐元年（1049）四月④

臣某言：蒙恩授臣禮部郎中、知制誥，依舊知潁州者。恩出非常，榮逾姬⑤望。人以臣爲寵，臣以喜爲憂。伏念臣自小無能，惟知嗜學，常慕古人而篤行⑥，不思今世之難行。而自遭遇聖明，驟蒙奬拔，急於報國，遂欲忘軀。結怨仇者，皆可畏之人；所違忤者，悉當權之士。既將行己，又欲進身，惟二者之難兼，雖至愚而必達。況臣粗知用捨，頗識廉隅。故其自被讒誣，迨於降黜。當舉朝沸議，未嘗以寸牘而自明；及累歲謫居，不敢以半辭而自理。其後再經寬赦，移鎮要藩。曾未逾年，遽求小郡。蓋臣知難當之衆怒，尚未甘心；思苟免之善謀，惟宜退迹。則臣於榮進，豈敢僥求？此蓋皇帝陛下，日月照臨，乾坤覆載，不忘舊物，曲軫睿慈。謂⑦臣貶職之人悉皆牽復⑧，憫臣無名之罪久未雪除。故推敘進之文，特示甄收之意。然臣近於去歲，早已改官，建此使蕃⑨，豈宜叨竊？欲固讓，則有嫌疑之避；欲遜⑩受，則懷忝冒之慚。進退之間，凌兢失措，惟當盡節，上報深恩。

謝復龍圖閣直學士表皇祐元年（1049）八月⑪

臣脩言：今月十八日，樞密院遞到誥勅各一道，伏蒙聖恩，授臣依前禮部郎中，兊⑫龍圖閣直學士，仍舊知潁州者。恩還舊職，事雪前誣，感極心驚，涕隨言出。臣某中謝。臣伏見前世材賢一作賢材。之士身結主知，勳德之臣功施王室，然尚或一遭謗毀，欲辨無由，少忤要權，其禍不測。顧如臣者，何足道哉！臣材不逮於中人，功無益於當世，用之未見其効，去之無足可思。矧罔極之讒交興而並進，易危之迹何恃而不顛？而聖心不忘，恩意

①「亭」字，《歐陽脩全集》作「憂」。
②「而」字，《歐陽脩全集》作「之」。
③「篤」字，《歐陽脩全集》無。
④此文見於《歐陽脩全集》卷九十。
⑤「姬」字，《歐陽脩全集》作「始」。
⑥「行」字，《歐陽脩全集》作「信」。
⑦「謂」字後，《歐陽脩全集》有「後」字。
⑧「復」字後，《歐陽脩全集》有「面」字。
⑨「建此使蕃」四字，《歐陽脩全集》作「逮此便蕃」。
⑩「遞」字，《歐陽脩全集》作「遽」。
⑪此文見於《歐陽脩全集》卷九十。
⑫「兊」字，《歐陽脩全集》作「充」。

特志①，辨罔欺於曖昧，沮仇嫉於衆多。雖暫居譴謫之中，而屢被陞遷之渥。今又特蒙甄録，牽復寵名。以臣之愚，豈比前人而獨異；推其所幸，蓋由聖主之親逢。謂宜如何，可以論報！再念臣稟生孤拙，本乏藝能。徒因學古之勤，粗識事君之節。苟臨危効命，尚當不顧以奮身；況爲善無傷，何憚竭忠而報國？誓期盡瘁，少答高明。

附録歐陽文忠公詩文

古　詩

聚星堂前紫薇花②

亭亭紫薇花，向我如有意。高煙晚溟濛，清露晨點綴。豈無陽春月，所得時節異。静女不争寵，幽姿如自喜。將期誰顧眄，獨伴我憔悴。而我不疆［强］飲，繁英行亦墜。相看兩寂寞，孤詠聊自慰。音戲。

飛盖橋翫月一本題上有「六月十四夜」③

天形積輕清，水德本虚静。雲收風波止，始見天水性。澄光與粹容，上下相涵映。乃於其兩間，皎皎掛寒鏡。

餘輝所照耀，萬物皆鮮瑩。矧夫人之靈，豈不醒視聽。而我於此時，翛然一作倏然。發孤詠。紛昏欣洗滌，俯仰恣涵泳。一本無上二句。人心曠而閒，月色高愈作逾迥。惟恐清夜闌，時時瞻斗柄。

答吕公著見贈一本作奉答通判太博爲予不飲見贈之作④

晋人歌蟋蟀，孔子録於《詩》。因知聖賢心，豈不惜良時。行樂不及早，朱顔忽焉衰。馳光如騕褭，一去不可追。今也不强飲，後雖悔奚爲？三年謫永陽，陷穽不知危。種樹滿幽谷，疏泉瀉清池。新陽染山木，撩亂發枯枝。無人歌青春，自酾白玉卮。今者荷寬宥，一作恩。乞一作得。州從爾宜。西湖舊已聞，既見又過之。菡萏間紅緑，鴛鴦浮渺瀰。四時花與竹，樽俎動可一作酒。隨。况與賢者同，薰然襲一作偉。蘭芝。醁醅寒且醥，清唱婉而遲。一作奇。四座各已醉，臨觴獨何疑。昔人逢麴車，流涎尚垂頤。况此杯中趣，久得樂無涯。多憂衰病早，心在良可噫。一作嘻。譬如⑤卧櫪馬，聞鼙一作鼓。尚嗚悲。春膏已動脉，一作忽已動。百卉漸葳蕤。丹砂得新方，舊疾庶可治。尚可執鞭弭，周旋以忘疲。

---

①「志」字，《歐陽脩全集》作「至」。
②此詩見於《歐陽脩全集》卷四。題下註：「周本、叢刊本註云『皇祐元年（1049）』作。」
③此詩見於《歐陽脩全集》卷四。題下註：「周本、叢刊本註云『皇祐元年（1049）』作。」
④此詩見於《歐陽脩全集》卷四。題下註：「周本、叢刊本註云『皇祐元年（1049）』作。」
⑤「如」字，《歐陽脩全集》作「若」。

人日聚星堂燕集探韻得豐字①

汙池以其下，衆流之所鍾。尺水無長瀾，蛟龍豈其容。顧予誠鄙薄，羣俊枉高蹤。得一不爲少，雖多肯辭豐。譬如登圓壇，羅列璧與琮。又若響②鈞天，左右間笙鏞。文章爛照耀，應和相撞舂。而予處其間，眩晃不知從。退之亦嘗云，青蒿已③長松。新楊④發羣枯，生意漸豐茸。暮雪浩一作皓。方積，醁醅寒更濃。毋言輕此樂，此樂難屢逢！

送焦千之秀才⑤

焦生獨立士，勢利不可恐。誰言一身窮，自待九鼎重。有能揭之行，可謂仁者勇。吕侯一作倅。相家子，德義勝華寵。焦生得與⑥隨，道合若膠鞏。始生及吾門，徐子喜驚踊。曰此難至寶，一失何由踵。自吾得二生，一作子。粲粲獲雙珙。奈何奪其一，使我意紛氄。吾嘗愛生材，抽擢方鬱翁。音委勇反，一作蓊。猶須老霜雪，然後見森聳。况從主人賢，高行可傾竦。讀書趣⑦簡要，害⑧説去雜冗。新文時我寄，庶可蠲煩壅。

清明風雨，窮坐一室，家人輩倒殘壺得酒數杯。泥深，道路無人行，去市又遠。索於筐筥，得枯魚乾鰕數種，强飲疾醉，昏然便寐。既覺索然，因書所見。因前一日朋從招遊，倦歸⑨

少年喜追隨，老大厭諠譁。慚愧二三子，邀我行看花。花開豈不好，時節亦云嘉。因病既不飲，衆觀⑩獨成一作我。嗟。管絃暫過耳，風雨愁還家。三日不出門，堆豗類寒鴉。妻兒强我飲，飣餖果與瓜。濁酒傾殘壺，枯魚雜乾鰕。小婢立我前，赤腳兩髻丫。軋軋鳴雙絃，正如鱅嘔啞。坐令江湖心，浩蕩思無涯。寵祿不知報，鬢毛今已華。有田清潁間，尚可事桑麻。安得一黃犢，幅巾駕柴車。

下直呈同行三公⑪

午漏聲初轉，歸鞍路偶同。天清黃道日，街闊緑槐風。萬國舟車會，中天象魏雄。戢戈清四海，論道屬三公。

---

①此詩見於《歐陽脩全集》卷四。題下註：「周本、叢刊本註云『皇祐二年（1050）』作。」

②「響」字，《歐陽脩全集》作「饗」。

③「已」字，《歐陽脩全集》作「倚」。

④「楊」字，《歐陽脩全集》作「陽」。

⑤此詩見於《歐陽脩全集》卷四。題下註：「周本、叢刊本註云『皇祐元年（1049）』作。」

⑥「與」字，《歐陽脩全集》作「其」。

⑦「趣」字，《歐陽脩全集》作「趨」。

⑧「害」字，《歐陽脩全集》作「言」。

⑨此詩見於《歐陽脩全集》卷八，題作《清明前一日，韓子華以靖節〈斜川詩〉見招遊李園。既歸，遂苦風雨，三日不能出。窮坐一室，家人輩倒殘壺得酒數杯。泥深，道路無人行，去市又遠。索於筐筥，得枯魚乾鰕數種，强飲疾醉，昏然便寐。既覺索然，因書所見奉呈聖俞》。題下註：「周本、叢刊本註云『嘉祐四年（1059）』作。」

⑩「觀」字，《歐陽脩全集》作「歡」。

⑪此詩見於《歐陽脩全集》卷十三。題下註：「周本、叢刊本註云『治平元年（1064）』作。」

自愧陪羣彦，從來但樸忠。時平容竊祿，歲晚歎衰翁。買地淮山北，垂竿潁水東。稻粱雖可恋，吾志在冥鴻。

偶書①

吾見陶靖節，愛酒又愛閒。二者人所欲，不問愚與賢。奈何古今人，遂此樂猶難？飲酒或時有，得閒何鮮焉。浮屠老子流，營營盈市廛。二物尚如此，仕宦不待言。官高責愈重，祿厚足憂患。暫息不可得，况欲閒長年。少壯務貪得，鋭意力争前。老來難勉强，思此但長歎。决計不宜晚，歸耕潁尾田。

絶句臨薨作②

冷雨漲焦陂，人去陂寂寞。惟有霜前花，鮮鮮對高閣。

七言律詩

奉答子履學士見贈之作③

誰言潁水似瀟湘，一笑相逢樂未央。歲晚君尤耐霜雪，興闌吾欲返耕桑。銅槽旋壓清樽美，玉麈閒揮白日長。預約詩筒屢來往，兩州鷄犬接封疆。

又答子履學士見寄④

潁亳相望樂未央，吾州仍得治僊鄉。夢回枕上黃粱熟，身在壺中白日長。每恨老年才已盡，怕逢詩敵力難當。知君欲別西湖去，乞我橋南菡萏香。

答杜相公寵示去思堂詩⑤

當年丞相倦洪鈞，弭節初來潁水濱。惟以琴樽樂嘉客，能將富貴比浮雲。西溪水色春長緑，北渚花光暖自薰。去思堂在北渚之北，臨西溪。溪，晏公所開也。得載公詩播人口，去思從此四夷聞。

去思堂手植雙柳今已成陰因而有感⑥

曲欄高柳拂層簷，却憶初栽映碧潭。人昔共遊今孰在，樹猶如此我何堪！公，晏公門生，故有感。壯心無復身從老，世事都銷酒半酣。後日更來知有幾，攀條莫惜駐征驂。

---

①此詩見於《歐陽脩全集》卷五十四。

②此詩見於《歐陽脩全集》卷五十四。題下註：「周本、叢刊本註云『熙寧五年（1072）』作。」

③此詩見於《歐陽脩全集》卷十四。題下註：「周本、叢刊本註云『治平四年（1067）』作。」

④此詩見於《歐陽脩全集》卷十四。題下註：「周本、叢刊本註云『治平四年（1067）』作。」

⑤此詩見於《歐陽脩全集》卷十二。題下註：「周本、叢刊本註云『皇祐三年（1051）』作。」

⑥此詩見於《歐陽脩全集》卷十二。題下註：「周本、叢刊本註云『至和元年（1054）』作。」

早朝感事①

疏星牢落曉光微，殘月蒼龍闕角西。玉勒争門隨仗入，牙牌當殿報班齊。羽儀雖接鴛兼鷺，野性終存鹿與麛。笑殺汝陰常處士，十年騎馬聽朝鷄。

聞潁州通判國博與知郡學士唱和頗多，因以奉寄知郡陸經、通判楊褒②

一自蘇梅閉九泉，始聞東潁播新篇。金樽留客史君醉，玉麈高談別乘賢。十里秋風紅菡萏，一溪春水碧漪漣。政成事簡何爲樂，終日吟哦雜管絃。

戲書示教授③

古郡誰云亳陋邦，我來仍值歲豐穰。烏御④棗實園林熟，蜂採檜花村落香。世治人方安壟畝，興闌吾欲返⑤耕桑。若無潁水肥魚蟹，終老僊鄉作醉鄉。

書懷一作思潁寄常處士⑥

齒牙零落鬢毛疏，潁水多年已結廬。解組便爲閒處士，新花莫笑病尚書。青衫仕至千鍾祿，白首歸乘一鹿車。況有西鄰隱君子，輕簑短笠伴春鋤。

表海亭⑦

望海亭亭古堞間，獨憑危檻俯人寰。苦寒冰合分流水，欲雪雲垂四面山。髀肉已消嗟病骨，凍醪猶可慰愁顔。潁田二頃春蕪没，安得柴車自駕還。

初至潁州西湖一作到潁治事之明日行西湖上種蓮［瑞］蓮黄楊一作因與郡官小酌其上聊書所見也寄淮南轉運吕度支、發運許主客⑧

平湖十頃碧琉璃，四面清陰乍合時。柳絮已將春去遠，海棠應恨我來遲。啼禽似與遊人語，明月閑撑野艇隨。每到最佳堪樂處，却思君共把芳巵。

①此詩見於《歐陽脩全集》卷十三。題下註：「周本、叢刊本註云『治平元年（1064）』作。」
②此詩見於《歐陽脩全集》卷十四。題下註：「周本、叢刊本註云『治平二年（1065）』作。」
③此詩見於《歐陽脩全集》卷十四，題作《戲書示黎教授》。題下註：「周本、叢刊本註云『治平四年（1067）』作。」
④「御」字，《歐陽脩全集》作「銜」。
⑤「返」字，《歐陽脩全集》作「反」。
⑥此詩見於《歐陽脩全集》卷十四。題下註：「周本、叢刊本註云『治平四年（1067）』作。」
⑦此詩見於《歐陽脩全集》卷十四。題下註：「周本、叢刊本註云『熙寧元年（1068）』作。」
⑧此詩見於《歐陽脩全集》卷十一。題下註：「周本、叢刊本註云『皇祐元年（1049）』作。」

答通判吕太博①

千頃芙蕖蓋水平，邵伯②荷花，四望極目。揚州太守舊多情。畫盆圍處花光合，予嘗採蓮千朵，插以畫盆，圍繞坐席。紅袖傳來酒令行。又嘗命坐客傳花，人摘一葉，葉盡處飲，以爲酒令。舞踏落暉留醉客，歌遲檀板换新聲。如今寂寞西湖上，雨後無人看落英。

祈雨曉過湖上③

清晨驅馬思悠然，渺渺平湖碧玉田。曉日未昇先起霧，緑陰初合自生煙。身閒始覺時光好，春去猶餘物色妍。更待四郊甘雨足，相隨簫管④樂豐年。

答和吕侍讀⑤

昔日題輿愧屈賢，今來還見擁朱轓。笑談二紀思如昨，名望三朝老更尊。野徑冷香黄菊秀，平湖斜照白鷗翻。此中自有忘言趣，病客猶堪奉一樽。

奉答子履學士見寄之作⑥

憶昨初爲亳守行，暫休車騎汝陰城。喜君再共樽俎樂，憐我久懷丘壑情。累牘已嘗陳素志，新春應許遂歸耕。老年雖不堪東作，猶得酣歌詠太平。

酬孫延仲龍圖⑦

洛社當年盛莫加，洛陽耆老至今誇。梅聖俞、張堯夫、張子野、延仲與予皆在洛中。死生零落餘無幾，齒髮衰殘各可嗟。北庫酒醪君舊物，延仲前守汝陰。西湖煙水我如家。已將二美交相勝，仍枉新篇麗彩霞。

西湖泛舟呈運使學士張掞⑧

波光柳色碧溟濛，曲渚斜橋畫舸通。更遠更佳惟⑨恐盡，漸深漸密似無窮。綺羅香裏留佳客，絃管聲中⑩颺晚風。半醉迴舟迷向背，樓臺高下夕陽中。

---

①此詩見於《歐陽脩全集》卷十一。題下註：「周本、叢刊本註云『皇祐元年（1049）』作。」
②「邵伯」二字，《歐陽脩全集》作「郡治」。
③此詩見於《歐陽脩全集》卷十一。題下註：「周本、叢刊本註云『皇祐二年（1050）』作。」
④「管」字，《歐陽脩全集》作「皷」。
⑤此詩見於《歐陽脩全集》卷十四。題下註：「周本、叢刊本註云『熙寧四年（1071）』作。」
⑥此詩見於《歐陽脩全集》卷十四。題下註：「周本、叢刊本註云『熙寧三年（1070）』作。」
⑦此詩見於《歐陽脩全集》卷五十六。
⑧此詩見於《歐陽脩全集》卷五十六。
⑨「惟」字，《歐陽脩全集》作「唯」。
⑩「中」字，《歐陽脩全集》作「來」。

去思堂會飲得春字甲午四月潁州張唐公座上①

世事紛然百態新，西岡一醉十三春。自慚白髮隨年少，猶把金鍾勸主人。黄鳥亂飛深夏木，紅榴初發艷清晨。佳時易失閒難得，有酒重來莫厭頻。

答太博賞雙蓮呂正獻守通判日晏［宴］西湖②

年來因病不飲酒，老去無悰懶作詩。我已負花常自愧，君須屢醉及芳時。漢宫姊妹争新寵，湘浦皇英望所思。天下從來無定色，况將鉛黛比天姿。

暮雲會老堂書事③

樹陰初合苔生暈，花蘂新成蜜滿脾。鶯燕各歸巢哺子，蛙魚共樂雨添池。少年春物今如此，老病衰翁了不知。飽食杜門何所事，日長偏與睡相宜。

西湖釣者④

風牽釣線裊長竿，短笠輕簑細草間。春雨濛濛看不見，一作足。水煙埋却面前山。

荷葉⑤

湖⑥面風來波瀲灩⑦，波間露下葉田田。誰於水上張青蓋，罩却紅粧唱採蓮。

會老堂⑧

古來交道愧難終，此會今時豈易逢。出處三朝俱白首，凋零萬木見青松。公能不遠來千里，我病猶堪釂一鍾。已勝山陰空興盡，且留歸駕爲從容。

叔平少師去後會老堂獨坐偶成⑨

積雨荒庭徧緑苔，西堂瀟灑爲誰開？愛酒少師花落去，彈琴道士月明來。鷄啼日午衡門静，鶴唳風清晝夢回。野老但欣南畝伴，豈知名籍在蓬萊。

---

①此詩見於《歐陽脩全集》卷五十六。
②此詩見於《歐陽脩全集》卷五十六，題作《答吕太博賞雙蓮》。題下註：「周本、叢刊本註云『皇祐元年（1049）』作。」
③此詩見於《歐陽脩全集》卷五十七，題作《暮春書事呈四舍人》。
④此詩見於《歐陽脩全集》卷五十七，題作《釣者》。
⑤此詩見於《歐陽脩全集》卷五十七。
⑥「湖」字，《歐陽脩全集》作「池」。
⑦「灔」字，《歐陽脩全集》作「瀲」。
⑧此詩見於《歐陽脩全集》卷五十七。題下註：「周本、叢刊本註云『熙寧五年（1072）』作。」
⑨此詩見於《歐陽脩全集》卷五十七。

退居述懷寄北京韓侍中二首①

悠悠身世比浮雲，白首歸來潁水濆。曾見②元臣調鼎鼐，却將③田叟問耕耘。一生勤苦書千卷，萬事銷磨酒百分。放浪豈無方外士，尚思親友念離羣。

書④殿宫臣寵並叨，不同憔悴返漁樵。無窮興味閒中得，强半光陰醉裏銷。静愛竹時來野寺，獨尋春偶過溪橋。猶須五物稱居士，不及颜回飲一瓢。

初夏西湖⑤

積雨新晴漲碧溪，偶尋行處獨依依。緑陰黄鳥春歸後，紅蘤青苔人蹟稀。萍匝汀洲魚自躍，日長欄檻燕交飛。林僧不用相迎送，吾欲臺頭坐釣磯。

寄河陽王宣徽⑥

誰謂蕭條潁水邊，能令嘉客少留連。肥魚美酒偏宜老，明月清風不用錢。况值湖園方首夏，正當櫻筍似三川。自知不及南都會，勉强猶須詫短篇。

寄答王仲儀大［太］尉素⑦

豐樂山前一醉翁，餘齡有幾百憂攻。平生自恃一作是。心無愧，直道誠知世不容。换骨莫求丹九轉，榮名豈在祿千鍾。明年今日如尋我，潁水東西問老農。

解官後答韓魏公見寄⑧

報國勤勞已蔑聞，終身榮遇最無倫。老爲南畝一大子⑨，猶是東宮二品臣。侍從籍通清切禁，笑歌行作太平民。欲知念舊君恩厚，二者難兼始兩人。近⑩制推恩致仕，訴⑪依舊兼職，自王仲儀始。今某仍出特恩。

太傅杜相公索聚星堂謹成⑫

楚肆固知難衒玉，丘門安敢輒論詩。藏之十襲真無用，報以雙金豈所宜。已恨語言多猥冗，况因杯杓正淋漓。

---

①此二首詩見於《歐陽脩全集》卷五十七。

②「見」字，《歐陽脩全集》作「看」。

③「將」字，《歐陽脩全集》作「尋」。

④「書」字，《歐陽脩全集》作「青」。

⑤此詩見於《歐陽脩全集》卷五十七。

⑥此詩見於《歐陽脩全集》卷五十七。

⑦此詩見於《歐陽脩全集》卷五十七，題作《寄答王仲儀太尉素》。題下註：「周本、叢刊本註云『熙寧三年（1070）』作。」

⑧此詩見於《歐陽脩全集》卷五十七。題下註：「周本、叢刊本註云『熙寧四年（1071）』作。」

⑨「大子」二字，《歐陽脩全集》作「夫去」。

⑩「近」字，《歐陽脩全集》作「新」。

⑪「訴」字，《歐陽脩全集》作「許」。

⑫此詩見於《歐陽脩全集》卷十二，題作《太傅杜相公索聚星堂詩謹成》。題下註：「周本、叢刊本註云『皇祐二年（1050）』作。」

願投几格資咍噱，欲展須於欲睡時。

送楚建中潁州法曹①

冠蓋盛西京，當年相府榮。曾陪鹿鳴宴，徧一作偏。識洛陽生。共歎長沙謫，空存許劭評。堪嗟桃李樹，何日見陰成。

三橋詩皇祐元年（1049）新作三橋而名之，旣而又爲之詩②

宜遠橋

朱欄明緑水，古柳照斜陽。何處偏宜望，清漣對女郎。清漣，閣名，後改作去思堂。

飛蓋橋

鳴騶入遠樹，飛蓋渡長橋。水闊鷺雙起，波明魚自跳。

望佳橋

輕舟轉孤嶼，幽浦漾平波。回看望佳處，歸路逐魚歌。

西湖戲作示同遊者③

菡萏香清一作緑芰紅蓮。畫舸浮，使君寧一作不。復憶揚州。都將二十四橋月，换得西湖十頃秋。

再至汝陰三絶④

黄栗留鳴桑椹美，紫櫻桃熟麥風涼。朱輪昔愧無遺愛，白首重來似故鄉。

十載榮華貪國寵，一生憂患損天真。潁人莫怪歸來晚，新向君前乞得身。

水味甘於大明井，魚肥恰似新開湖。十四五年勞夢寐，此時才得少踟躇。予⑤時將赴亳，特⑥恩許枉道過潁也。

寄韓子華并序⑦

予⑧與韓子華、長文、禹玉同直玉堂，嘗約五十八歲致仕，子華書於柱上。其後薦蒙恩寵，世故多艱，歷事⑨三朝，備位二府，已過限七年，方能乞身歸老。俗諺云：「也賣弄得過裏。」

①此詩見於《歐陽脩全集》卷十。題下註：「周本、叢刊本註云『景祐元年（1034）』作。」

②以下三首詩見於《歐陽脩全集》卷十一。

③此詩見於《歐陽脩全集》卷十二。題下註：「周本、叢刊本註云『景祐元年（1034）』作。」

④此詩見於《歐陽脩全集》卷十四。題下註：「周本、叢刊本註云『治平四年（1067）』作。」

⑤「予」字，《歐陽脩全集》作「余」。

⑥「特」字，《歐陽脩全集》作「社」。

⑦此詩見於《歐陽脩全集》卷五十七。題下註：「周本、叢刊本註云『熙寧四年（1071）』作。」

⑧「予」字，《歐陽脩全集》作「余」。

⑨「事」字，《歐陽脩全集》作「仕」。

人事從來無處定，世塗多故踐言難。誰如潁水閒居士，十頃西湖一釣竿。

寄許道人①

緑髮方一作青。瞳瘦骨輕，飄然乘鶴去吹笙。郡齋獨坐風生竹，疑是孫登長笑②聲。

曉發齊州道中③

歲晚勞征役，三齊舊富閒。人行桑下路，日上一作出。海邊山。軒冕非吾志，風霜犯客顔。惟應思潁夢，先過穆陵關。

謁廟馬上有感④

旌旆曉悠悠，行驚歲已遒。霜雲依日薄，野水帶冰流。富庶齊三服，山川禹九州。自憐思潁意，無異旅人愁。

歲暮書事⑤

東州負海圻，風物老依依。歲熟鴉聲樂，天寒雁過稀。跨鞍驚髀骨，數帶減腰圍。却羡常夫子，終年獨掩扉。

秋懷⑥

節物豈不好，秋懷何黯然。西風酒旗市，細雨菊花天。感事悲雙鬢，包羞一作貪榮。食萬錢。鹿車終自駕，歸去潁東田。

青州書事⑦

年豐千里無夜警，吏一作公。退一室焚清香。青園⑧固非老者事，白日自爲閒人長。祿厚豈惟慚飽食，俸餘仍足一作得。買輕裝。君恩天地不違物，歸去行歌潁水傍。

下直⑨

宮柳街槐緑未齊，春陰不解宿雲低。輕寒漠漠侵駝褐，小雨班班作燕泥。報國無功嗟已老，歸田有約一何稽。終當自駕柴車去，獨結茅廬潁水西。

①此詩見於《歐陽脩全集》卷十四，題作《又寄許道人》。題下註：「周本、叢刊本註云『熙寧元年（1068）』作。」
②「笑」字，《歐陽脩全集》作「嘯」。
③此詩見於《歐陽脩全集》卷十四。原爲二首，此其二。題下註：「周本、叢刊本註云『熙寧元年（1068）』作。」
④此詩見於《歐陽脩全集》卷十四。題下註：「周本、叢刊本註云『熙寧元年（1068）』作。」
⑤此詩見於《歐陽脩全集》卷十四。題下註：「周本、叢刊本註云『熙寧元年（1068）』作。」
⑥此詩見於《歐陽脩全集》卷十四。題下註：「周本、叢刊本註云『治平二年（1065）』作。」
⑦此詩見於《歐陽脩全集》卷十四。題下註：「周本、叢刊本註云『熙寧二年（1069）』作。」
⑧「園」字，《歐陽脩全集》作「春」。
⑨此詩見於《歐陽脩全集》卷十三。題下註：「周本、叢刊本註云『治平元年（1064）』作。」

和人三橋①

笳鼓下層樓②，旌旗轉長嶼。橋響鶩歸軒，溪明望行炬。
北臨白雲澗，南望清風閣。出樹見人行，隔溪聞魚躍。
斷虹跨曲岸，倒影涵清波。爲愛斜陽好，迴舟特特過。

聞沂州盧侍郎致仕有感③

少年相與探花開，老病惟愁節物催。蹉跎歸計荒三徑，牢落生涯泥一杯。潁上先生招不起，沂州太守亦歸來。
自愧國恩終莫報，尚貪榮祿此徘徊。

歌

春日西湖寄謝法曹歌④

西湖春色歸，春草⑤緑於染。羣芳爛不收，東風落如糝。參軍春思亂如雲，白髮題詩愁送春。遙知江上一樽
酒，能憶天涯萬里人。萬里思春尚有情，忽逢春至客心驚。雪消門外千山緑，花發江邊二月晴。少年把酒逢春色，
今日逢春頭已白。異鄉物態與人殊，惟有東風舊相識。

雪時在潁州作。玉、月、梨、梅、練、絮、白、舞、鵝、鶴、銀等事，皆請勿用⑥

新陽力微初破萼，客陰用壯猶相薄。朝寒稜稜風⑦疑。莫犯，暮雪緌緌止還作。驅馳風雲初慘淡，炫晃山川漸開廓。光芒可愛初日照，潤澤終爲和氣爍。美人高堂晨起驚，幽士虛窗靜聞落。酒壚成徑集瓶罌，獵騎尋蹤得狐貉。龍蛇掃除⑧斷復續，猊虎團成呀且攫。共貪終歲飽麰麥，豈恤空林饑鳥雀。沙墀朝賀迷象笏，桑野行歌没芒屩。乃知一雪萬人喜，顧我不飲胡爲樂。坐看天地絶氛埃，使我胸襟如洗瀹。脱遺前言笑塵雜，搜索萬象窺冥漠。潁雖陋邦文士衆，巨筆人人把矛槊。自非我爲發其端，凍口何由開一噱？

---

①此詩見於《歐陽脩全集》卷五十四，題作《和人三橋詩絶句三首》。
②「樓」字，《歐陽脩全集》作「臺」。
③此詩見於《歐陽脩全集》卷十四。題下註：「周本、叢刊本註云『熙寧元年（1068）』作。」
④此詩見於《歐陽脩全集》卷五十二。
⑤「草」字，《歐陽脩全集》作「水」。
⑥此詩見於《歐陽脩全集》卷五十四。題下註：「周本、叢刊本註云『皇祐二年（1050）』作。」
⑦「風」字，《歐陽脩全集》作「鋒」。
⑧「除」字，《歐陽脩全集》作「處」。

新春有感寄常夷甫①

余生本羈孤，自少已非壯。今而老且病，何用苦惆悵。誤蒙三聖知，貪得過其量。恩私未知報，心志已凋喪。軒裳德不稱，徒自取譏謗。豈若常夫子，一瓢安陋巷。身雖草莽間，名在朝廷上。惟余服德義，久已慕恬曠。矧亦有吾廬，東西正相望。不須駕柴車，自可策藜杖。坐驚顔鬢日摧頹，及取新春歸去來。共載一舟浮野水，焦陂四面百花開。

憶焦陂 一本無憶字，註汝陰作②

焦陂荷花照水光，未到十里聞花香。焦陂八月新酒熟，秋水魚肥鱠如玉。清河兩岸柳鳴蟬，直到焦陂不下船。笑向漁翁酒家保，金龜可解不須錢。明日君恩許歸去，白頭酣詠太平年。

贈許道人③

洛城三月鶯亂④飛，潁陽山中花發時。往來車馬遊山客，貪看山花踏山石。紫雲僊洞鎖雲深，洞中有人人不識。飄飄許子旌陽後，道骨僊風本僊胄。多年洗耳避世喧，獨卧寒巖聽山溜。至人無心不算心，無心自得無窮壽。忽來顧我何殷勤，笑我白髮老紅塵。子歸爲築巖前室，待我明年乞得身。

送龍茶與許道人⑤

潁陽道士青霞客，來似浮雲去無蹟。夜朝北斗太虛一作虚⑥。壇，不道姓名人不識。我有龍團古蒼壁，九龍泉深一百尺。憑君汲井試烹之，不是人間香味色。

歸田樂春夏二首⑦

春風二月三月時，農夫在田居者稀。新陽晴暖動膏脉，野水泛灔生光輝。鳴鳩聒聒屋上啄，布穀翩翩桑下飛。碧山遠應⑧丹杏發，青草暖眠黄犢肥。田家此樂知者誰，吾獨知之胡不歸？吾已買田清潁上，更欲臨流作釣磯。

南風源⑨頭吹百草，草木叢深茅舍小。麥穗初齊稚子嬌，桑葉正肥蠶食飽。老翁但喜歲年熟，餉婦安知時節

---

①此詩見於《歐陽脩全集》卷九。題下註：「周本、叢刊本註云『熙寧元年（1068）』作。」
②此詩見於《歐陽脩全集》卷九。題下註：「周本、叢刊本註云『熙寧元年（1068）』作。」
③此詩見於《歐陽脩全集》卷九。題下註：「周本、叢刊本註云『熙寧元年（1068）』作。」
④「鶯亂」二字，《歐陽脩全集》作「亂鶯」。
⑤此詩見於《歐陽脩全集》卷九。題下註：「周本、叢刊本註云『熙寧元年（1068）』作。」
⑥此處疑有誤。「虛」字，《歐陽脩全集》作「清」。
⑦此詩見於《歐陽脩全集》卷八，題作《歸田四時樂春夏二首》。題下註：「周本、叢刊本註云『嘉祐三年（1058）』作。」
⑧「應」字，《歐陽脩全集》作「映」。
⑨「源」字，《歐陽脩全集》作「原」。

好。野棠梨密啼晚鶯，海石榴紅囀山鳥。田家此樂知者誰？我獨知之歸不早。乞身當及强健時，顧我蹉跎已衰老。

食糟民①

田家種糯官釀酒，榷利秋毫升與斗。酒沽得錢糟棄物，一作不弃。大屋經年堆欲朽。酒醅瀺灂如沸湯，東風來吹酒甕香。纍纍罌與瓶，惟恐不得嘗。官沽味醲村酒薄，日飲官酒誠可樂。不見田中種糯人，釜無糜粥度冬春。還來就官買糟食，官吏散糟以爲德。嗟彼官吏者，其職稱長民。衣食不蠶耕，所學義與仁。仁當養人義適一作識。宜，言可聞達力可施。上不能寬國之利，下不能飽爾一作民。之饑。我飲酒，爾食糟，爾雖不我責，我責何由逃！

伏日贈徐焦二生一本作徐焦二子伏日遊西湖，余以病不能往，因以贈之②

徐生純明白玉璞，焦子皎潔寒泉冰。清光瑩爾互輝映，當暑自可消炎蒸。平湖緑波漲渺渺，高謝［榭］一作樹。古木陰層層。嗟哉我豈不樂此，心雖欲往身未能。俸優食飽力不用，官閒日永一作心樂。睡莫興。不思高飛慕鴻鵠，没③此愁卧償蚊蠅。三年永陽子所見，山林自放樂可勝。清泉白石對斟酌，巖花野鳥一作草。爲交朋。崎嶇磵谷窮上下，追逐猿狖争超騰。一作陞。酒美賓佳足自負，飲酣氣横猶驕矜。奈何乖離纔幾日，蒼顔非舊白髮增。强歡徒勞歌且舞，勉飲寧及合與升。行揩眼眵一作睫。旋看物，坐見楼閣先愁登。頭輕目明脚力健，羡子志氣將飄凌。只今心意已如此，終竟事業知一作將。何稱。少壯及時宜努力，老大無堪還可憎。

寄梅聖俞長歌，此但摘其末章云④

憶在洛陽各年⑤少，對花把酒傾玻璃。二十年間幾人在，在者憂患多乖睽。我今三載病不飲，眼眵不辨驪與驪。壯心銷盡憶閒處，生計易足纔蔬畦。優遊琴酒逐漁釣，上下林壑相攀躋。及身强一作壯。健始爲樂，莫待衰病須扶攜。行當買田清潁上，與子相伴把鋤犁。

擬剝啄行寄趙少師⑥

剝剝復啄啄，柴門驚鳥雀。故人千里駕，信士百金諾。縉⑦紳相趨動顔色，閭巷傳⑧呼共嗟愕。顧我非惟慰寂寥，於時自可警偷薄。事國十年憂患同，酣歌幾日暫相從。酒醒初不戒徒馭，歸思暼起如飛鴻。車馬闃然人已去，荷鋤却向野田中。

---

①此詩見於《歐陽脩全集》卷四。
②此詩見於《歐陽脩全集》卷四。題下註：「周本、叢刊本註云『皇祐元年（1049）』作。」
③「没」，《歐陽脩全集》作「反」。
④此詩見於《歐陽脩全集》卷五，題作《寄聖俞》。題下註：「周本、叢刊本註云『皇祐二年（1050）』作。」
⑤「各年」，《歐陽脩全集》作「年各」。
⑥此詩見於《歐陽脩全集》卷五十四。題下註：「周本、叢刊本註云『熙寧五年（1072）』作。」
⑦「縉」字，《歐陽脩全集》作「搢」。
⑧「傳」字，《歐陽脩全集》作「歡」。

會老堂致語熙寧壬子（1072），趙康靖公自南京訪公於潁，時呂正獻公爲守①

某聞安車以適四方，禮典雖存於往制；命駕而之千里，交情罕見於今人。伏惟致政少師一德元臣，三朝宿望。挺立始終之節，從容進退之宜。謂青衫早並於俊遊，白首各諧與歸老。已釋軒裳之累，却尋鷄黍之期。遠無憚於川塗，信不渝於風雨。幸會北堂之學士，方爲東道之主人。遂令潁水之濱，復見德星之聚。里閭拭目，覺陋巷以生光；風義聳聞，爲一時之盛事。敢陳口號，上贊清歡：

欲知盛集繼荀陳，請看當筵主與賓。金馬玉堂三學士，清風明月兩閒人。紅芳已盡鶯猶囀，青杏初嘗酒正醇。美景難並良會少，乘歡舉白莫辭頻。

西湖念語②

昔者王子猷之愛竹，造門不問於主人；陶淵明之卧輿，遇酒便留於道士。况西湖之勝槩，擅東潁之佳名。雖美景良辰，固多於高會；而清風明月，幸屬於閒人。並遊或結於良朋，乘興有時而獨往。鳴蛙暫聽，安問屬官而屬私；曲水臨流，自可一觴而一詠。至歡然而會意，亦傍若於無人。乃知偶來常勝於特來，前言可信；所有雖非於己有，其得已多。因翻舊闋之辭，寫以新聲之調，敢陳薄伎，聊佐清歡。

採桑子③

一

輕舟短棹西湖好，緑水逶迤。芳草長堤。隱隱笙歌處處隨。無風水面琉璃滑，不覺船移。微動漣漪。驚起沙禽掠岸飛。

二

春深雨過西湖好，百卉争妍。蝶亂蜂喧。晴日催花暖欲然。蘭橈畫舸悠悠去，疑是神僊。返照波間。水闊風高颺管絃。

三

畫船載酒西湖好，急管繁絃。玉盞催傳。穩泛平波任醉眠。行雲却在行舟下，空水澄鮮。俯仰留連。疑是湖中別有天。

---

①此樂語見於《歐陽脩全集》卷一百三十三。

②此樂語見於《歐陽脩全集》卷一百三十三。

③此組詞見於《歐陽脩全集》卷一百三十一，題作《採桑子十三首》。

四

羣芳過後西湖好，狼籍殘紅。飛絮濛濛。垂柳闌干盡日風。　笙歌散盡遊人去，始覺春空。垂下簾櫳。雙燕歸來細雨中。

五

何人解賞西湖好，佳景無時。飛蓋相追。貪向花間醉玉卮。　誰知閒凭欄干處，芳草斜暉。水遠煙微。一點滄洲白鷺飛。

六

清明上巳西湖好，滿目繁華。争道誰家。緑柳朱輪走鈿車。　遊人日暮相將去，醒醉諠譁。路轉堤斜。直到城頭總是花。

七

荷花開後西湖好，載酒來時。不用旌旗。前後紅幢緑蓋隨。　畫船撑入花深處，香泛金卮。煙雨微微。一片笙歌醉裏歸。

八

天容水色西湖好，雲物俱鮮。鷗鷺閒眠。應慣尋常聽管絃。　風清月白偏宜夜，一片瓊田。誰羨驂鸞。人在舟中便是僊。

九

殘霞夕照西湖好，花塢蘋汀。一①頃波平。野岸無人舟自横。　西南月上浮雲散，軒檻凉生。蓮芰香清。水面風來酒面醒。

十

平生爲愛西湖好，來擁朱輪。富貴浮雲。俯仰流年二十春。　歸來恰似遼東鶴，城郭人民。觸目皆新。誰識當年舊主人。

十一

畫樓鐘動君休唱，往事無蹤。聚散忽忽。今日歡娱幾客同。　去年緑鬢今年白，不覺衰容。明月清風。把酒何人憶謝公。

---

①「一」字，《歐陽脩全集》作「十」。

十二

十年一别流光速，白首相逢。莫話①衰翁。但聽②樽前語笑同。　勸君滿酌君須醉，盡日從容。畫鷁牽風。即去朝天沃聖③聰。

十三

十年前是樽前客，月白風清。憂患凋零。老去光陰速可驚。　鬢華雖改心無改，試把金觥。舊曲重聽。猶似當年醉裏聲。

蝶戀花④

嘗愛西湖春色早。臘雪方銷，已見桃開小。頃刻光陰都過了。如今緑暗紅英少。　且趁餘花謀一笑。况有笙歌，艷態相縈繞。老去風情應不到。憑君剩把芳樽倒。

浣溪沙⑤

湖上春⑥橋響畫輪。溶溶春水浸春雲。碧琉璃滑淨無塵。　當路遊絲縈醉客，隔花啼鳥喚行人。日斜歸去奈何春。

漁家傲上趙康靖公⑦

四紀才名天下重。三朝構廈爲梁棟。定策⑧功成身退勇。辭榮寵。歸來白首笙歌擁。　顧我薄才無可用。君恩近許歸田壠。今日一觴難得共。捧⑨。官奴爲我高歌送。

花底忽聞敲雨漿⑩。逡巡女伴來尋訪。酒盞旋將荷葉當。蓮舟蕩。時時盞底⑪生紅浪。　花氣酒香清厮釀。花腮酒面紅相向。醉倚緑陰眠一餉。驚起望。船頭閣在沙灘上。

南鄉子⑫

西湖南北煙波闊。風裏絲簧聲韻咽。舞餘裙帶緑雙垂，酒入香腮紅一抹。杯深不覺琉璃滑。貪看六么花十八。明朝車馬各西東，惆悵畫橋風與月。

---

①「話」字，《歐陽脩全集》作「語」。

②「聽」字，《歐陽脩全集》作「闕」。

③「聖」字，《歐陽脩全集》作「舜」。

④此首詞見於《歐陽脩全集》卷一百三十一，爲《蝶戀花》其二十二。

⑤此首詞見於《歐陽脩全集》卷一百三十三，爲《浣溪沙》其三。

⑥「春」字，《歐陽脩全集》作「朱」。

⑦此二首詞見於《歐陽脩全集》卷一百三十二，爲《漁家傲》其三、其七。

⑧「策」字，《歐陽脩全集》作「冊」。

⑨此句誤，當爲三字句。《歐陽脩全集》作「聊對捧」。

⑩「雨漿」二字，《歐陽脩全集》作「兩槳」。

⑪「底」字，《歐陽脩全集》作「裏」。

⑫此詞見於《歐陽脩全集》卷一百三十二，爲《玉樓春》其十。此云《南鄉子》，當誤。

鶻鵃詞末韻①

潁河東岸村坡②闊，山禽野鳥常嘲哳。田家惟聽夏鷄即鶻鵃。聲，夜夜隴③頭耕曉月。

文

思潁詩後序④

皇祐元年（1049）春，予自廣陵得請來潁，愛其民淳訟簡而物産美，土厚水甘而風氣和，於時慨然已有終焉之意也。邇⑤來俯仰二十年間，歷事三朝，竊位二府，寵榮已至而憂患隨之，心志索然而筋骸憊矣。其思潁之念，未嘗一有「一日」二字。少忘於心，一無此二字。而意之所存亦時時見於文字也。

今者幸蒙寬恩，獲解重任，使得待罪於亳，既釋危機之慮，而就閒曠之優，其進退出處，顧無所繫於事矣。謂可以償夙志者，此其時哉！因假道於潁，蓋將謀一有「首弊廬以」四字。決歸休之計也。乃發舊藁，得自南京以後詩十餘篇，皆思潁之作，以見予拳拳於潁者非一日也。不類倦飛之鳥然後知還，惟恐勒移之靈却回俗駕爾。

治平四年（1067）五月三日，廬陵歐陽脩序。

續思潁詩序⑥

皇祐二年（1050），予⑦方留守南都，已約梅聖俞買田於潁上。其詩曰：「優遊琴酒逐漁釣，上下林壑相攀躋。

及身强健始爲樂，莫待衰病須扶携任。」是⑧蓋予⑨之本志也，時年四十有四。其後丁家艱，服除還朝，遂入翰林爲學士。忽忽〔忽忽〕七八年間，歸潁之志雖未遑也，然未嘗一日少忘焉。故其詩曰：「乞身當及强健時，顧我蹉跎已衰老。」蓋歎前言之未踐也，時年五十有二。自是誤被選擢，叨塵二府，遂歷三朝。蓋自嘉祐、治平之間，國家多事，固非臣子敢自言其私時也。而菲⑩才竊位，謗咎已盈，賴天子仁聖聰明，辨察誣罔，始終保全。其出處俯仰，十有二年。今其年六十有四，蓋自有蹉跎之歎又復一紀矣。中間在亳，幸遇朝廷無事，中外晏然，而身又不當責任，以謂臣子可退無嫌之時，遂敢以其私言。天子測⑪然，憫其年猶未也，謂尚可以勉。故奏封十上，而六被詔諭，未賜俞允。今者蒙上哀憐，察其實病且衰矣，既不責其避事，又曲從其私便，免並得蔡，俾以偷安，此君父廓

---

①此作見於《歐陽脩全集》卷九，節自《鵯鵊詞效王建作》。題下註：「周本、叢刊本註云『嘉祐六年（1061）』作。」

②「坡」字，《歐陽脩全集》作「陂」。

③「隴」字，《歐陽脩全集》作「壠」。

④此序文見於《歐陽脩全集》卷四十二。題下註：「周本、叢刊本註云『治平四年（1067）』作，載《居士集》卷四十四。」

⑤「邇」字，《歐陽脩全集》作「爾」。

⑥此序文見於《歐陽脩全集》卷四十二。題下註：「周本、叢刊本註云『熙寧三年（1070）』作，載《居士集》卷四十四。」

⑦「予」字，《歐陽脩全集》作「余」。

⑧「是」字，《歐陽脩全集》作「此」。

⑨「予」字，《歐陽脩全集》作「余」。

⑩「菲」字，《歐陽脩全集》作「非」。

⑪「測」字，《歐陽脩全集》作「惻」。

大度之寬仁，遂萬物之所欲，覆載含容養育之恩也。而復蔡、潁連疆，因得以爲歸老之漸，冀少償夙願，茲又莫大之幸焉。

初，陸子履以予①自南都至在中書所作十有三篇爲《思潁詩》，以刻於石，今又得在亳及青十有七篇以附之。蓋自南都至在中書十有八年而得十三篇，在亳及青三年而得十有七篇。以見余之年益加老，病益加衰，其日漸短，其心漸迫，故其言愈多也。庶幾覽者知予②有志於强健之時，而未③償於衰老之後，幸不譏其踐言之晚也。

熙寧三年（1070）九月七日，六一居士序。

六一居士傳④

六一居士初謫滁山，自號醉翁。既老而衰且病，將退休於潁水之上，則又更號六一居士。

客有問曰：「六一，何謂也？」居士曰：「吾家藏書一萬卷，集録三代以來金石遺文一千卷，有琴一張，有棋一局，而常置酒一壺。」客曰：「是爲五一爾，奈何？」居士曰：「以吾一翁老一作老翁。於此五物之間，是豈不爲六一乎？」客笑曰：「子欲逃名者乎？而屢易其號，此莊生所誚畏影而走乎日中者也。余將見子疾走大喘渴死，而名不得逃也。」居士曰：「吾固知名之不可逃，然亦知夫不必逃也。吾爲此名，聊以志吾之樂爾。」客曰：「其樂如何？」居士曰：「吾之樂可勝道哉！方其得意於五物也，太山在前而不見，疾雷破柱而不驚，雖響九奏於洞庭之野，閱大戰於涿鹿之原，未足喻其樂且適也，然常患不得極吾樂於其間者，世事之爲吾累者衆也。其大者有二焉，軒裳珪組勞吾形於外，憂患思慮勞吾心於內，使吾形不病而已悴，心未老而先衰，尚何暇於五物哉？雖然，吾自一作方。乞其身於朝者三年矣。一日天子惻然哀之，賜其骸骨，使得與此五物皆返於田廬，庶幾償其夙願焉。此吾之所以志也。」客復笑曰：「子知軒裳珪組之累其形，而不知五物之累其心乎？」居士曰：「不然。累於彼者已勞矣，又多憂；累於此者既佚矣，幸無患。吾其何擇哉。」於是與客俱起，握手大笑曰：「置之，區區不足較也。」

已而歎曰：「夫士少而仕，老而休，蓋有不待七十者矣。吾素慕之，二字一作志。宜去一也。吾嘗用於時矣，而訖無稱焉，宜去二也。壯猶如此，今既老且病矣，乃以難强之筋骸貪過分之榮祿，是將違其素志而自食其言，宜去三也。吾負三宜去，雖無五物，其去宜矣，復何道哉！」

熙寧三年（1070）九月七日，六一居士自傳。

---

①「予」字，《歐陽脩全集》作「余」。

②「予」字，《歐陽脩全集》作「余」。

③「未」字，《歐陽脩全集》作「獲」。

④此文見於《歐陽脩全集》卷四十四。題下註：「周本、叢刊本註云『熙寧三年（1070）』作。」

祈雨祭張龍公文①

維年月日，具官脩謹以清酌庶羞之奠，致祭於張龍公之神曰：刺史不能爲政而使民失所，其咎安歸！而又頑傲愚冥，無誠慤忠信之心可以動於物者。是皆無以進説於神，雖其有請，宜不一作無。聽也。然而明天子閔閔憂勞於上，而生民嗷嗷困苦於下，公私並乏，道路流亡。於此之時，以一日之雨，救一方之旱，用力至少，其功至多。此非人力之所能爲，而神之所甚易也。苟以此説神，其有不動於心者乎？幸無以刺史不堪而止也。刺史有職守，不獲躬走祠下，謹遣管解②巡檢田甫，布茲懇迫。尚饗！

祈晴文③

吏之所以食民之賦而神之所以享民之祭祀者，吏以刑政庇民，而神能以禍福加之也。寃枉之無訴，刑罰之不明，此人力能爲，而吏不舉之，其過宜在吏。水旱之④不時，饑饉而疾疫，此人力所不能及，而皆職神之由。今自冬涉春，雨雪不止，居人無食，市肆不開，人皆食糟以延旦夕之命，至於無食有自殺者。此爲⑤吏不能治民，以致神禍之過。此宜罰刺史⑥之身，使爲病恙災殃以塞其責，不宜使數千萬⑦戶人皆受其災。雨雪雖久，及今而止，民猶有望焉。惟神閔之！

祭東嶽文⑧

某比者獲解郡章，許還里閈，方巾車而即路，屬暑雨之時行。輒以愚誠，仰干大造，蒙神之惠，賜以不違，吹清飆而散陰，暴秋陽以涸轍，遂無道路之阻，得返草茅之居。荷德之深，不知爲報，一觴之潔，謹用薦衷。尚饗！

祭王深甫文⑨

歎吾深甫！孝弟⑩行於鄉黨，信義施於友朋。貧與賤不爲之恥，富與貴不爲之榮。雖得於內者無待於外物，而不可掩者蓋由其至誠，故方身窮於陋巷，而名已重於朝廷。若夫利害不動其心，富貴不更其守。處於衆而不隨，臨於得而不苟。惟吾知子於初，世徒信子於久。念昔居潁，我壯而子方少年；今我老矣，來歸而送子於泉。古人所居，必有是邦之友，况如子者，豈止一邦之賢。舉觴永訣，夫復何言！

---

①此文見於《歐陽脩全集》卷四十九，題后有「潁州」二字。題下註：「周本、叢刊本註云『皇祐二年（1050）』作。」
②「解」字，《歐陽脩全集》作「界」。
③此文見於《歐陽脩全集》卷七十二。
④「之」字，《歐陽脩全集》作「而」。
⑤「爲」字，《歐陽脩全集》作「縣」。
⑥「刺史」二字，《歐陽脩全集》作「縣令」。
⑦「萬」字，《歐陽脩全集》無。
⑧此文見於《歐陽脩全集》卷七十二。題下註：「周本、叢刊本註云『熙寧四年（1071）』作。」
⑨此文見於《歐陽脩全集》卷七十二。題下註：「周本、叢刊本註云『治平二年（1065）』作。」
⑩「弟」字，《歐陽脩全集》作「悌」。

跋尾

張龍公碑乾寧元年（894）①

右《張龍公碑》，趙耕撰。云：「君諱路斯，潁上百社人也。隋初明經登第，景龍中爲宣城令。夫人關州石氏，生九子。公罷令歸，每夕出，自戌至丑，歸常體冷且濕。石氏異而詢之，公曰：『吾龍也。蓼人鄭祥遠亦龍也，騎白牛據吾池，自謂鄭公池。吾屢與戰，未勝。明日取決，可令吾子挾弓矢射之，繫鬣以青綃者鄭也，絳綃者吾也。』子遂射中青綃，鄭怒東北去，投合淝②西山死，今龍穴山是也。由是公與九子俱復爲龍，亦可謂怪哉③。」余嘗以事至百社村，過其祠下，見其林樹陰蔚，池水窈然，誠異物之所託。歲時禱雨，屢獲其應，汝陰人尤以爲神也。右集本④。

書簡

與王深甫論世譜帖⑤

脩啓。惠借《顔氏譜》，得見一二，大幸前世常多喪亂，而士大夫之世譜未嘗絶也。自五代迄今，家家亡之，由士不自重，禮俗苟簡之使然。雖使人人自求其家，猶不可得，况一人之力，兼考於繆亂亡失之餘，能如所示者，非深甫之好學深思莫能也。《顔譜》且留，愚有未達，須因見過得請。《集古録》未始委僮奴，昨日大熱，艱於檢尋，今送，不次。脩再拜。

①此文見於《歐陽脩全集》卷一百四十三。題下註：「周本、叢刊本註云『元第三百五』。」
②「淝」字，《歐陽脩全集》作「肥」。
③「哉」字，《歐陽脩全集》作「矣」。
④「右集本」三字，《歐陽脩全集》無。
⑤此文見於《歐陽脩全集》卷七十。

同前①

脩啓。辱示，承旦暮②體佳。高陽説如此，爲得之矣。載初元年（689）正月，乃永昌年（689）之十一月爾，當與永昌同年。天授庚寅（690），載初己丑（689）爾。然自天授至長安四年甲辰（704），凡十五年，使自武德不除周年，則乾元己亥（759）乃一百四十二年，除周年，則大曆乙卯（775）爲一百四十年。乙卯，大曆十年（775）也，哥舒晃事在八年（773）。又江西出兵，不當越數千里出於明州，此又可疑。前日奉答一作啓。後再將校勘，却未敢書，更俟叵③議也。蓋江西出嶺，路絶近，次則出湖南，已爲稍遠，就令出明州，非江西可節制也。病一作喘。嗽無悰，姑此爲報。脩頓首。

同前④

脩啓，蒙疏示，開益已多，感服何已！唐除周歲，誠如所諭，兼密罷明州在建中二年（781），則大曆八、九年（773、774）後，徹爲明守而密代亡⑤，以年數推之，與乾元之説不較可知。但恐除周之年，前人未必如此，難以臆度⑥斷爲定，當兩載之，間⑦來者自擇也。高陽門徒之説，恐便是高陽人，未知何如？一作如何。《郭子儀家傳》等先送，碑當續馳。脩再拜。

所推誠好，然更深思唐人除周之説，恐未必然也。則天是天授中改周，惟復是載初，相較亦只一年爾。

與王深甫論五代張憲帖⑧

脩啓。辱教甚詳，蒙益不淺。所疑所論，皆與脩所考驗者同。今既疑之，則欲著一小論於傳後，以哀其忠，如此得否？脩之所書，只是變賜死爲見殺，於憲無所損益。憲死雖可惜⑨，但棄城而走不若守位而死，已失此節，則見殺與賜死同爾。其心則可喜，但舉措不中爾。更爲不見《張昭傳》中所載，或爲録示，尤幸。目痛，草草不次。脩再拜。

莊宗月一日遇弑，存霸在河中聞變，走太原見殺，而憲亦走忻州。明宗初三日入洛，十日監國，二十日即位，

---

①此文見於《歐陽脩全集》卷七十，題作《與王深甫論裴公碣》。題下註：「此書與下《再與王深甫論裴公碣》，周本、叢刊本均註云『嘉祐八年（1063）』作。」

②「暮」字，《歐陽脩全集》作「莫」。

③「回」字，《歐陽脩全集》作「面」。

④此文見於《歐陽脩全集》卷七十，題作《再與王深甫論裴公碣》。

⑤「亡」字，《歐陽脩全集》作「之」。

⑥「度」字，《歐陽脩全集》無。

⑦「間」字，《歐陽脩全集》作「使」。

⑧此文見於《歐陽脩全集》卷七十。題下註：「此書與下《再論張憲帖》，周本、叢刊本註云『皇祐□年』作。」

⑨「死雖可惜」四字，《歐陽脩全集》作「初節甚明」。

憲二十四日死，初以此疑之。又本傳言明宗郊天，憲得昭雪，則似非明宗殺之。更爲思之，如何？

同前①

脩啓。辱教，益詳盡，多荷多荷。存霸奔太原，人言其馬鞦斷，疑其霸②敗而來，存霸乃以情告，仍自髠，衣僧衣，見③彦超曰：「願爲山僧，望公庇護。」彦超亦欲留之俟朝命，爲軍衆所殺。若此，則憲莊宗④莊宗已崩，據張昭勸憲奉表，則知新君立明矣。但不知其走忻州何故也。此意可喜，而死不得其所爾。食後見過，更盡高議，可乎？脩再拜。

問王深甫五月一日會朝帖⑤

脩啓。信宿爲況清佳。前日貪奉笑言，有一事數日欲咨問，偶忘之。唐時有五月一日會朝之禮，畧記其始本出於道家，是日君臣集會，其儀甚盛。而其説不經，不知起自何帝，亦記得是開元以⑥後方有，畧與批示其時爲幸。脩再拜。

中間嘗罷，後又復行，復行恐是憲宗朝，外⑦不記子細。

與常待制夷甫⑧

某啓。嚮在潁，區區僅等⑨一二聞餘論，雖未厭於心，而仁人之言，獲益已多矣。自藏拙於此，習成懶慢，遂疏奉問。亮須幅巾閭巷，杖屨往還，始償夙素傾嚮之心爾。未間，以時惟⑩道自重。因負棗人行，謹奉手狀。

①此文見於《歐陽脩全集》卷七十。題作《再與王深甫論五代張憲帖》。
②「覇」字，《歐陽脩全集》作「戰」。
③「見」字後，《歐陽脩全集》有「符」字。
④「莊宗」二字，《歐陽脩全集》作「似知」。
⑤此文見於《歐陽脩全集》卷七十。題下註：「題中『問王深甫』，周本、叢刊本作『與王深甫問』。」
⑥「以」字，《歐陽脩全集》作「已」。
⑦「外」字，《歐陽脩全集》作「亦」。
⑧此文見於《歐陽脩全集》卷一百四十八，題作《與常待制夷甫十通》，此其四。題下有「嘉祐治平間」五字。
⑨「等」字，《歐陽脩全集》作「得」。
⑩「惟」字，《歐陽脩全集》作「爲」。

又熙寧三年（1070）①

某啓。多病疏懶，稍闕致問。近兒子自潁還，云嘗侍杖屨。喜承經暑寢興萬福，兼審尚以足疾未副召還②。朝廷禮賢之意甚篤，而士大夫延首之望亦勤焉③。然君子出處有道，足以鎮止奔競，敦厚時俗，其功利亦多矣。其④尚未得請，未遂⑤從容閭巷之間，然亦不過一兩月之頃爾。時暑，爲道愛重。

與焦殿丞千之，皇祐五年（1053）⑥

某啓。自相別，無日不奉思。急足辱書，深所⑦慰。然聞不遂解名，在於俗情，豈不怏怏。若足下素所相⑧待，與某所以奉待者，豈在一得失之間？但以科場文字，不得專意經術，而某亦有人事。令⑨足下三數年間，且可棄去科場文字，而僕亦端居無⑩事。惟於此時，可以講訓素所聞未舉者，過此，恐彼此難得工夫也。足下爲人明果，以此思之，亮可決然北首。深恨閒居無人，既不能專遣人去奉招，當正初南歸，亦不爲久別計，但仰首傾望也。某於哀苦中奉思諸君子，此又不可言。已時⑪寒，多愛。

又嘉祐六年（1061）⑫

承惠《胡公銘》，玆人美德固樂爲之紀述，第以文字傳遠，須少儲思。蓋尋常意思未及，爲人强作，多不佳也。自來日以往，併無假，故直至詢⑬休。如所諭行期甚迫，當且前之，續可附至潤州，諒不爲晚也。人還，謹此白。知小兒不安，且慎調護。大熱，難将息也。

---

①見前「《與常待制》」條註。此爲《與常待制夷甫十通》其九。
②「還」字，《歐陽脩全集》作「命」。
③「焉」字，《歐陽脩全集》無。
④「其」字，《歐陽脩全集》作「某」。
⑤「遂」字後，《歐陽脩全集》有「相」字。
⑥此文見於《歐陽脩全集》卷一百五十，題作《與焦殿丞千之十六通》，此其一。
⑦「所」字後，《歐陽脩全集》有「浣」字。
⑧「相」字，《歐陽脩全集》作「自」。
⑨「令」字，《歐陽脩全集》作「今」。
⑩「無」字後，《歐陽脩全集》有「一」字。
⑪「時」字，《歐陽脩全集》無。
⑫見前「《與焦殿丞》」條註。此爲《與焦殿丞千之十六通》其十二。
⑬「詢」字，《歐陽脩全集》作「旬」。

又治平中①

某啓。范氏子書來，並獲所寄書。自承赴樂清後，方拜此②書，審此居官下安和，稍釋傾相③。陋巷之士得以自高於王侯者，以道自貴也。一從吏事，便爲禮法所繩。若居人下而欲有設施，則世事難如人意，更當屈伸取捨，要於濟務。此非獨小官，自古聖賢尚以爲難，所以前世一節之士以貧賤爲易守也。自臨縣治，今將及期，諒深諳此態也。某嘗拜④爲縣令，然遂得周達民事，兼知宦情，未必不爲益。某愈覺衰殘，齒牙摇動，飲食艱難，食物十常忌八九。情懷益蕭索，物外浮榮，信乎不爲吾儕得失也。有名即去矣。未相見間，公餘慎愛。因人時惠問。不宣。某書白。

與王主簿回，字深甫⑤

某啓。嚮者深甫在京師，則以俗冗不常得相見。既去，又不時爲音⑥問，視其外，豈非疏且慢哉？然求諸中，則不然也。人至，惠問，承奉太夫人萬福，下情瞻慰。某衰病日增，殊無世間意趣。近買田潁上，思幅巾與二三君往來田間間，其樂尚可終此餘年爾。而其勢未能速去，非爲之不果，猶須晚獲也。深甫以謂如何？賢弟昨西，畧見爾。祁寒，更乞自愛。

與大寺丞發，治平四年（1067）⑦

初三日遣急腳子發到亳後第一書，爲問山陵致祭事，書必已到。此中兩日內，却併得遞中來者兩書，知汝與諸幼各安。只是聞得婆孫患臟腑後甚煩惱，蓋孩兒三好兩惡已多時，且須用心調理。及知道嬭子亂喫物道不得，但向道候到亳州。

你不得迎子，何不與青黛丸喫？此是汝小時服之得効者。前時王澤附去者豆蔻丸，亦是汝輩患臟腑時得効者，可與婆孫喫。醫人藥中用黃連、甘草者，與兒喫。此中日夕，惟是憂煩二孫過夏不易。且喜汝今夏一成安樂，然更須慎食生冷。吾自蔡河舟中大熱，食生冷不節，所以到潁渴淋復作。潁肉誠不及京師，乍從京師來，誠不好，及食之日久，亦不覺。酒則絶佳於舊日。巨魚鮮美，鰕蟹極多，皆他郡所無。以至水泉、蔬果，皆絶好。諸物皆賤。閒

---

①見前「《與焦殿丞》」條註。此爲《與焦殿丞千之十六通》其十六。
②「此」字後，《歐陽脩全集》有「一」字。
③「相」字，《歐陽脩全集》作「想」。
④「拜」字，《歐陽脩全集》作「再」。
⑤此文見於《歐陽脩全集》卷一百五十，題作《與王主簿回字深甫三通》，此其一。
⑥「音」字，《歐陽脩全集》作「信」。
⑦此文見於《歐陽脩全集》卷一百五十三，題作《與大寺丞發十一通》，此其三。

居之樂，莫此若也。吾此只爲一歲計，不候宅成，只候買得材料，便決去躬親蓋造，必更精潔也。此郡閒僻，未去間足以頤養。孃瘦及食少、心頭氣滿與其餘，並如在京時，汝可勿憂。黄清、李德，令並遣回。餘事當續附書。此外夏熱，汝曹各好將息。稍無人便，即於遞中附書，千萬。六月七日，第二書。付發。押。

王昌令買明黄羅一疋、白生羅二疋，已指揮與也。要知要知。

七郎，得書知在京安樂，且與頻照管。

山陵致祭紙錢贈作駝馬等，此中可造。惟是祭前排立人物，此中做不得，須令王昌及早商量定，令人家依數做下，準備使用，不可誤事也。潁州①。

箔場近日如何般墮？並出買如何也？向後可瞻折欠？此事常宜用心。

王昌處米麥絹錢索足未？今並在何處收附？所云趙佑②請米，又是何米？後信子細説來。出京時舊曆上未請物數，令王昌録一本來，仍開説後來已請，見今未請。

惟真處畫四本總了，便與附來。

黎直講並彭州劉比部書，並早與附達。見吴省副，再三伸③意，續有書也。近日羣議如何？《謝上表》到後，莫有云云否？因的書中畧説來，不妨。曾學士書，汝去相看，自送與。

回潁州通判揚虞部書④

脩啓。兹者赴郡假塗，久留賓次，過承眷與，日接宴言。遽此睽違，實增感變⑤。但以柅車之始，視職方初，雖云陋邦，粗有人事，加以大暑，遂成病軀。旦夕之間，方思布款；急遽之至，先以惠音。且承別來，福履清勝。脩已⑥衰朽，得此退藏。如夙昔之所聞，皆少過於其實；惟寂寞之爲樂，須漸久而益佳。餘非悉談，更冀多愛。

回潁州吕侍讀遠迎狀熙寧二年（1069）⑦

右某啓。某此者誤恩擢任，嗟癃病之不堪；危懇力辭，蒙睿慈之垂閔。許從易地，俾養衰齡。方趨便道之行，適遂過家之樂。敢期雅眷，遠辱惠音。雖瞻款之尚遥，若話言之已接。傾馳之素，欣感交深，謹奉狀謝。

---

①「潁州」二字，《歐陽脩全集》無。
②「佑」字，《歐陽脩全集》作「祐」。
③「伸」字，《歐陽脩全集》作「申」。
④此文見於《歐陽脩全集》卷九十六。
⑤「變」字，《歐陽脩全集》作「戀」。
⑥「已」字，《歐陽脩全集》作「以」。
⑦此文見於《歐陽脩全集》卷九十六。「二」字，《歐陽脩全集》作「三」。

與潁州吕侍讀賀冬狀同前①

右某啓。伏以七日告期，候天陽之來復；百祥佑德，宜君子之承休。知府侍讀侍郎經濟嘉謨，論思碩望。宣風撫俗，一方式藉於鎮臨；獻可告猷，三接佇升於近密。屬迎長之届旦，當受祉於無疆。頌咏傾勤，敷宣封記②。謹奉狀賀，伏惟照察。謹狀。

與常待制夷甫嘉祐、治平間③

某啓。相别之久，書問雖闕，而思慕盛德，未嘗少忘於心。不審即日體候何似？向蒙寵示盛文一編，究意味④趣，殊發蒙陋，珍翫秘藏，未曾暫釋。續更有新作，苟賜不鄙，無外開示，至幸至幸。深冬，爲道自愛。

與吕正獻公晦叔⑤

某啓。别後人還，兩辱書，暑中喜承寢味多福。某十三日受命，與孫公易地。此月下旬，當行効官，不憚宣力。苟爲公家，何所不可。若區區應接人事，以避往來之謗，祗恐違其天性，難久處也。西湖宛然，再來之計不難圖，而與賢者共樂，知其不可得也。秋凉，惟冀保重。

與吴正獻公冲卿，熙寧五年（1072）⑥

竊承懇章屢上，而中外瞻矚方切，恐未能遽遂高懷也。近叔平自南都惠然見訪，此事古人所重，近世絶稀，始知風月屬閒人也。呵呵。有《會老堂》三篇，方刻石續納。兒子在宅叨聒，感愧感愧。

與趙康靖公叔平，嘉祐四年（1059）。别幅⑦

焦千之秀才久相從，篤行之士也。昨來科場，偶不曾入。其人專心學古，不習治生。妻、子寄食婦家，遑遑無所之。往時聞鄆學可居，所資差厚，可以託食，而焦君以郡守貴侯，難以屈迹。今遇賢主人，思欲往託。竊計高明必亦聞此，但恐鄆學難居，今已有人爾。若見今無人，則焦君不止自託，其於教導必有補益，亦資爲政之一端也。更在高明詳擇可否，俟有寵報，決其去就也。謹於遞中布此意⑧。

---

①此文見於《歐陽脩全集》卷九十六。題後有「熙寧三年（1070）」四字。
②「封記」二字，《歐陽脩全集》作「罔既」。
③此文見於《歐陽脩全集》卷一百四十八，題作《與常待制夷甫十通》，此其一。
④「意味」二字，《歐陽脩全集》作「味意」。
⑤此文見於《歐陽脩全集》卷一百四十五，題作《與吕正獻公晦叔五通》，此其一。題後有「皇祐二年（1050）」四字。
⑥此文見於《歐陽脩全集》卷一百四十五，題作《與吴正獻公冲卿八通》，此其八。
⑦此文見於《歐陽脩全集》卷一百四十六，題作《與趙康靖公叔平九通》，此其三。
⑧「意」字，《歐陽脩全集》作「懇」。

附録祭歐公文

韓忠獻王琦①

維熙寧五年歲次壬子（1072）某月某日，具官某謹遣三班奉職随行指使②李珪，以清酌庶羞之奠，致祭於少師永叔之靈。

惟公之生，粹稟一作稟粹。元精。偶聖而出，逢辰以亨。歷事三朝，翼登太平。大名既遂，大功既成。年未及老，一作耆。深虞滿盈。連章得謝，潁第來寧。神當畀以福祿，天宜錫之壽齡。胡不憖遺，遽爾摧傾。此冥理莫得致詰，而天下爲之失聲。嗚呼哀哉！

公之文章，獨步當世。子長、退之，偉贍閎肆。曠無擬論③，逮公始繼。自唐之衰，文弱無氣。降及五代，愈極頹敝。唯公一作公一。振之，坐還醇粹。復古之功，在時莫二。公雖云亡，其傳一作在時。益貴。譬如天衢，森布列緯。海內瞻仰，日高而④。

公之諫諍，務傾大忠。在慶曆初，職司帝聰。顔有必犯，闕無不縫。正路斯闢，姦萌輒攻。氣勁忘忤，行孤少同。於穆仁廟，誠推一作推誠。至公。孰好孰惡，是焉則從。善得盡納，治隨以隆。人畏清議，知時不容。各勵⑤名節，恬乎處躬。二十年間，由今⑥變風。

公之功業，其大可記。屢殿蕃⑦垣，所至懷惠。嘗尹京邑，沛有餘地。早踐西掖，晚當内制。凡厥代言，《典》《謨》之懿。凡厥出令，風雷其一作之。勢。三代炳焉，公辭無愧。樞幄猷爲，臺衡弼貳。撫御四夷，兵戈不試。整齊百度，官師咸治。服勞一心，定策二帝。中外以安，神人胥慰。不校讒言，懇求去位。

公之進退，遠邁前賢。合既不苟，高惟戒顛。身雖公輔，志則林泉。七十致政，乃先五年。上惜其去，公祈益堅。卒遂其請，始終克全。嗚呼哀哉！

①此文見於《安陽集》卷四十四，題作《祭少師歐陽永叔文》。《歐陽脩全集》亦附録此文。
②「指使」二字，《安陽集》無。
③「論」字，《安陽集》作「倫」。
④「而」字後，《安陽集》有「熾」字，《歐陽脩全集》作「偉」。
⑤「勵」字，《安陽集》與《歐陽脩全集》均作「礪」。
⑥「今」字，《安陽集》與《歐陽脩全集》均作「公」。
⑦「蕃」字，《安陽集》與《歐陽脩全集》均作「藩」。

余早接公，道同義①類。出處雖一作則。殊，趨②向何異。既忝宰司，日親高誼。可否明白，襟懷坦易。事貴窮理，言無飾僞。或不知公，因罹謗忌。青蠅好點，白璧奚累。嗚呼哀哉！

自公還事，心慕神馳。徒憑翰墨，莫挹姿儀。公嘗顧我，惠以新詩。雖亟訓③答，奈苦衰疲。欲復爲問，動已踰時。忽承訃音，且駭且悲。哀誠孰訴，肝膽幾墮。一作隳。公之遊④矣，世鮮余知。一作我知。不如從公，焉一作安。用生爲。遐偹薄薦，一作祭。奠公一卮。魂兮有靈，其來監兹。尚饗！

王荆公安石⑤

夫事有人力之可致，猶不可期，況乎天理之冥寞，一作溟漠。又安可得而推。惟公生有聞於⑥當時，死有傳於後世，苟能如此足矣，而亦又何悲？如公氣⑦質之深厚，智識之高遠，而輔以⑧學術之精微。故形⑨於文章，見於議論，豪健俊偉，怪巧瑰琦。其積於中者，浩如江河之停蓄；其發於外者，爛如日星之光輝。其清音幽韻，淒如飄風急雨之驟至；其雄辭閎辯，快如輕車駿馬之奔馳。世之學者，無問乎識與不識，而讀其文，則其人可知。

嗚呼！自公仕宦四十年，上下往返，一作復。感世路之嶇崎。雖屯邅困躓，竄斥流離，而終不可掩者，以其有⑩公議之是非，既壓復起，遂顯於世。果敢之氣，剛正之節，至晚而不衰。方仁宗皇帝臨朝之末年，顧念後事，謂如公者，可寄以社稷之安危。及夫發謀決策，從容指顧，立定大計，謂千載而一時。功名成就，不居而去，其出處進退，又庶乎英魄靈氣，不隨異物腐散，而長在乎箕山之側與潁水之湄。然天下之無賢不肖，且猶爲涕泣而歔欷。而況朝士大夫，平昔遊從，又予心之所嚮慕而瞻依。

嗚呼！盛衰興廢之理自古如此，而臨風想望不能忘情者，念公之不可復見而其誰與歸！

蘇文忠公軾，通判杭州日⑪

嗚呼⑫！公之生於世，六十⑬六年。民有父母，國有蓍龜，斯文有傳，學者有師，君子有所恃而不恐，小人有

---

①「義」字，《安陽集》與《歐陽脩全集》均作「氣」。
②「趨」字，《安陽集》與《歐陽脩全集》均作「趣」。
③「訓」字，《安陽集》同，《歐陽脩全集》作「酬」。
④「遊」字，《安陽集》與《歐陽脩全集》均作「逝」。
⑤此文見於《臨川先生文集》卷八十六，題作《祭歐陽文忠公文》。《歐陽脩全集》亦附録此文。
⑥「於」字，《臨川先生文集》作「乎」。
⑦「氣」字，《臨川先生文集》與《歐陽脩全集》均作「器」。
⑧「以」字，《臨川先生文集》無。
⑨「形」字，《臨川先生文集》作「充」。
⑩「有」字，《臨川先生文集》無。
⑪此文見於《蘇軾文集》卷六十三，題作《祭歐陽文忠公文一首》。《歐陽脩全集》亦附録此文。
⑫「嗚呼」後，《蘇軾文集》與《歐陽脩全集》均有「哀哉」二字。
⑬「十」字後，《蘇軾文集》與《歐陽脩全集》均有「有」字。

所畏而不爲。譬如大川喬嶽，雖一無此字。不見其運動，而功利之及於物者，蓋不可以數計而周知。今公之没也，赤子無所仰庇，一有而字。朝廷無所稽疑，斯文化爲一作於。異端，一有而字。學者至於用夷，君子以爲無與一作爲。爲善，而小人沛然自以爲得時。譬如深山一作淵。大澤，龍亡而虎逝，則變怪雜一作百。出，舞鰌鱔而號狐狸。昔其一作公之。未用也，天下以爲病；而其既用也，則又以爲遲；及其釋位而去也，莫不冀其復用；至其請老而歸也，莫不悵然一作惆悵。失望。而猶庶幾於萬一者，幸公之未衰。孰謂公無復有意於斯世一作人。也，奄一去而莫予追。豈厭世一有之字。溷濁，潔①身而逝乎？將民之無禄，而天莫之遺？昔我先君，懷寶遁一作避。世，非公則不②能致。而不肖無狀，因一作夤。緣出入，受教於一無此字。門下者，十有六年於兹。一作斯。聞公之喪，義當匍匐往救，一作吊。而懷禄不去，愧古人以忸怩。緘詞千里，以寓一哀而已矣。蓋上以爲天下慟，而下以哭吾一作其。私。嗚呼哀哉！

同前知潁州日③

維元祐六年，歲次辛未（1091），九月丙戌朔，從表侄具位蘇軾，謹以清酌肴果之奠，昭告於故太師兖國文忠公安康郡夫人之靈。

嗚呼！軾自齠齔，以學爲嬉。童子何知，謂一作維。公我師。晝誦其文，夜④梦見之。十有五年，乃克見公。

公爲拊掌，歡笑改容。此我輩人，餘子莫羣。我老將休，付子斯文。再拜稽首，過矣公言。雖知其過，不敢不勉。契闊艱難，見公汝陰。多士方譁，而我獨南。公曰子來，實獲我心。我所謂文，必與道俱。見利而遷，則非我徒。又拜稽首，有死無易。公雖云亡，言如皎日。元祐之初，起自南遷。叔季在朝，如見公顔。入拜夫人，羅列諸孫。敢以中子，請婚叔氏。夫人曰然，師友之義。凡二十年，再升公堂。深衣廟門，垂涕失聲。白髮蒼顔，復見潁人。潁人思公，曰此門生。雖無以報，不辱其門。清潁洋洋，東注於淮。我懷先生，豈有涯哉。尚饗。

①「潔」字，《蘇軾文集》作「絜」。
②「不」字，《蘇軾文集》與《歐陽脩全集》均作「莫」。
③此文見於《蘇軾文集》卷六十三，題作《祭歐陽文忠公夫人文（潁州）》。《歐陽脩全集》亦附録此文，題作《祭兖國夫人文，蘇文忠公軾知潁州日》。
④「夜」字，《蘇軾文集》同，《歐陽脩全集》作「以」。

重修潁州志跋（儲珊）

重脩潁州誌跋

余惟郡之有賢守宰猶國之有賢宰相守宰寶圖志以治分土宰相寶圖籍以治弼服其氣象規模雖勢不能無廣狹而𠂤治區畫其致一也貳守劉公重脩

潁州志跋　一

潁州志試嘗觀馬圖書兼舉義例精到綱紀較若畫一舉而措之天下亦猶是耳公所具者宰相之方而畢竟屈於守宰之任不得已而寄其為治之迹於郡志余以故重惜之遂庸刻梓以

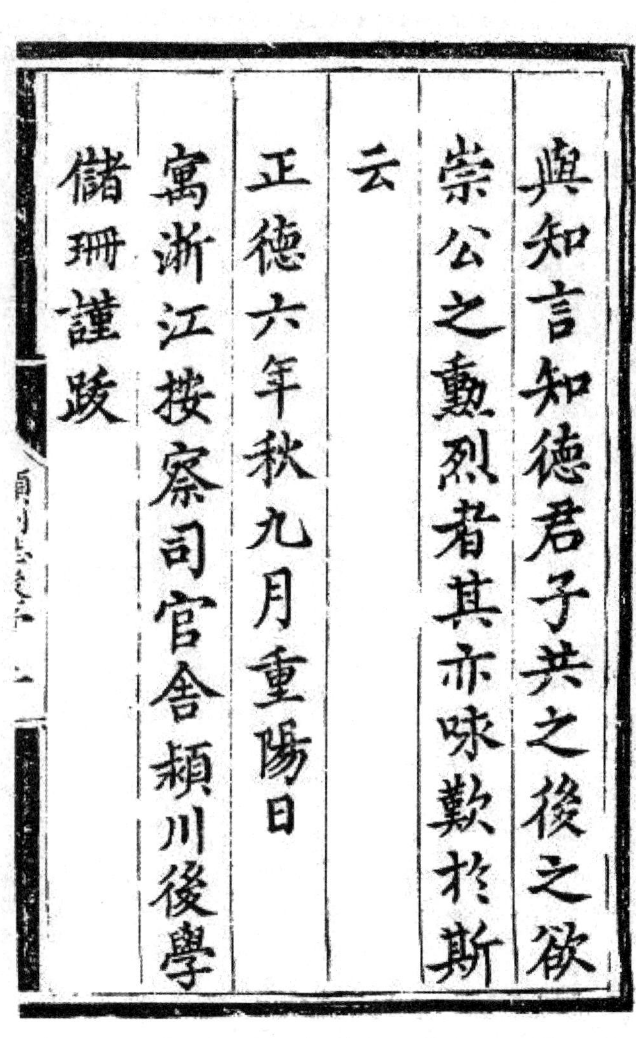
與知言知德君子共之後之欲
崇公之勳烈者其亦咏歎於斯
云
正德六年秋九月重陽日
寓浙江按察司官舍潁川後學
儲珊謹跋

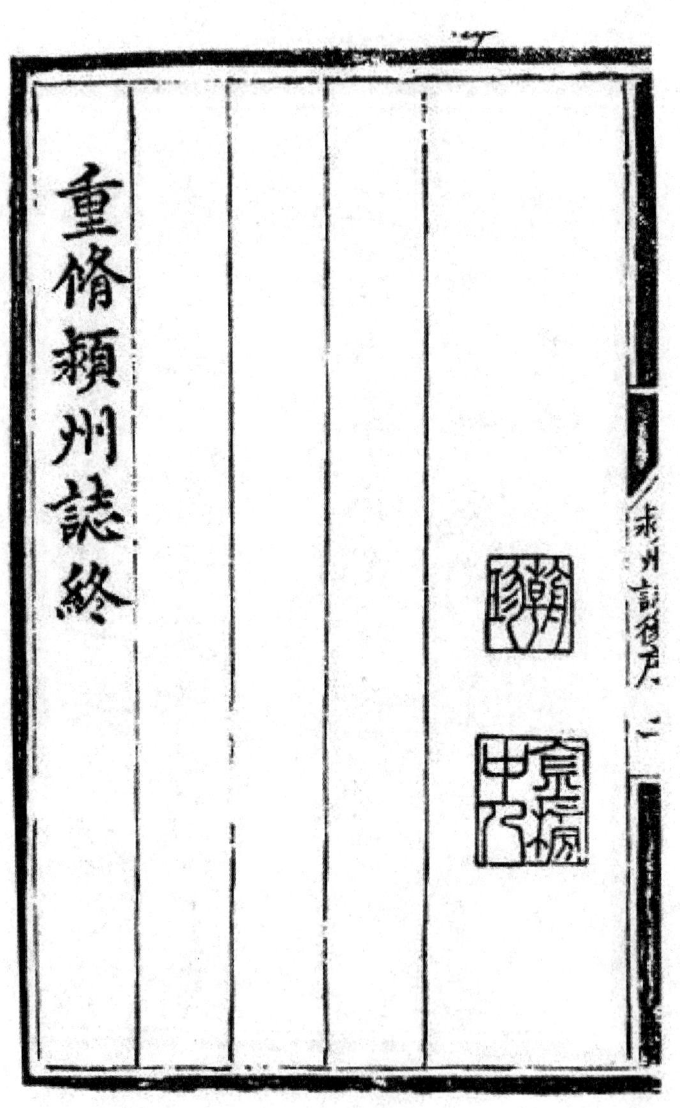

重脩潁州誌終

後　記

校註《正德潁州志》，最初是出於以下兩個方面的考慮：一方面，筆者生長於阜陽，工作於阜陽，又無其他能力回報鄉梓，只能整理一些地方文獻。《正德潁州志》是阜陽現存最早的一種方志，由於1962年上海古籍書店曾據天一閣所藏孤本影印，容易在各種圖書館找到，可是對於社會上的一般讀者，特别是阜陽當地的文史研究者來説，想閲覽該書仍然不易，所以筆者想對其加以整理出版，給使用者提供更多的方便。筆者以爲，如果僅僅將其斷句、標點，或者參考其他版本略加校對，這樣的整理，不僅對原書貢獻不大，反而會因爲認字和斷句問題增加更多的錯誤，從而貽誤讀者。另一方面，則是出于研究生培養的需要。我們學校招收的古代文學專業研究生，一開始根本没有能力直接閲讀古籍刻本。爲了提高他們認字、斷句和標點的水平，進一步培養閲讀和整理古籍的能力，筆者決定讓他們親自動手做一些文獻校註工作。《正德潁州志校註》就是這樣的一個結果。

該書的整理經過以下三個階段：第一個階段，讓劉洪芹對《正德潁州志》進行認字、斷句和標點。我要求她每天做一頁，然後發給我看，我在逐字核對原文的基礎上指出其所有的錯誤，當天晚上發還給她。這個工作持續了一年，她做得很辛苦，我也改得很辛苦。

第二個階段，讓劉洪芹做校對和註釋工作。還是要求她每天做一頁，發給我看，我當天把我脩改過的部分和脩改意見發還給她。這個過程進行得很慢，有時一條註釋，她改了七八次都還達不到我的要求。好在她非常勤奮，態度也很好，當然我也改得精疲力竭。就這樣又共同努力了一年，終於大體完成了這個工作。

第三個階段，劉洪芹補充和完善校註後，我對全部内容又進行了一些增删。至於後面完善體例後的統稿、整理工作，就全由我來負責了。

本書是對《正德潁州志》的第一次認真整理，目的是給讀者提供閱讀更方便、資料更豐富的一種文本。如果這個目的能達到，則主要是劉洪芹的成績，因爲從斷句、標點到校對、註釋，大部分都是由她完成的；至於其中存在的錯誤和不足，則應該由我承擔，因爲劉洪芹標點的每一句話、校註的每一條内容，我都檢查、脩改過三遍以上。

在本書整理過程中，得到了鄭斌、岳冰、戴歡歡的大力幫助。此外，皖北文化中心的朱麗婷主任一直關心本書的進度和出版。在此，謹向他們致以深深的謝意！

張明華

2016年11月23日書于阜陽師範學院